远程呵护特别的花朵

——给留守儿童家长的问候

主编：王俊梅
编者：张　奇　　姜　颖
孙　晶　　王　雨

辽宁师范大学出版社
·大连·

图书在版编目(CIP)数据

远程呵护特别的花朵——给留守儿童家长的问候 / 王俊梅主编. 一 大连：辽宁师范大学出版社，2013.9(2017.9 重印)
ISBN 978-7-5652-1133-1

Ⅰ. ①远…　Ⅱ. ①王…　Ⅲ. ①农村—儿童教育—家庭教育—中国　Ⅳ. ①G78

中国版本图书馆 CIP 数据核字(2013)第 221776 号

出 版 人：王　星
责任编辑：王　钢　曲颖慧
责任校对：郝晓红　赵　娜
封面设计：郭　靖

出 版 者：辽宁师范大学出版社
地　　址：大连市黄河路 850 号
网　　址：http://www.lnnup.net
http://www.press.lnnu.edu.cn
邮　　编：116029
营销电话：(0411)84206854　84215261
印 刷 者：大连华伟印刷有限公司
发 行 者：辽宁师范大学出版社

幅面尺寸：145mm×210mm
印　　张：11
字　　数：308 千字

出版时间：2013 年 9 月第 1 版
印刷时间：2017 年 9 月第 2 次印刷
书　　号：ISBN 978-7-5652-1133-1

定　　价：22.00 元

前言

我国有近1.5亿的农民在外务工，外出务工农民的数量还在以每年超过500万的速度增长，他们的子女处在义务教育年龄段的约为2000万，其中超过1000万留在家乡，成为“留守儿童”。

80%以上的留守儿童是由祖父母隔代监护或亲友临时监护。年事已高、文化素质较低的祖辈监护人基本没有能力辅导和监督孩子学习。农村学校受办学条件、师资力量、教学理念的局限与制约，针对留守儿童的需求提供特殊有效的教育和关爱力不从心，学校与家庭之间缺乏沟通。家庭和学校监护不力，导致相当数量的留守儿童出现厌学、逃学、辍学现象。

留守儿童在既得不到家庭温暖，又得不到社会关爱的情况下，只能靠自己对生活和社会的理解来生活和发展自己，于是道德滑坡、学习偏差、心理缺失等现象在他们身上不可避免地出现了。

作为留守儿童的监护人、家长，应该从留守儿童的心理、情感、人格、学习、生活等多方面关心其成长和未来发展。

“少年智则国智，少年富则国富，少年强则国强，少年独立则国独立，少年自由则国自由，少年进步则国进步”，面对留守儿童这一社会现象，需要留守家长担负起主要责任，同时，监护人、学校、社会共同携起手来，给留守儿童一个温暖、满是关切的成长环境，还留守儿童一个美好、充满希望的童年生活。

本书分为八个部分，每个部分六小节。首先，深入分析留守家庭教育的误区，为留守儿童的家长、家庭献计献策，关心留守儿童的敏感心理，从而建立留守儿童的自信，在稳定、安抚留守儿童波动的情绪的同时，开启留守儿童的智慧，保障留守儿童的身心健康，帮助留守家庭给留守儿童一个温馨、拥有美好回忆的童年。

目 录

第五章　平衡留守儿童的情绪跷跷板

第六章　开启留守儿童的智慧大门

第七章　谱写留守儿童的健康食谱

第八章　启动远程留守儿童的保护系统

第一章　走出留守儿童家庭教育的误区

家庭教育是每个人在一生中真真正正的“基础教育”，黄金时段是学龄前，这一阶段的教育除了家庭没有别的可以替代。可是，等到了我们的农民工朋友最终回到故乡的时候，孩子们却已经长大，已经过了影响孩子成长的最佳时间。

况且留守儿童父母中的大多数，本身受到的知识教育就很有限，当他们要教育在各学科知识和能力都比他们强很多的子女的时候，教育水平自然不够，加之教育方法不得当，如此长期下去的最终结果会是什么呢？没有在安定生活环境中受到良好家庭文化和社会文化教育的熏陶，留守儿童很可能学不到对社会、对家庭甚至是对自己负责任的态度。

可见，留守家庭教育中最重要的是适当、适时、充满爱和讲究方法的教育！

1.“任其自然”放手式教育

寻根寻源

很多农民工家长常年在外打工，没时间照顾孩子，心中却遵循“孩子长大就好了，一切就都明白了，孩子小啥都不懂没关系，不用管，我们从小都是这么过来的”这条看似正确的理论。可是，时代不同，环境不一样，如今的社会环境较为复杂，孩子在成长的过程中更加需要家长、亲人、老师的监督与教育。另外，年轻的农民工家长在外务工，常年把孩子托付给老人或亲戚代管，代管人有时也会抱着“交差”、“别出大问题就行”的心理，无暇关心留守孩子的身心健康和教育需求，时间一长，留守儿童的成长问题就凸显出来了。

金玉良言

玉不琢，不成器。人不学，不知道。

——《礼记·学记》

（谓玉不加工，不成器物。后以喻人不经过培养、锻炼，不能成材。）

前车之鉴

“任其自然”放手式教育的后果就是留守儿童会在心理上、行为上产生各种各样的问题，如果不及时给予他们关爱，后果可能更糟糕。

那么，放手式的教育会给留守儿童带来哪些突出的问题呢？

(1)性格孤僻内向。留守儿童年龄幼小且离开父母，尽管有的是爷爷奶奶和其他亲戚代管，但是他们毕竟与父母是很不同的，留守儿童遇到一些麻烦事就会显得柔弱无助，久而久之变得不愿与人交流，性格孤僻内向，变得不开朗。

(2)有自卑心理。少年儿童大都具有攀比心理，留守儿童因为父母不在自己身边，自己没有依靠和坚强的保护，因此，留守儿童和父母全在身边的儿童相比，容易产生自卑的心理，有的孩子甚至因此自暴自弃，学习上降低要求，没有上进心。

(3)产生反抗以及逆反心理。留守儿童常常会感到别人在欺负他，一点小事就计较、当真，俗称“一点就着”，与人交流时充满警惕甚至会有敌意。对老师、监护人、亲友的管教以至批评，都会产生较强的逆反心理，有的则不听话，容易激进冲动，干出一些不能让人理解的事情。比如：和家人顶嘴；不听家人的好心劝告；不听老师的谆谆教导，总是想着和老师对着干。

(4)产生怨恨父母的心理。有部分留守儿童认为家里穷、父母没有什么能耐，才会出去打工挣钱。对父母外出打工、从小就把自己留在家里很不理解，由此而产生怨恨情绪。有的孩子在父母回家以后故意疏远父母，进而就会产生情感隔膜，甚至埋怨父母的无情。

大多数留守儿童在父母外出务工回家后会表现出一些异常的心理问题和举动，其中年龄越小的孩子表现越突出，而女孩因为敏感会比男孩的问题更突出，所以家长们对待这些问题时要认真和谨慎。

教子有方

(1)为孩子解决生活的后顾之忧

留守儿童在家，生活成了孩子担心的主要问题。那么托管人就要像亲娘一样对待孩子，解决孩子的生活问题。大家都知道亲娘对子女的爱，是不讲代价、不计得失、不图回报的，她们含辛茹苦，只求孩子成材，将来过得比自己更好。托管人这样做不是为了贪图将来他们对自己的报答和所谓的“养儿防老”，因为这些无私的付出会拉近自己和孩子之间的关系，春风化雨一样润物无声，这种慈母般的爱，会成为推动孩子不断前进的一股强大动力。

(2)关爱孩子的精神成长

家长一定要把孩子的喜、怒、哀、乐放在心上，时时注重和观察孩子的心理活动、道德情操、审美情趣。有时间多和孩子沟通交流情感，弥补平时留守儿童亲情的缺失。你可能会问为什么要那么关心小孩子的心理教育，小孩子能有多少心事？其实，留守儿童的心理健康问题表现为隐性，是不容易发觉的问题，但这却是这个群体最严重的问题。

(3)用正确的方法教育留守儿童

留守儿童身上所具有的狭隘、偏执等性格缺陷，使家长们的教育工作更加复杂了，那么，针对每个孩子的不同情况，我们家长应采取不同的教育方法，因材施教，对症下药，特别不能用那些简单粗暴的教育方法，严禁体罚或变相体罚孩子。应正确引导留守儿童健康成长，比如：当我们怀疑孩子说谎时，怎么办？千万不要当着别人的面表现出对孩子的不信任，要通过询问等多方面的调查，如果证实孩子确实说了谎，再进行进一步的交流和沟通教育。如果自己的孩子与其他孩子发生纠纷，怎么办？我们要教育孩子应该主动承认错误并承担责任，做一个诚实守信的人，千万不要支持孩子说谎，或者推卸责任。如果孩子与我们对着干，不听话，怎么办？我们首先要冷静一下，等我们和孩子双方都冷静后，再像朋友一样与孩子亲切交谈沟通，指出孩子的不足、错误和缺点，并鼓励说："孩子，跌倒了再爬起来，知错能改，就是好样的。"如果孩子缺乏自信的时候，怎么办？我们要热情地鼓励并告诉他："孩子，把头抬起来做人，你能行，我们都相信你！"

金玉良言

教育孩子如育花，精心浇水、施肥、呵护，方能成功。但事实上并不是所有人都能"养好花"，不懂的就要向别人请教，学习"养花"的经验与方法。

2. 家庭教育"发声不一致"

寻根寻源

夫妻俩对孩子的教育意见不一致，常被看作是对孩子的一个消极影响。尤其是外出务工的家长，本来可以陪伴孩子的时间就少，共同教育孩子的时间更是少之又少，尤其是儿童时期的孩子们特别在意家长们的意见和看法，可以说这能决定孩子的世界观、人生观和价值观。家长双方一定要协调好彼此的看法和教育方法之后再实施，否则孩子将无所适从。

对于没有辨别是非能力、独立性比较差、依赖成人的判断的孩子来说，需要的是一致性的规范和统一的指导性建议。

如果家长两个人同时告诉他一件事情的不同做法，而且两个人都是和他关系最亲密的人，他就会感到很困惑，随着年龄的增长，这种内心的冲突也会不断地累积。那些所谓的“两面派孩子”、“会演戏的孩子”就是这样产生的。不管爸爸说得有理还是妈妈说得正确，他只会更愿意屈从于对自己更有利的那一方，久而久之，孩子就会养成不明是非的坏习惯。现实生活中有很多这样的孩子，在妈妈面前一个样儿，在爸爸面前又一个样儿；面对待他好的人是一个样子，面对待他不好的人又是一个样子。

导致这种不一致的教育方式的原因是两种冲突，一种是价值观、人生观的冲突，另一种是看问题角度的冲突，相对来说，前者对孩子的危害更大。

家长在教育孩子时，由于家长双方观念不同，所看重的东西也不一样，比如妈妈可能会更感性一些，一切都会以个人喜好出发，希望孩子不受委屈，尽量地满足孩子的需要，更多的是对孩子的关注及保护，比较溺爱孩子。而父亲可能就会认为孩子应该学有所成、出类拔萃，更多的是从理性和规范方面教育孩子，比较严厉。价值观、人生观的不同导致教育的态度和方法不一致。比如晚上 11 点了，孩子的作业仍然没有写完，妈妈就会很心疼，这么晚不睡觉，身体哪儿受得了啊！赶紧睡吧。而爸爸可能会认为完成作业是孩子的职责，不写完就不能睡，几点写完几点睡。这样就造成了冲突。这样的冲突容易给孩子造成比较大的困惑，孩子不知道该怎么办，是该睡呢，还是该写作业呢？

由此可见，家长双方的意见不一致会给孩子造成很大困扰，留守儿童常年不在家长身边，如果与家长短暂的重逢在这种不一致的声音中，留守儿童会更加痛苦，心灵会更加受折磨。

如果你是对的，就要试着温和地、技巧地让对方同意你；如果你错了，就要迅速而热诚地承认。这要比为自己争辩有效和有趣得多。

——卡耐基[美]

前车之鉴

我们在家庭中经常会听到这样的对话："你这样教育孩子不行，作业没有做完，怎么能玩?""教育孩子也要考虑孩子的感受，不能实行独裁啊，要玩和学互相结合，才有利于咱孩子的全面发展。"而孩子则是傻傻地看着父母争吵，然后等待最后的一致"宣判"。

夫妻俩为了教育孩子而争吵，可能是遵循家庭教育传统的解决问题的方法，那就是在家庭里什么都要达成一致，要不然父母必有一方暂时退出。但是从心理学的角度来看，两种不同的教育方式的完美融合或许对孩子的身心成长会更好。

一个家庭有两个声音，并不代表会互相抵抗，很多时候是可以完美融合的。把决定权给孩子，由孩子自己决定怎样安排自己的学习和娱乐，这也锻炼了孩子独立思考的能力，而不只是被动听命。对留守儿童来说，将来父母不在身边，也可以独立做自己学习和生活的各种规划。

那么，不一致的教育声音会给孩子带来哪些不好的影响呢?

(1)造成孩子双重人格

父母在教育孩子的问题上发生分歧，爸爸说要往东，而妈妈偏偏说往西，两个声音经常令孩子无所适从，不知道听谁的才好。

但是孩子也会有本能的自我保护心理，他会进行选择，会利用父母对自己意见的不一致去寻找有利于自己的一方，也就是说，谁能护着自己，他就倾向于谁。这时对与错已经没有任何意义了，比如说，孩子想吃零食，妈妈不同意，而爸爸说："不要紧，就让他吃吧。"孩子得到了一方的支持，于是他的要求会变得更强烈，不达目的不罢休，还会做出"一哭二闹三上吊"的举动等等。

有的家庭在教育孩子时甚至会有意识地"你唱白脸我唱黑脸"，一个迁就、保护孩子，另一个则扮演严厉教育的角色，这对孩子是很不好的。情况严重时会造成孩子的双重人格，在爸爸面前是一个样儿，在妈妈面前又是另一个样儿。严父面前唯唯诺诺的"乖宝贝"，慈母面前无理取闹的"混驴儿"，爷爷、奶奶面前让人无可奈何的"小祖宗"，老师面前顺从的"小羔羊"，这就是"两面派"孩子。

(2)降低父母的威信

父母教育意见不一致还会直接影响父母在家庭角色中的权威性。

孩子成长过程中总是认为大人的话就是正确的，尤其是在自己眼中有威信的人说的话就一定是正确的。

当父母的教育意见不一致，尤其是在孩子面前发生争执，甚至彼此否定对方的时候，会使孩子对父母产生失望的情绪，破坏了父母在孩子眼中的形象，降低了父母的威信，从而影响教育的效果。

(3)使孩子有"看脸色"的毛病

当孩子出现一定的行为后，如果父母一致肯定或否定，他就会知道自己正确与否，并学会在新的环境中继续或停止、改正这种行为，从而能够形成自我控制能力。但是，如果父母的意见不一致呢？孩子如果再次遇到同样的情况，他根本就不知道自己究竟应该怎样做，更谈不上有意识地改正自己的行为。父母教育目标、态度不一致，或者祖父母和其他留守儿童的托管人与父母之间的教育态度不一致，最容易使孩子在不知所措中形成"看脸色"的毛病。这种毛病延续下去，会导致他们的人格发生问题，长大了，就会像一些成年人那样靠眼色、脸色生活。其实这样的人是很可悲的。他们缺少独立性、自主意识，只会在察言观色中抉择自己的行为，没有自己独立的个性和人格。

温馨提醒

现在很多的孩子自我观念比较差、独立性差、依赖心理较强，你会发现身边乖孩子很多，有独立精神的少。因为他听不到不同的声音，自我思考和判断能力也不完善。试想，在家庭环境中只有一种教育的声音，那么孩子就会以为这就是对的，从来不用去思考和选择，只需要听从。

下面是一个案例，请家长们仔细阅读并思考自己在家里是不是和爱人的教育方法不一致，导致留守儿童心里有苦恼。

案例分析：初一的小丽最近表现得有些焦虑和抑郁，只要觉得某件事做不好，她就会采取逃避的方式，而不去做任何努力。原来这和小丽父母的教育方式有极大的关系。小丽的妈妈和爸爸对她完全是两种截然不同的教育方式，妈妈对她是包办式的，什么事儿都替她安排得很好，只希望她能安心地学习，对她的期望值也很高。而爸爸则认为应该让孩子有一个锻炼的机会，给她很多自主权。由于妈妈太强势，爸爸基本没有什么发言权，但是爸爸的不满都被小丽看在眼里。受父母的影响，小丽一方面对自己的期望值很高，另一方面又表现出一种无能感(不是能力是态度)。她经常处于这样的矛盾当中，很痛苦。考试要在班里考前几名，但同时她又逃避考试，因为害怕达不到预期的目标，害怕接受这个结果，于是就选择了逃避。

父母在教育孩子的问题上存在差异和冲突是正常的，是每一个家庭或多或少都会出现的教育问题，但是表达方式的不同却可以产生不同的效果。

由于每个人的经历不同，比如受教育程度、从小的家庭生活等，所以在孩子的教育问题上有不同的看法和要求是很正常的。这就要求家长在表达方式上有所取舍。

(1)家长千万不要在孩子面前直接发生冲突

孩子不知道该服从谁，内心是困惑和无助的。爸爸、妈妈都是孩子心目中学习的对象，在面对家长发生冲突的时候，留守儿童会更加地无助，不知道该选择谁，选择怎么做。

(2)即使双方意见不一致，对孩子也要采取协商的方式

“这件事妈妈认为是这样的，而爸爸认为是那样的，你自己可以判断出应该怎么做。”虽然爸爸、妈妈都有各自的道理，但是表达方式是商量式的，这样对孩子很平等、很尊重。所以，家长一定要尊重孩子，给孩子自主选择的权利。

(3)家长应该先沟通，取得共识之后再跟孩子交流

“爸爸妈妈一致认为这样做是对的。”在私底下，家长可以随便地沟通，但是一定不要在孩子面前起争执，更不能因为意见不统一而大打出手，这样孩子会更加地无所适从。如果意见统一之后再和孩子沟通，交流的效果会更加地好。

好的父母守望孩子，让孩子自己主动成长；坏的父母代替孩子做事，让孩子被动成长。

教子有方

(1)一切为了孩子

其实夫妻俩首先要明确彼此的目的都是为了孩子好，这样就可以心平气和地商量孩子的教育问题，能尽量避免争吵。万一有争吵，也一定不要当着孩子的面，这样会让夫妻觉得在孩子面前没有面子，必然会使争吵升级，甚至大打出手，以至于影响夫妻感情，乃至家庭和睦。

(2)彼此认同，和谐共处

父母的意见不同，但又彼此认同对方，那么在孩子面前出现的就是和谐的两个声音。这样更有助于孩子成长，帮助孩子建立自我意识，学会自己处理问题。

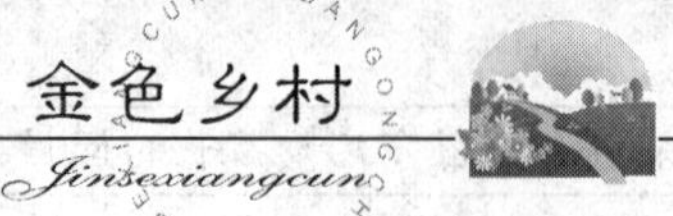

(3)共同教育

当然，夫妻共同教育也是值得推崇的，如果有人怕意见不统一而退出教育，那么就少了监督者，一双眼睛看到的，总比两双眼睛要片面得多。更何况心理学家早就验证过，孩子的教育既需要爸爸，也需要妈妈。所以父母教育孩子要达成同盟，但无须达成一致。

金玉良言

为了成功地生活，少年人必须学习自立，铲除埋伏各处的障碍，在家庭要教养他，使他具有为人所认可的独立人格。

——卡耐基[美]

3. 过分地爱等于害

寻根寻源

所谓的家长对孩子过分地爱等于害正是我们所说的溺爱，这种溺爱就是照顾者和儿童之间关系的一种特征。此时照顾者(通常是母亲)庇护孩子，同时也妨碍孩子试图做出独立的判断和行动的任何努力。对孩子的溺爱可以说是很多父母的通病，他们无时无刻、无代价的爱造成了孩子自私自利、不珍惜爱、不会给予他人爱的个性特征。留守儿童的父母受自身童年艰苦经历的影响，加之长年在外务工，没有时间去照顾孩子，甚至有自己的人生不理想等错误的想法，于是他们就将自己的一切希望寄于孩子身上，视孩子为掌上明珠，产生了“绝不能让孩子遭一点罪、受一点委屈”的心理，尽量满足孩子提出的一切要求。

温馨提醒

这种弥补式的关爱其实对留守儿童来说就是害。而且也无法从根本上解决留守儿童的关爱问题。错误的爱只会适得其反。

那么,家长对留守儿童的过分的爱分成哪几种类型呢?

(1)模具型

用这种教育方法的家长,可大有人在。这类家长,属于"自以为是"之人,总以为自己的想法不会错误,常说的话有"我过的桥比你走的路都多;我吃过的盐比你吃过的饭都多"等等。他们总以为自己是爱孩子的,自己所做的一切就都是为了孩子好。对孩子的要求极其严格,对孩子的一言一行都给予细致周到的指示,从生活习惯、日常的活动范围和行为方式,到读书的范围、方法,兴趣爱好,甚至到高考专业的选择,毕业工作的种类,人生的方向等都给予"强制性"、"专业化"的指导。

(2)温室栽花型

农民工朋友因为离开家的时间久无暇照顾孩子,在内心总是觉得歉疚,对不起孩子,一旦有时间回到家里看到自己的孩子,总是有操不完的心、给不完的爱,全方位细致周到地关心孩子每一天的生活是他们回到家最想为孩子做的,在家里,孩子的吃,要操心,总担心孩子缺锌少钙;孩子的穿,要操心,嘘寒问暖,出门的穿着,无一不体现了家长细腻的爱心;孩子的行,要操心,孩子出去和小朋友玩,父母也要担心;孩子的交往,要操心,本着"近朱者赤,近墨者黑"的道理,只容许孩子与"优秀"者(大多以学习成绩为标准)交往;孩子的学,更要操心,从胎教到小时候的艺术素质的培养(比如学琴、画画),再到入学的学校的选择、老师的选择,无一不体现了家长的"关心"、"智慧",直到孩子毕业,专业的选择、工作的选择、爱人的选择,仍要操心,诚可谓"鞠躬尽瘁,死而后已"。

(3)极力型

这种模式多出现在孩子读书的过程之中。农民工朋友长年在社会的摔打中总结出一条真理，要想不吃苦，要想不像自己今天这样靠体力劳动求生存，只有好好读书，才能在社会上出人头地，这种压力迫使家长对留守儿童提出过于苛刻的要求，以便孩子能够上一所名校，有个更好的前程。纵使学校能够减负，家长也未必让孩子减负，连小学生的作业，好多家长都要求留守儿童完成两套三套，而学校面临的生存压力，教师面临的考核压力，也使学校的减负成为镜花水月。孩子在这种重压下心理和人格都面临扭曲的危险。

前车之鉴

过分的爱属于家庭教育方面的异常，是一种家庭功能失调，是家长对子女一种畸形的爱，也是一种失去理智，直接影响儿童身心健康发展的爱。溺爱所造成的后果有以下几个方面：

(1)以自我为中心

缺少关爱的留守儿童因为家长的弥补心理从小就受到“众星捧月”式的呵护，往往形成“自我中心化倾向”。有的父母认为自己已把所有的爱给了孩子，孩子从各个方面都已得到了爱的满足，无须再与同伴交往；有的父母爱子心切，当孩子在与同伴交往中受到了委屈，也不分青红皂白，马上上前保护甚至在孩子面前与对方争吵，进而大打出手，而不去了解真正的原因。长此以往，这样所关爱出来的留守儿童只会追求自我感知的满足，待人缺乏真诚，不会考虑他人感受，不懂明辨是非，缺乏责任感。

(2)不能独立自主

溺爱型家庭的幼儿比严厉型家庭和民主型家庭的幼儿更易发生感统失调。因为照顾者(父母、祖父母或外祖父母)过分溺爱保护留守儿童，怕孩子出事儿，长期搂抱，剥夺了孩子接触环境和爬行练习的机会；凡事包办替代，造成孩子生活自理能力差；再加上老人担心孩子被别人欺负，不好和外出打工的家长交代，他们很少让孩子出门，孩子接受外界感觉信息刺激的机会少，在进入小学、中学甚至大学时，还要家长、同学帮他做事。由于家长溺爱和包办替代，使孩子缺乏独立自主的能力，无论是小升初、初升高、考大学还是就业，都有家长为其解决后顾之忧，从而导致孩子坦然地接受父母的照顾。而农民工家长大部分的时间还都在外务工，留守儿童最终能否成长为一个独立自主的个体，对他们来说是十分重要的问题。

(3)不利于学校教育

因为溺爱而形成品德缺陷的孩子进入幼儿园后，由于不能像在家里那样任性和为所欲为，会经常受到老师的批评，而老师也会转向寻求父母或代管家长的帮助。溺爱型家长一般很反感别人的批评，并不断为自己的溺爱行为寻找更多的借口以求得心理平衡，使教师的说服教育工作很难奏效。长此以往，对留守儿童的健康成长和良好性格的形成是有百害而无一利的。

溺爱和娇惯孩子，满足他们的任性要求，他们长成就会堕落，成为意志薄弱、自私自利的人。

——捷尔任斯基

教子有方

对孩子爱得适当，爱得合理，才能使孩子得以健康成长。那么家长如何在“爱亏欠”的情感基础上做到对留守儿童有关爱却不溺爱呢？

(1)平等对待

不要让孩子在思想上形成“以我为中心”的意识，以及各种形式的特殊优越感。家长或代管人应从日常小事抓起。例如，家里来了小朋友，应教育孩子把玩具给大家一起玩；吃东西要让孩子养成分份的习惯，让他明白分享的道理。长期坚持，就会使孩子养成与别人平等相处的好习惯。

(2)不要轻易满足孩子

当孩子提出的要求不合理时，不能轻易满足。孩子撒娇要家长买玩具，家长不应爽快答应，反而可以跟他提条件，例如一个月内孩子能自己收拾书包、屋子就答应买给他。让孩子学会为自己想要的事情付出努力，体会广大务工家长用辛劳和汗水才能换来舒适的生活，从这个意义上，还能培养留守儿童通情达理的品格。

(3)培养自理能力

孩子长到两三岁就有了强烈的"我自己做"的要求，家长或者代管人就因势利导，从培养孩子日常生活的初步自理能力开始，培养孩子的独立性。比如，幼儿期的自理能力培养是独立性培养的主要内容，在家长的帮助下孩子学会自己吃饭，自己穿脱衣服，穿脱鞋袜，自己如厕，自己收拾玩具，吃东西前后或便后自己洗手等。从简单的事情做起，代管人一定要放手，让孩子自己独立成长起来，这对今后留守儿童的人生将有极大的好处。

一切都给孩子，牺牲一切，甚至牺牲自己的幸福，这是父母给孩子的最可怕的礼物。

4. 拒绝孩子的刨根问底

寻根寻源

年轻的农民工家长们，当你们回到家会不会看到孩子们忽闪着大眼睛问你们："太阳有家吗？它也有爸爸妈妈吗？""为什么我的影子一会儿大，一会儿小？""爷爷的爷爷是谁生的？""月亮上有人吗？月亮上很冷为什么不装暖气？"等等。孩子的提问，可能使你们感到惊讶而无法回答，或者因为在外务工压力大、身心疲惫而无心去听、去给孩子们一个好的合理的解释。如果孩子提出一些稀奇古怪的问题，说明在他们可爱的小脑袋里已萌发出一星星智慧的火花，因此我们要让孩子在刨根问底中快乐地成长。刨根问底正是孩子们思想活跃的源泉之水，作为家长一定不要进行制止、拒绝。

前车之鉴

我们可以通过下面的故事，用心感悟笛卡儿父亲成功的教子经验。认真阅读之后，请思考其教育成功的秘诀。

（故事一）

笛卡儿是17世纪法国先进科学思想的代表。他对哲学、物理学、生物学、医学和天文学都有重大贡献。但他在数学上的成就，使他在其他方面的工作黯然失色。后来的一位名人评价说："笛卡儿的坐标几何远远超过他哲学上任何成就，是严密科学中一个最为重大的进展，它使笛卡儿的名字永垂史册。"

小笛卡儿出生在法国西部的图朗城中一户贵族世家，父亲是有名望的律师，还是地方议会的议员。小笛卡儿出世第三天母亲便溘然长逝。后父亲再婚，弱小的笛卡儿便由好心肠的保姆养育长大。

聪明善良的保姆挑起了母亲的重担。她不仅精心照料着这个先天羸弱的孩子的身体，而且总是耐心且娓娓动听地给笛卡儿讲各种神话故事。

夏天的晚上，星光闪烁，轻风拂面。保姆抱着笛卡儿坐在院子里乘凉。她绘声绘色地讲起日月星辰的故事："你看见窗户正对着的那颗闪亮的星了吗？那是美女星。星上面有一位美丽的公主。公主的眼睛美极了，就这样一闪一闪的。"保姆说着，眨巴着自己的眼睛。

"她吃什么呢？"小笛卡儿瞪着大眼睛问着。

"她吃苹果。她不爱吃糖，因为星星上糖太多。"

"星星上哪儿来那么多糖啊？"

"本来就有的呗！"保姆理直气壮地说。

"你也没上去过，怎么知道有那么多糖？"小笛卡儿问着。

"这……"口齿伶俐的保姆被他问住了。

站在一旁的父亲也被儿子的刨根问底弄得张口结舌,只好说:“好啦,小哲学家,你长大后自己去解答吧。”

父亲的这句话,激励着笛卡儿一生不倦地追求,真的成为一名哲学家、自然科学家。

(故事二)

达尔文是19世纪最杰出的生物学家,也正是他找到了生物发展的规律,成为进化论的奠基人,他的《物种起源》对近代生物科学产生了巨大而深远的影响,具有划时代的意义。达尔文的这些成就与小时候的家庭教育是密不可分的。

一个刨根问底的小孩,一个有耐心的妈妈

查理·罗伯特·达尔文,1809年2月12日生于英国希鲁兹别利,祖父和父亲都是著名的医生。

达尔文的母亲苏珊是著名制陶商的女儿,她不但和蔼可亲,也很有见识和教养。她喜欢栽培花卉和果树,时常利用各种机会培养达尔文对周围事物的兴趣;同时她又很有耐心,十分爱护他们的好奇心,每逢孩子们提出各种稀奇古怪的“傻”问题时,她从不横加指责,而是耐心地给予解答。正是妈妈的这份爱心和耐心,使达尔文对生物、对他所生活的这个奇妙的生命世界产生了最初的兴趣。

1815年夏季的一天,天气晴朗,蔚蓝的天空中飘着几朵白云,大地散发着诱人的清香。苏珊带着达尔文兄妹俩在花园里玩耍。孩子们采了一些花儿,又去捕捉蝴蝶。苏珊拿起花铲给刚栽的几棵树苗培土。她铲起一撮乌黑的泥土,轻轻闻了闻,然后把它培在小栗树的树根旁。

“妈妈,我也要闻闻。”达尔文兴高采烈地跑了过来,学着妈妈的样子闻着乌黑的泥土。突然,达尔文抬起头,好奇地望着妈妈,问道:“妈妈,您为什么要给树苗培土?”

“我要树苗和你一样壮实地成长,树苗离不开泥土,就像你离不开食物。”

“就像我离不开妈妈一样,是吗?”

苏珊会心一笑,说:“好好闻一闻,这是大自然的气息,是生命的气息呀！别看这泥土黑，它却是万物生长的基础。有了它，才有了郁郁葱葱的青草，才有了成群的牛羊，我们才有了肉和奶；有了它，花朵才能开放，蜜蜂才会成群飞来，我们才能喝到香甜可口的蜂蜜；有了它，才能长出燕麦和稻子，我们才有了粮食和面包。"

"那么泥土里为什么长不出小猫和小狗呢？"达尔文开始刨根问底了。

苏珊笑着对达尔文说："小猫和小狗是猫妈妈、狗妈妈生的，是不能从泥土里长出来的。"

"我和妹妹是您生的，您是姥姥生的，对吗？"

"对啊，所有的人都是他们的妈妈生的。"

"那么，嗯，最早的妈妈是谁，她又是谁生的？"

"听说最早的妈妈是夏娃。不过，我只知道圣母玛丽亚。"妈妈用手指着远方教堂对儿子说，"就是教堂里那个圣母玛丽亚，可能夏娃和圣母玛丽亚都是上帝创造的。"

"那上帝是谁造的呢？"

"亲爱的，世界上有很多事，对于我，对于你爸爸，对于所有人来说，都还是个谜，我希望你长大了自己去找答案，做一个有出息、有学问的人。"

也许从那时起，生命从何而来的问题就印在了小达尔文心中，直到他最终自己找到这个秘密的答案。

对生命的尊重造就了一名生物学家

强烈的好奇心和求知欲使年幼的达尔文把家里的花房、花园和门前大河两岸的绿色世界当成了自己最早的课堂。他不但天生喜爱动物，还喜欢收集各种植物、贝壳和矿物的标本。他时常独自坐在河边或塘边，静静地注视着水下的游鱼和缓缓流动的河水。在妈妈的悉心指导下，他学会了怎样根据花蕊来识别花草，怎样记住各种花草和树木的名称。随着对生物了解的不断加深，他对生物的兴趣也愈来愈浓了。

也许正是出于对生物的喜爱，达尔文对各种小生命也总是格外珍惜。他很喜欢摸鸟蛋，但绝不将鸟蛋全部拿走，否则他觉得鸟妈妈太可怜、太孤单了。

童年在无忧无虑中过去了，妈妈的耐心引导使达尔文对生物产生了兴趣，尤其是生命从何而来更成了小达尔文心中最神圣的领地。也正是得益于母亲耐心的教导，他那良好的观察能力、敏锐的思维能力为他日后的成功打下了坚实的基础。

然而不幸的是，当达尔文8岁时，母亲去世了。此后达尔文即由其姐姐们照料。

母亲虽然过早地离开了人世，但母亲对生活的热爱，对美好事物的憧憬却给达尔文留下了极为深刻的印象。

1859年达尔文完成轰动世界的《物种起源》。马克思在仔细研究了这部书后指出："这本著作非常有意义，我可以用它来当做历史上的阶级斗争的自然科学根据。"恩格斯则称《物种起源》为"划时代的著作"。达尔文成了生物进化论的奠基人。

金玉良言

"如果没有好奇心和纯粹的求知欲为动力，就不可能产生那些对人类和社会具有巨大价值的发明创造。"好奇心是智慧富有活力的最持久、最可靠的特征之一。

——塞缪尔·约翰逊

（故事三）

科内尔·海门斯因其在呼吸和血液等方面的研究做出的突出贡献，获得了1938年诺贝尔生理学和医学奖。他能取得如此卓著的成绩，和爸爸从小对他的教育是息息相关的。

海门斯的家离北海不远，爸爸经常带他去那里划船、游泳。有一次，他们正在海上玩着，海门斯突发奇想，问道："爸爸，人类为什么不能像鱼一样生活在海里啊？"

当时，海门斯的爸爸是一位在血液循环和呼吸系统的研究上成绩显著的学者，他耐心地给孩子讲其中的原因："人如果一直潜在水里，就呼吸不到氧气,因此不可能和鱼一样始终待在水里,但是如果在潜水之前多做深呼吸,在水里待的时间就会长一些,因为做了深呼吸之后,血液中二氧化碳的含量就会减少。这里面的学问多着呢,还等待人们去研究。”

海门斯似懂非懂地点了点头,“还有很多未知数呢!”他默念道,于是下定决心,要做一个像爸爸那样的科学家,解开大自然和人类的很多谜底。

温馨提醒

在孩子学习的过程中,重要的不是孩子是否可以得出正确的答案,而是要有一种怀疑精神,对知识保持强烈的好奇心。父母要想让孩子学到真学问、真本领,培养孩子的质疑能力是不可缺少的。父母一定要珍惜孩子的质疑能力,积极肯定和回应孩子的提问,一定避免训斥、讽刺孩子。父母应该重视孩子的质疑,耐心倾听孩子的提问,并启发和诱导孩子自己去解开疑问。

以下是一个反面教材,广大的家长们,千万不要这样教育留守儿童!如果自己有以下的行为一定要进行反思,不能一错再错。

(反例)

王飞在外人面前很少说话,更别提向别人提问了。他很小的时候,也是一个爱问“为什么”的孩子,他常常会拿“天上怎么会下雨啊?”“为什么会有黑夜和白天的区别啊?”“月亮上有什么啊?”之类的问题来问妈妈。

可是妈妈对他很没有耐心,常常不耐烦地说:“去,去,去!没看见我在忙吗?长大后你就会知道了。”王飞为了不惹妈妈生气,以后就不再问这样的问题了。

上学之后,王飞有不懂的知识也会拿回家找妈妈请教,妈妈还常常嘲笑孩子笨,说王飞这么简单的问题都不会。

王飞的自尊心受到了伤害,他害怕在学校里向老师和同学提问会受到同样的讽刺挖苦，就变得沉默寡言，即使有不会的问题也不提问，在这样的情绪影响下，他的学习成绩也一直没有起色。

教子有方

作为家长如何面对一个喜欢刨根问底的孩子呢？

(1)用心去听孩子的问题

首先，家长应当倾听孩子在说些什么，从孩子的提问中观察他们的思维水平。每一个"为什么"都是孩子对事物的缘由或目的的想象。孩子问"是什么"时，父母往往可以随口解答。但当孩子进一步探求事物之间的关系而提出"为什么"的问题时，这需要我们家长根据自己孩子的年龄特点、知识经验、深入浅出地给予解释，甚至有些问题可以暂时不要回答，而提出建议，让孩子去观察，动手验证，这样收效就更大了。

(2)引导孩子自己寻找答案

有条件的话，可多给孩子创造些亲身体验的机会，留守儿童在家里亲身体验的学习经验相对较少，家长们如果有时间一定要为孩子多创造亲身体验的学习机会，例如在假日里带孩子去旅游，让孩子观察各种自然现象，使孩子留下难忘的印象，增长有关动物学、植物学、矿物学、物理学、化学、医学、地质学、天文学等方面的知识。在大自然中，让孩子听听周围有些什么声音，然后问他们"有趣的声音是从哪儿来的?"叫他们看看周围有些什么颜色，然后问他们"小河和天空的颜色为什么一样?" 在你的建议下，孩子会发现倒影现象，发现四周充满着各种颜色、气味和声音。大自然中形形色色的物体，都离不开外部特征(颜色、大小、形状)及属性(软硬度，材料特点)，以及事物之间相互的关系与规律。只要抓住这三个方面，让孩子去仔细观察，他们就会获得很多新的知识，就会惊讶地说"原来蝴蝶是小青虫变的"等等。

(3)有时间和孩子一起游戏

游戏要根据孩子的兴趣、能力而设计。孩子是在游戏中成长的，也是在游戏中满足求知欲的。而留守儿童因为父母外出务工，没有人陪伴游戏，因此有很强的孤独感，但是孩子最好的课堂是在游戏过程中，譬如玩纸飞机时，孩子就会注意风和飞行的关系，会估计飞行的最佳角度。当他们热衷于游戏活动时，父母应当帮助他们，尽量为孩子提供各种各样的游戏材料，让他们开动脑筋去做，千万不要害怕孩子会弄脏衣服而约束他们，要让孩子大胆、放手地去玩。当然在玩游戏之前，可以给孩子介绍各种工具、材料的用法，并提醒孩子要时刻注意安全。

(4)给孩子推荐合适的纪录片解答疑问

孩子的少年时期正是世界观形成的时期，对这个世界又好奇、又关心，如果家长朋友们在孩子假期的时候，没时间陪伴孩子，可以给孩子推荐一些优秀的纪录片，用来丰富孩子的知识和漫长的假期生活，这真是不错的选择，在观看这些优秀的纪录片的同时，孩子的疑问也会慢慢地得到科学的指引和正确的解答，对那些忙碌、没有时间解答留守儿童各种疑问的家长来说，这也是一种不错的远程教育方式。那么，推荐以下几个适合留守儿童丰富知识，解答疑问的纪录片：

◆法国纪录片《家园》

虽然人类存在只有二十万年，但是人类的生存却打破了地球四十多亿年来固有的平衡。气候变暖、资源枯竭、物种灭绝，人类正在破坏自己的家园。但是我们已经来不及悲观了。人类只剩下不到十年的时间来扭转这一趋势，意识到对地球资源的过度开采，并改变消费方式。整部影片都为高清拍摄，穿越 54 个国家，即 120 个拍摄点，733 盘录像带，样片总长近 500 小时，拍摄时间跨度 18 个月，共计 217 天。影片至少在 78 个国家发行。

◆纪录片《白色星球》

影片《白色星球》耗时 3 年完成，剧组不但动用了红外线摄影机和水下摄影机，更租用了直升机、热气球和吊臂这样的大家伙，来自法国和加拿大的专家们分成几组在不同地区同时工作，才拍出了这部影片。很多镜头都是第一次被拍到：北极熊在冰洞里产崽；小海象吃奶；一群驯鹿为寻找食物穿过陆地和水面，迁徙数千英里等等。北极美妙的自然风光和动物的独特趣味是只有在电影院才能充分享受到的视听盛宴。

◆纪录片《加拉帕戈斯群岛》

加拉帕戈斯群岛由 13 座主岛和 60 多座小岛、岩礁和暗礁组成,分布于 400 公里的公海海域。这里是 4 股主要洋流的汇合场所,而岛屿本身则是巨大的海底火山的山顶,至今仍在缓慢平稳地移动。

各种不同的生物为何能在如此险恶的环境中立足?小气候和海拔形成了不连续的生境,恰好成为岛上多个生物群的理想栖息地,例如:海鬣蜥、海燕、蓝脚鲣鸟,还有象龟。

加拉帕戈斯群岛拥有罕见的惊人地貌,是一座具备各种复杂进化环境的自然实验室,达尔文形容它是一个"自我世界",这个世界脆弱而又狂暴,这些都使得加拉帕戈斯成为一个地球上与众不同的地方。

◆纪录片《难以忽视的真相》

作为一部纪录片,本片的阵容堪称史无前例的豪华。两大主角,一个便是我们赖以生存的地球,另一个便是曾任美国副总统的阿尔·戈尔。笔者可以很负责任地说,这两位主角是任何片商花再多钱也请不到的。

两位主角在片中均以真实身份倾力出演。地球出演了最为悲惨的角色,以千疮百孔的形象,达到震撼人心的效果。而脱下副总统外衣的戈尔,更是以一个悲天悯人的死忠环保主义者形象,对观众晓之以理动之以情。作为本片的主演兼制片人,戈尔不收取任何报酬卖力演出,确实令人敬佩。无论是冲着学习知识,还是冲着戈尔的个人魅力,本片都相当具有看点。

◆纪录片《在地球上的一天》

这部由阿拉斯泰尔·福斯基尔和他的团队穿越 7 大洲、62 个国家、用 45 部摄像机耗费 5 年时间精心制作的纪录片,是电视系列片"行星地球"的电影版本,向我们展现了全球变暖时代动物的迁徙和生活的改变,大自然的雄伟壮观、生命的脆弱和刚强、变迁的无常。该片主要拍摄了几个动物家庭的迁徙路线。通过对地球生命的神秘实录,通过表现大自然漂亮景象与野生动物纯粹的生死之搏的真实记录,再配合柏林爱乐乐团的美妙配乐,将地球的魅力在大银幕上毫无保留地完美呈现出来,旨在呼吁人们保护环境。

◆纪录片《平衡》

《平衡》是近几年来国内比较优秀的纪录片，一部现实主义作品，作者彭辉用了3年时间来记录，又浓缩在70分钟内播出，使大家感受到了时间、空间和事件的震撼力，这是时空张力和对客观再现的综合表现。此片获得中国电视纪录片的最高奖项:金鹰奖最佳长篇纪录片奖。全片没有一句解说词，这在其他纪录片中是不多见的。而事实上，在这部纪录片中，解说词也是多余的。开头为我们展现了广袤的青藏高原，接着是巍巍的昆仑山脉，最后出现在屏幕上的是可可西里无人区，也就是本片拍摄地点。奔跑着的藏羚羊，滑翔着的斑头雁，寥寥几笔为观众点出了这个世界第三大无人区，野生动物的天堂，更是藏羚羊家园的可可西里。以此作为之后片中表现"西部野牦牛队"保护藏羚羊及其他种种问题设下铺垫。没有多余的画面与解释，简洁有力而大气。

◆纪录片《浩渺的蓝色远方》

一群宇航员在飞船中围着地球绕圈，他们已不能降落在这个无法再居住的星球。战役、疾病、臭氧层消失而带来的紫外线辐射……这个曾经的家园已变得面目全非。宇航员们必须在宇宙中另寻住处，为此，他们发射了探测器"伽利略号"……

我们并不知道长期以来地球上一直有外太空来的访客。他们来自于一个潜藏在水下的星球，一直企图在地球上建立一个新的社区，但至今没有取得什么成效。而当地球遭到毁灭时，我们也试图在外太空寻找新的家园，结果又会怎样呢？影片以不同平常的画面和音乐为我们创造了一个想象中的世界。导演以此来告诫大家——我们应该珍视我们所居住的无可替代的星球。

◆纪录片《水下印象》

莱妮·雷芬斯塔尔于98岁高龄完成水下摄影旷世巨作《水下印象》，运用先进的高画质水下摄影技术，将海底世界令人叹为观止、难得一见的珍奇景观，以极具美学的构图及角度呈现出来。这部影片中没有任何叙事、刺激和评论。看着影片里这样一个高龄的女人既上冰山，又下深海，一头金发在印度洋海水中灿烂不已，实在魅力无穷。水下世界平和，所有能想象得到的颜色组合，比如鱼翅如箭翱翔，黑刺红心的珊瑚那种的红黑极致，强烈得让人只有惊异的份儿。

◆纪录片《濒临绝境》

这部纪录片由好莱坞著名影星莱昂纳多·迪卡普里奥担任旁白，他同时也是本片的制作人。与编剧加导演的蕾拉·康纳斯·彼得森(Leila Conners Petersen)和纳迪亚·康纳斯(Nadia Conners)姐妹联手打造的《濒临绝境》(The 11th Hour)，是一部揭示全球变暖给人类带来的危害、旨在唤起人们对环境问题关注的纪录片。他呼吁世人：在最后一刻做出改变！这部电影探索人类为何走到毁灭的一步——我们是如何生活、是如何破坏生态系统以及我们该如何改变人类的命运。影片访问了超过50名与地球生态学有关的科学家、思想家和政治人物，其中包括著名物理学家史蒂芬·霍金和曾任中心情报局局长的詹姆斯·沃尔斯等。影片不但揭示了气候异常变化给人类社会带来的危机，并对由此引发的全人类共同面对的各种难题，都作了全球性的探索和深入研究。

◆纪录片《北极故事》

该片历经15年的漫长拍摄，用迷人、布满情感的画面展现了我们星球上那片最让人敬畏鼓舞、充满了神秘之处的地方——北极。

金玉良言

教育家陶行知说："发明千千万，起点是一问。"

质疑是孩子学习的开始，如果孩子早期没有养成质疑、好问的好习惯，将来就不会有较大的成就。

5. 用钱解决一切问题

寻根寻源

农民工家长朋友们长年在外奔波，付出辛苦来供养遥远的家，回到家中的时候也许是在新年的时候，当他们看到自己整年都没见到的孩子，心里的愧疚不言而喻，于是，因为这种心理，一股脑儿地把钱塞给孩子，希望能为留守儿童弥补点什么，有了这些钱能让他们吃好点儿，穿好点儿，不要有什么生活负担。宁愿自己吃苦，也不希望亏待了自己的孩子，毕竟长年缺失家庭的温暖和关怀，留守儿童拿着父母在外的辛苦钱，也许不会太开心，他们多么希望家长能和他们说说心里话，讲讲故事，分享一下这一年中开心与不开心的经历，而不是这些冷冰冰的钱，钱买不到关爱，钱买不到亲情，钱买不到沟通，尤其是那些长年孤单的留守儿童，他们需要的是家长们的拥抱和发自内心的关爱。家长朋友们，千万不要只会给孩子塞钱，不要妄图用钱来代替你的关爱和教育。

前车之鉴

留守儿童一旦养成了大手大脚的习惯，就很难纠正。不良习惯和违法犯罪之间没有不可逾越的鸿沟，如果不能防微杜渐，及时予以纠正和改变，那么后果是非常可怕的！爱和教育，才是留给孩子的最大财富。我们家长不仅要关心孩子的物质生活，还要关注孩子的心理健康。作为家长，如果能够每天抽出时间给留守的孩子打一个电话，督促孩子做作业，有时间在家的时候，可以多陪陪孩子，或到户外做一会儿游戏，经常向老师了解留守儿童在校生活和学习情况，及时配合学校做好教育引导工作，以情示爱，其教育效果会比花高价给孩子买“奢侈品”，给孩子大把的零花钱更有意义！

温馨提醒

家长们，在给予孩子东西的时候，先仔细思考一下：孩子最需要的是什么，该给孩子什么。

教子有方

在不用钱来关爱孩子的前提下，如何让留守儿童正确地面对钱这个问题呢？

(1)教孩子学会选择或分辨东西的好坏。例如：告诉他，哪些品牌的玩具比较耐用、有趣，又便宜。哪些玩具则是既贵又不经用的，让孩子慢慢明白，花了一笔钱，就应该换回相同价值的东西。

(2)让孩子养成“做账”的习惯，不需要做明细账，但至少能说明钱是怎么花的，都买了什么。

(3)给孩子的零用钱不能一次给清，因为他不能合理支配，要托管人每天给一点。

(4)有时间可以和孩子玩些“商店”的游戏。例如：由孩子当商店售货员，家长当买东西的人，将家中各种各样的盒子或其他物品当商品。当你去“买”东西时，要让孩子能算出总价及应找的零钱。当孩子算对了时，应表扬他。算错了，则提醒他，并让他重新算。

(5)鼓励孩子在生活中进行尝试。应当尽早让他们去花钱，比如帮助大人打酱油等，尽早懂得钱物交换的道理，树立互通有无的思想意识；当家里需要买些小的日用品时，家长可以给孩子些零钱，让他去买。这样不仅教会他理解简单的商品交易，也帮助孩子积累了与人交往的经验。

(6)别把钱神秘化，减少钱对孩子的诱惑力。应当让孩子尽早接触钱，让他们懂得钱是劳动的果实，是父母艰辛劳动的结果，懂得“盘中餐粒粒皆辛苦，手中钱分分有艰辛”的道理，家长可以把钱和劳动联系起来，教育他们珍惜父母劳动获得的每一分钱，树立勤俭节约的思想意识。如果父母自己崇拜金钱，视钱如命，把钱神秘化，他的孩子一定会产生更大的好奇心理，这会增加金钱对他的诱惑力，使他成为一名金钱崇拜者，长大之后极可能走上歧途。

(7)最终让孩子学会花钱。首先，让他们懂得等价交换的道理，花多少钱买多少东西，使他们树立相互交换、互不吃亏的平等思想意识。再次，懂得不能随便乱花钱，应有条件、有目的、有限制及节约省钱的道理，知道讲价钱，知道货比三家，树立择优选购，量入为出的思想意识。这些公平交易，少花钱多办事，量入为出的意识，对于孩子的成长有重要影响。如果家庭有条件，又不让孩子花钱，那就错了，孩子的一切拿摸行为、撒谎骗钱行为，都是好奇心、攀比心、某种要求没得到合理满足造成的结果，很可能造就一名品质不好的孩子，将来付出的代价会很高。

(8)给孩子一定的自主权。孩子花钱分为学习、生活、娱乐等各项消费，只要不过分，家长都竭尽全力予以满足，这些都不容置疑，无可厚非。笔者认为给孩子一点零花钱也未尝不可，划出一定范围，确定一定数额，交给孩子的钱，由他自己掌握，超额不补，节约归己，家长不必干涉，相信他，协助他学会自主支配，这样既开了口子，防止鼓包、拿摸、撒谎，又满足了孩子的好奇心，使孩子学会了花钱。

当然，如果孩子花钱如流水，摆大款之阔，那是他们家长在培养埋葬家业的接班人。孩子成熟之后必定要花钱，从小学会花钱，知道挣钱，有何不妥？这也是一种素质教育，特别是商品经济时代，培养正确的花钱意识非常必要。非但不会影响文化学习，而且有利于身心健康地发展。

奢侈会破坏人们的心灵纯质，因为不幸的是，你获得愈多，就愈贪婪，而且确实总感到不能满足自己。

——安格尔

6. 那些不该说的家庭用语

寻根寻源

家庭对儿童性格形成有很大的影响，然而，外出务工的家长们在外的工作环境差，人员成分复杂，在成人的世界里，也许认为某些语言暴力可以释放务工的压力，但是他们不知道的是，在成人的不知不觉中，某些语言冷暴力对孩子们构成了很大的伤害，会潜移默化地影响孩子们幼小的世界观、人生观和价值观，也为孩子的健康成长埋下了祸根。

语言是一种艺术。家庭用语要根据不同的时间、场合，更要注意措辞和语气。

即使是同一件事，心情好了就以一种怜悯的口气关心孩子；心情不好了，又拿孩子的隐私去刺激孩子，这些都不是孩子想要的。

留守家庭中家长有哪些不适当用语？

(1)相互指责型

父母之间相互指责。

“你怎么这么没眼力见儿，没看见被没叠，地没擦呀？你说你，一个大男人没活儿的时候成天待在家里，有什么出息？一瞅你我就来气，外面不成，回家也不干呀？你说，我哪儿指得上你……”

“怎么了，又喝酒了吧？你说你跟你那帮狐朋狗友成天混在一起有什么出息？我看着他们没一个顺眼的，你呀，这辈子算没什么指望了！”

“就不爱跟你回去，一看见你爸妈我就来气，上次我就嫌有一道菜不好吃，这下她倒没完了，唠叨了那么多，你爸还添油加醋，哦，来你们家我就是受气的呀？”

“哪儿那么多废话呀！”

“我就讨厌你成天拉个脸，跟谁欠了你似的，有话就说，有屁快放！”

“你成天就知道自己的工作，从来不管儿子，现在他几门功课不及格了？”

“这个家容易吗？我没日没夜地忙，为了什么？叫你少打打牌，多管管儿子，一上牌桌就下不来。”

“别吵了！你们看看人家的爸爸、妈妈，谁像你们！我不及格就是你们害的！”

……

这些语言体现出一个共同特征——指责和埋怨，从而形成“家庭相互指责黑三角”。在这样一个“黑三角”中，每个人都有可能有一个较为固定的指责对象，家庭问题往往在相互指责和埋怨中不了了之，不欢而散。

(2)一味侮辱、讽刺型

家长通常会对留守儿童使用一些蔑视、侮辱、讽刺性的话语，他们的本意是希望以此激起孩子的羞耻心，从而达到教育的目的，结果却往往适得其反。典型的话语有：

①你简直是个废物/饭桶/白痴！

②你可真行/真不简单/真厉害！(用其反语义)

③你这个没用的东西/不孝顺的孩子！！

④跟你说过多少次了，你就是不长记性，你没长脑袋是吧？

事实上，这种不适当的家庭用语即语言暴力对留守儿童的伤害最为严重，矛头直指留守儿童的自尊和人格，从最本质的层面对留守儿童造成伤害，后果是非常严重的。受到这种语言暴力以后，激起的却是留守儿童对自我和他人的敌意，而且会产生自我谴责、自暴自弃或以过激行为反抗、抵制教育的后果，严重影响了留守儿童的心理健康。

(3)不由分说打压型

有些家长面对留守儿童时，常常持怀疑和否定的态度，习惯用贬低、打压方式发泄对留守儿童的不满，尤其是在批评的过程中，总爱加用"从来"、"每次"、"总是"等夸大的字眼来进行全面且彻底的否定。

典型话语：

①你根本不是读书/画画/弹钢琴的料！

②你要是能考上大学/重点班/研究生，太阳就从西边出来了！

③世界上再也没有比你更笨的了！

这样做的后果，会让留守儿童形成一种低能力的感觉，而且很容易泛化，使其觉得自己一无是处，没有什么事情可以做的了，长大以后也不会对社会有所贡献，从而产生自卑的心理。这种留守家长带给留守儿童的无能感会毁掉他对生活的希望和对未来的信心。

留守家庭未了结的事件越多，其生活就越是沉闷和紧张，并危机四伏 。对孩子来说，更会形成一种只知道埋怨外界的人格特点。因此，家长要学会让孩子说话、听孩子说话、理解孩子说话。许多留守家庭教育问题最根本的原因都是家长通过随口乱说话传递出来的。所以对孩子，不负责任的话不要乱说。

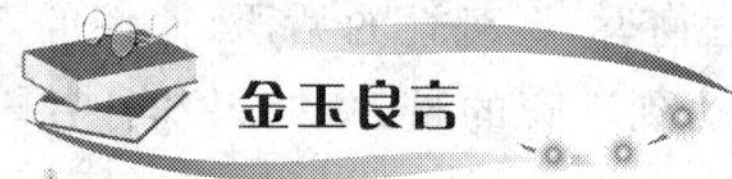

言语之力，大到可以从坟墓唤醒死人，可以把生者活埋，把侏儒变成巨无霸，把巨无霸彻底打垮。

——海涅(德)《法国的现状》

前车之鉴

家长由于自身情况的局限,对孩子未来过度的期许和一些现实问题的压力,回到家庭中时与孩子对话的结果往往是“噎死孩子、憋死孩子、急死孩子、吓死孩子”等。孩子大量的心理问题就源于父母不恰当的语言表达以及因此而产生的误解与矛盾,并且在持续的“语言软暴力”环境中,这些心理问题会被进一步延续、固化甚至激化。

留守儿童受到各种各样的语言伤害以后,心理、学习、生活中会出现多方面的变化。

(1)学习成绩下降

受到语言伤害的留守儿童,在学习过程当中不能集中精力,出现精神恍惚的状态,进而影响学习成绩。学习需要全身心的投入,受到家庭中不适当语言影响的孩子大部分无法继续全身心投入学习当中。尤其是家庭语言暴力是对孩子学习成绩方面的负面评价时,孩子会对自己的学习能力、学习前景等出现怀疑,进而对不适当语言所描述的内容产生认同,最后导致学习成绩下降,升学困难,流入社会成为问题青少年。

(2)出现逆反心理

在留守家庭不适当语言的干涉下,留守儿童对家长产生逆反心理,孩子会对家长的语言暴力所干涉的事情做出与家长期望相反的举动,甚至完全走向家长初衷的反面,家长和孩子的关系疏远,家长逐渐成为孩子眼中无法亲近的对象。家长的语言暴力会直接浇灭孩子对某门功课学习的热情,最终导致孩子对这门功课完全失去兴趣。

(3)导致自闭倾向

留守家庭语言暴力会严重伤害到留守儿童的自尊心和自信心,挫伤他们学习的积极性。这种“隐性暴力”对孩子的伤害是很大的,会导致孩子的性格扭曲、孤独,也就是说家长会因此对孩子造成精神创伤。

(4)影响将来的身心健康

一些看似无意识的言语,却可能刺伤留守儿童稚嫩的心灵,这种伤害比较隐蔽，其实质是对孩子精神的虐待，是对孩子的一种变相的惩罚。如果家长对留守儿童不够尊重、恶语相伤，那么很难想象孩子日后会以宽容和尊重的态度去对待别人、对待社会。

温馨提醒

受到语言暴力的留守儿童会表现出两方面的倾向。有的性格偏执、语言张狂，有的极度自卑，畏首畏尾。千万谨慎你的语言，以免对孩子造成不良后果。

教子有方

(1)从人格上与孩子真正平等

放下家长的架子，平等对待孩子。这是父母与留守儿童平等交流的前提。

平等不仅存在于大人之间，大人与孩子之间尤其需要平等。每一个成长中的孩子，即使是刚刚学步的孩子，也都有这种渴求。

(2)承认家长也不完美

我们在教育留守儿童不犯错误的时候，我们自己也在不断地犯错误，孩子不完美，家长也未必就比孩子完美。

必须承认“孩子在许多方面做得比我们好”，对待孩子需要的是理解和宽容。

(3)不能把自己的意志强加给孩子

现在的外出务工的家长由于生活压力大，社会地位低，为了不让孩子输在起跑线上，能“扬眉吐气”、“光耀门楣”，父母希望孩子成绩好的同时，要学习这个、那个，可谁真正征求过孩子的意见？这些父母的意志让孩子成了“报班专业户”、成了学习的“奴隶”。家长操心受累之余还会说：“我这么替他操心，我容易吗？”孩子们不但不领情，反而加剧了逆反心理,尤其是进入青春期的孩子,他们更愿意固守自己的意愿而拒绝家长的好心安排。

(4)和留守儿童进行朋友式的交流

与孩子交朋友是许多教育专家的建议,也最体现人格平等。我们家长也普遍能接受这个观点,有和孩子交朋友的愿望,相信以平常心对待留守儿童会有意想不到的结果。

父母不应把所有的教育都寄托在学校和老师身上,因为孩子一年有一半的时间都在家里,所以家庭教育和学校教育一样重要,甚至更重要。

第二章　献给留守儿童家长的锦囊妙计

儒家传统讲“父母在，不远游”，我们的现实状况却是：孩子在，父母远游。因留守而缺少家庭的亲情温暖，因父母的远游而丧失家庭教育的氛围，这是留守儿童在家庭教育上面临的困境。这种困境导致留守家庭的教育更是难上加难。

中国的家庭教育文化，是人类教育文化中的一个亮点，也是中国文化的一个特色，不管是城市的，还是农村的；不管是有钱的，还是贫穷的，都把孩子的教育看成是最重要的事。一个具有良好家庭教育的孩子，他无论走进学校还是走上社会，都能很好地去发展自己，哪怕他没有什么学历。学校、家庭不仅仅是一个空间的差异，代表的还是两种不同的教育思路。家庭教育是生活常识的教育，是教孩子在做人中学做事；学校教育是知识的教育，是教孩子在做事中学做人。

如何能够和留守儿童更好地沟通？如何给留守儿童带来更适合他们的情感投入和家庭教育？相信认真阅读完这一章节，你会有答案。

1. 特别的关爱给特别的孩子

寻根寻源

家庭教育是伴随孩子终身的教育，家庭教育直接影响孩子的行为、心理健康、人格与智力发展等。特别是 0～6 岁是个人的行为习惯、性格形成的关键时期，在这个时期，父母外出务工，由于普遍收入不高，居无定所难以将子女带在身边，错过对孩子教育的黄金期，对孩子影响极大。有的父母平时与子女缺少沟通，疏于管教，造成亲情淡漠，孩子缺乏安全感，有的父母教育不得法，存在用钱补偿感情的心理，家长们普遍认为把钱寄回家，孩子有吃有穿有玩就行了，使孩子得到物质上的满足，他们则成了孩子学习、身心发展的旁观者。祖辈隔代抚养大多偏于溺爱，以照顾留守儿童的生活为主，但在知识、能力上承担不了对孩子的品德培养、学习辅导的任务，使家庭道德教育处于真空状态。

留守儿童由于得到的亲情、情感和心理关怀很少，许多孩子缺少内心倾诉和寻求帮助的对象，也很少与外界接触。通过许多的资料发现，这些孩子最大的心愿就是特别想和家人在一起。由于不能和父母一起生活，久而久之，有的孩子就与家人产生了隔阂和陌生感，而种种心理健康问题是留守儿童最容易出现的问题，在外长年务工的父母无暇顾及孩子，孩子在感情上得不到交流，得不到正确的引导和帮助，缺少父母的温暖和教育，这会对孩子心理产生极大影响。留守儿童一般内向、自卑、敏感，性格比较脆弱。一部分孩子的父母在外打工，经常往家里寄钱，有的甚至给孩子买了手机，加上监护人的娇宠溺爱，导致孩子养成大把花钱、逃学上网、吸烟喝酒、自暴自弃等不良行为，这样的孩子往往自私、孤僻、暴躁、蛮横。

当外出务工的家长回到家中再次看到自己的孩子时，孩子的行为习惯、言谈举止及种种变化会令家长们很吃惊，吃惊孩子怎么会出现这样或那样的问题。

温馨提醒

家长朋友们，请不要忘了，这是一个特殊的群体，一个更需要关怀的特殊群体。因此，留守儿童更加需要被关爱被呵护，家长和代管家长以及学校都要给予这些留守儿童更无微不至的爱和关怀，做到真正地去关怀他们的身心健康和敏感脆弱的内心世界，想办法走进留守儿童的心灵，认真地从留守儿童的角度思考他们所想的问题，帮助他们解决由于自身特殊情况而带来的烦恼和问题，带领留守儿童进入一个温暖和安全的美好的生活空间。

金玉良言

教育家苏霍姆林斯基说："教育技巧的全部奥妙就在于如何爱护儿童。"

前车之鉴

留守儿童身为特殊群体，如果得不到家长的及时关心和托管人的适当引导，就可能出现以下问题：

(1)学习成绩普遍较差

父母外出务工，由于缺乏有效的、适时的家庭教育这个重要环节，留守儿童对学习普遍缺乏热情，进取心、自觉性也不强，作业不能按时完成，大多数留守儿童对作业只是应付了事，学习成绩普遍较差。一些调查结果显示，留守儿童中学习成绩优秀的不到20%，80%以上学习成绩中等或偏下，有的主课只有30～40分，有的逃学、厌学，上课纪律性差，有的趁上课时间溜出学校上网，学习成绩较差比例之大令人担忧。

(2)行为习惯相对较差

大多数留守儿童由于没人监管，因此，自我控制能力不强，生活习惯不良，主要表现在不讲卫生、不换衣服、挑食挑穿、乱花钱。有的留守儿童行为习惯较差，在家里不听代养人的教导，比如：顶撞祖辈、我行我素，在学校不遵守规章制度，不服管理，说谎骗人，小偷小摸。渐渐地，留守儿童就成为了"问题儿童"。

(3)心理很容易出现偏差

留守儿童大多年龄在1～15岁之间，正是情感、品德、人格、性格形成和发展的关键时期，有的甚至在出生几个月或一周岁后，父母就外出务工，留守儿童长期与父母分离，使他们在生理和心理上的需要得不到满足，缺乏父母的关爱，亲情失落，产生孤独感，以至于心理失衡。因为父母不在身边，电话沟通有时也少之又少，留守儿童有的情绪消极，表现出性格内向、失落自卑、自私冷漠、脆弱孤僻或焦虑、任性、暴躁的情绪，还有的出现逆反心理、怨恨等极端的情绪。

教子有方

如今有一些家庭为了养家糊口，供孩子上学，赡养老人，许多父母不得不狠心外出打工挣钱。无人看管的留守儿童逐渐增多，这些留守儿童的共同特点是：孩子主要由祖辈或亲戚代为教养，隔代托管普遍，有少数儿童没有明确的托管人，处于放任自流、教育缺失、情感缺失的成长环境，严重影响留守儿童的身心健康，这种情况使得大多数儿童在思想道德以及心理健康等方面出现了很大的问题。他们有的任性、自私、冷漠、自卑、封闭，缺乏爱心、童心和交流的主动性；有的内向、孤独、柔弱无助；有的脾气暴躁、冲动、易怒等等。因此，留守儿童问题已成为一个严重的社会问题，那么，作为很少在留守儿童身边的家长该如何走进他们的心灵？如何引导这些孩子们，让他们能够安心地学习，健康地成长呢？

(1)用爱心打开留守儿童的心门

“没有爱就没有教育，爱的教育是儿童教育的基本原则和方法。”前苏联教育家捷尔任斯基说：“谁爱孩子，孩子就爱他。只有爱孩子的人，他才能教育孩子。”“捧着一颗心来，不带半根草去。”是陶行知先生对教育的爱的理解。可见，爱是教育的基础，也是家庭教育的根本出发点。每一个儿童都有他自己的思想，他们渴望被理解、被尊重，尤其是留守儿童。这就要求家长们用爱心去滋润他们的心田，从而让留守儿童产生一种奋发向上的力量。其实作为家长要关爱留守儿童，就要同情他们的痛苦与不幸，理解他们的心理负担，设身处地地为留守儿童着想，关心他们的生活与学习，放下家长的架子。

温馨提醒

爱是一种巨大的改造力量，它能消除留守儿童对家长的戒备性心理和逆反性心理，能恢复和建立他们的自尊心和自信心。苏霍姆林斯基说："对人由衷的关怀，这就是教育才能的血和肉。"因此，爱留守儿童，并且给予尊重与理解，是打开他们心灵的万能钥匙，它能使家长朋友们真正地走进留守儿童的心灵，与他们进行生命的对话、情感的交流与碰撞。让留守儿童永远被爱感化，被爱包围。

(2)用赏识建起留守儿童的自信

美国心理学家威廉·詹姆斯的名言："人性最深刻的原则就是希望别人对自己加以赏识。"孩子需要在不断的赏识中成长，赏识是父爱、母爱的集中表现，而留守儿童由于缺失了来自日常家庭的关爱与教育，一部分留守儿童对学习也不感兴趣，上课不认真，扰乱课堂秩序，课后不完成作业，成绩不够理想，从而产生一种失败者的心态，有自卑感，这时他们如果得不到及时的帮助和鼓励，就会无所适从，自暴自弃。因此，家长及代管人若能对这些留守儿童真诚由衷地赞美和鼓励，就可以增强他们的信心和勇气。

a.以表扬和鼓励为契机，赏识留守儿童

自信，是一个人成功的基础。那么如何树立留守儿童的自信呢？首先，我们应该坚信每个孩子都有自己的优点，当然或多或少也都有缺点，这是一个最基本的评价。其次，家长和代管人要拥有一双善于捕捉"闪光点"的眼睛，要善于发现留守儿童身上的才能，"东方不亮西方亮"。例如有的孩子的思考能力欠佳，但绘画能力很强，如果他考不上大学却成为一名优秀的画家，你能说他不成功吗？所以，家长们应该千方百计地挖掘留守儿童身上的每一个闪光点，然后用欣赏的眼光、愉悦的心情、发自内心地赞美和鼓励他们，肯定他们的每一点进步。家长因为平时很少在家，孩子特别在意父母对他们的评价，可以说是“一字千金”，看上去几句普通的夸赞的话语，却能激起留守儿童心灵上的感应，使他们产生一股莫名的向上的动力，对他们的成长起着潜移默化的作用。再次，创造一个鼓励性的环境，给留守儿童定一个切合实际的目标和要求。如果你的留守孩子成绩不够理想，在家里沉默寡言，读书时都不敢大声，甚至遭同学嘲笑、戏弄。但他能勤于思考，并且见解独到，就可以受到家长的表扬，慢慢地，他逐渐树立了自信心，认为自己能做好，在家长和老师的鼓励下，他不再怕失败。从很多的生活实例中我们不难看到，赏识教育的奥秘就是让孩子觉醒，甩掉压在身上无形的自卑的巨石，这正如美国著名心理学家罗杰私德所说：“孩子只有在亲密、融洽的关系中，才能产生安全感，并能真实地表现自己，充分地表现自己的个性，创造性地发挥自己的潜力。”

父母要多赏识孩子的善良。善良犹如肥沃的土壤，容易长出智慧的庄稼。教育孩子如果只盯住分数而忽视善良，就像失去了舵的船。

b. 以游戏为主渠道，实施赏识教育

在游戏的各个环节中，家长可以用放大镜努力寻找和发现留守儿童的长处和优点，并不失时机地加以鼓励和表扬，这能使留守儿童找回被呵护、被关注的感觉。留守儿童因缺乏父母的关爱，产生了孤独、寂寞、焦虑、自卑、敏感等诸多心理，在游戏中不敢有自己的想法，不敢大胆地参与活动，针对这种情形，家长们要学会宽容、真诚地对待他们。“南风效应”告诉我们，真诚、温和的激励比粗暴的呵斥有更好的效果。一贯严肃的家长若用灿烂的微笑，鼓励的眼神，亲切的话语，温暖的抚摩，使留守儿童的心灵得到触动，错误得以改正，从而帮助他们扫除学习的障碍，改进学习方法，提高他们的学习成绩，增加生活趣味，增强他们的自尊心和自信心。

c.以培养兴趣为载体，深化赏识教育

兴趣是最好的老师，没有丝毫兴趣的强制性学习或者规划生活，将会扼杀孩子探求真理的欲望。作为家长应十分注重留守儿童的各项兴趣的培养。有些孩子常说对什么活动什么东西都没有兴趣，也没爱好。究其原因，主要是没有尝试和练习。对某项活动缺乏兴趣的人，一般是怀疑自己缺乏某种能力，怕做不好，惹人笑话，干脆说没兴趣，不爱好。事实上，只要肯练习，慢慢尝到甜头，兴趣爱好也就有了。比如有的孩子文化课不好，但艺术细胞较多，家长们可以抓住孩子的这个特点让老师配合进行经常性的个别指导，创造机会让他们经常参加各种竞赛，比如书法大师赛、诗朗诵、体育竞技等。由此孩子对文化课的兴趣也增强了。因此，作为家长要耐心教育留守儿童。人对任何事物的兴趣不是与生俱来的，而是慢慢地一点一滴地后天培养的，家长要培养孩子吃苦耐劳的精神，多尝试、多练习，促进孩子兴趣的生成。当然，作为家长也要懂得，兴趣不是一天培养成型的，需要日积月累，家长朋友们要有十足的耐心等待、陪伴孩子慢慢成长，切不可操之过急，更不能达不到预期效果就把气都出在孩子身上，我们都要耐心地给孩子时间，等待他们静静地成长 。

当然，如果孩子兴趣一旦形成，家长可以让孩子多多参与一些课外兴趣活动，让留守儿童有展示自己才华的机会，让每个孩子看到自己的长处，让他们感到自己是有能力的，可以从自己的身上而不仅仅是从别人的赞赏中获得自信，体验到成功的喜悦之后，从根本上增强他们的自信心。

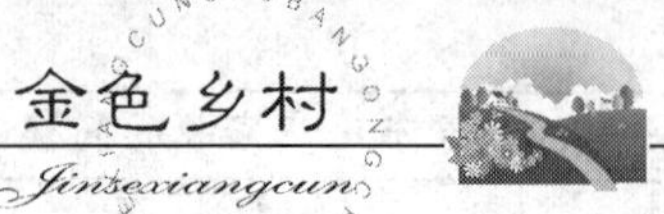

金玉良言

孔子曾说过："知之者不如好之者，好之者不如乐之者。"强调了兴趣对于学习的重要性。

(3)用行动撑起留守儿童的蓝天

父母是孩子的第一任老师，父母的一言一行、一举一动，都深深地影响着孩子。不管老师与同学给留守儿童倾注多少爱与帮助，都不能填补父母的那一份血浓于水的亲情，因此，留守儿童或多或少都存在着一种亲情饥渴。家长需要转变观念。大多数家长错误地认为，只要给家中的孩子吃饱穿暖有钱花就够了，实际上孩子更渴求精神上的抚慰。作为留守儿童的家长，要多拿出时间，通过电话、书信等方式与留守家里的孩子及孩子的老师多沟通，掌握孩子的思想动向，甚至在可能的情况下常回家看看，让留守家里的孩子在一次次惊喜中感受到久违的亲情。时刻感受到父母的爱就在身边，无处不在。

农村留守儿童是特定时代下的产物，而且将在一定时期内长期存在。为此，家长和代管人都应该用爱心、真心、耐心去帮助他们，走进他们的心灵深处，感知他们的喜怒哀乐，让留守儿童沐浴在爱的阳光里，接受教育，健康成长。

温馨提醒

没有爱，就没有教育。家庭教育需要爱。

2.隔代教育要扬长避短

寻根寻源

随着我国经济的蓬勃发展,大量的农民进城务工,产生了大量的留守儿童。农村留守儿童是在未成年人中新出现的一个特殊群体,这个群体因父母一方或双方外出打工,由于诸多条件的限制又不能将孩子带在身边,只好将他们留在家乡而产生。据统计数据显示,目前在中国农村有留守儿童五千八百多万。留守儿童的问题日益凸显出来。

这些留守儿童的抚养、监护状况最令人担忧,有的是留守的父亲或母亲一方养育,有的是由爷爷奶奶或外公外婆这些隔代监护人来抚养,也有的是由亲戚来监护。但留守儿童中绝大部分是由隔代监护人来抚养。就是说,对留守儿童的教育主要是隔代教育。

一种教育所产生的效果和引发的问题往往在受教育者的身上体现出来,农村留守儿童隔代家庭教育中的诸多问题更多的也还是体现在农村留守儿童身上,主要体现在他们的学习、思想、生活和日常行为习惯等方面,在他们身上,体现了隔代教育的弊端。同时,这种教育方式也给教育者带来一定的影响。

前车之鉴

那么,隔代教育产生的主要问题都有哪些呢?

(1)隔代教育导致留守儿童在学习上的主要问题

教师普遍认为留守儿童大都是“双差生”和“问题儿”。他们对学习和生活普遍缺乏热情,缺乏进取心和自觉性,存在严重的厌学倾向。双亲在外打工,依靠爷爷、奶奶及其他人员生活,监护人本身年纪大,对孩子的监管不到位,在生活上难以时刻照看到孩子,在学习上因为隔代教

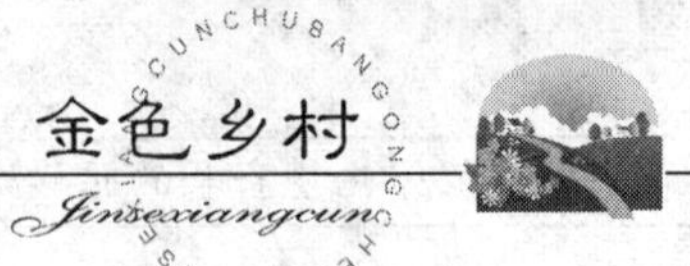

育者受到自身水平的限制，更没有能力对留守儿童的学习加以辅导。大多数留守儿童经常不写作业，不复习所学知识，常常是把宝贵的课后学习时间都浪费在与学习无关的事情上去了。

温馨提醒

良好的习惯比知识、能力更重要，好的学习习惯可以使留守儿童终身受益。

(2)隔代教育导致留守儿童心理上存在的主要问题

家庭教育和家庭环境对儿童的影响是至关重要的，而隔代监护人一般采用温饱式的教育，根本无法切实感知和从根本上了解孩子心理的发展动态，难以实施正确的引导式教育，不利于儿童的心理健康成长，亲子互动的缺失，抚养人模糊的职责意识，造成了留守儿童缺乏对信任的感受和体验，使孩子容易产生焦虑情绪和对别人的不信任感。

农村隔代监护人思想观念相对保守落后，一味地重养不重教或者重物质轻精神，很少去关注孩子的心理变化，这无疑会严重影响孩子身心的健康成长。许多孩子的父母长年在外打工，孩子在成长中的心理问题得不到正确疏导，对爷爷、奶奶又无法倾诉，无法解决，严重的会使留守儿童就此走上绝路，不要等到那时家长才后悔莫及。因此，留守儿童隔代教育使孩子心理问题得不到解决和正确的梳理，会影响留守儿童的一生。

(3)隔代教育导致留守儿童的道德问题突出

有一些留守儿童曾有过偷东西、破坏公物等不良行为。他们大多跟祖辈生活在一起，祖辈倾向于在物质上满足孩子的一切需求，但是由于文化程度和自身素养的限制，极少能对孩子精神上进行正确和及时的引导。加之平时对留守儿童的关怀较少，无法及时发现他们在道德思想上的变化等等，使得留守儿童在行为上会有一定的偏颇，道德水准滑坡，这些问题若无法及时得到解决，留守儿童的不良行为就会因此而产生。有的还会一发不可收拾，从而走向一个个惨痛的结局，这些都是点点滴滴、日积月累形成的道德问题，作为家长一定要给予高度的重视。

(4)隔代教育导致留守儿童的安全问题突出

隔代教育的留守儿童存在着极大的安全隐患。由于隔代监护人年龄比较大，精力、体力都有限，再加上农田劳动消耗体力，所以往往对孩子的安全监护力不从心，使孩子身体和心理受到伤害。2004 年 3 月，四川省富顺县某镇一个 13 岁的女孩小英，在无人事先知情的情况下竟然生下了一个孩子，尚未成年的女娃娃竟然当上了母亲！留守儿童小英的父母双双在外打工，13 岁的孩子长期由老人或亲戚代为照看。正是由于孩子缺乏父母的直接监护，使这些留守儿童受到了伤害。酿成了一生的悲剧。多么惨痛而又真实的教训啊！作为家长一定要给留守儿童一个安全的成长环境。

孩子不是父母的私有财产，应把你的孩子看成是人类的孩子，是万物之灵，做父母的要尊重他，而不是改造他。

(5)隔代教育导致留守儿童的亲子关系淡化

良好的亲子关系是在日常生活中逐渐形成的。但留守儿童生活上与隔代监护人相依为命，外出打工的父母一年到头也不一定能见到孩子一面。孩子长期与父母分离，这使得他们之间缺少应有的沟通和交流，空间和时间的距离导致他们之间的心理距离越来越远。对于孩子而言，父母的角色缺位，在留守儿童的心中仅存的就是两个空洞的名词——“爸爸”和“妈妈”，但这两个名词似乎没有多少实际意义，他们无法切身感受到父母的爱抚，无法像其他的孩子一样享受父母的悉心照料；对于孩子的父母而言，他们所做的一切都是为了孩子，为了整个家庭。但他们长期在外，根本无法真正地了解孩子的想法和需求，感情是需要时间来经营的。爱与关怀,在家庭中逐渐地消失,在这种情况下,亲子关系逐渐淡化。

(6)隔代教育导致留守儿童的价值观偏移

外出打工的父母平时对子女关注较少,久而久之,父母内心就会产生负疚感。因此,对留守儿童会采用纯物质方式进行补偿,这也是他们误认为自己唯一能为孩子做的。在这种情况下,农村留守儿童拥有零花钱的数目增多,加上监管人监管力度不够,这些零花钱的使用的自由度也逐渐提高。有的留守儿童将父母给予的零花钱拿来请客,大肆铺张浪费,有的留守儿童用这些钱买小饰品或玩具,还有的用来上网,很少的一部分会购买参考书籍。不仅如此,在这些留守儿童中,"读书无用论"的思想也逐渐抬头。祖父母、外祖父母感觉钱是孩子父母给的,不好加以干涉。久而久之,大手大脚之风便在留守儿童的价值观中蔓延开来。

教子有方

家庭教育的过程是孩子与父母互动的过程,双方在共同参与的过程中实现沟通与交流才会形成良好的亲子关系。因此,父母要做到以下几个方面:

(1)家长要不断补充自己的家庭教育知识

家长要坚持做学习型的家长,平时要多读书,多看报纸,多学有关家庭教育方面的知识,提高自己的家庭教育水平,树立与孩子一同成长的理念,关心孩子的全面发展,尽可能多地与孩子联系和沟通,有条件的把孩子接到务工地入学,为孩子的健康成长创造条件。无法把孩子接到身边的家长应该通过多往家里打电话、多给留守儿童写信等方式询问孩子的情况,及时与孩子的老师联系,了解孩子的近况,督促孩子向好的方向发展。

金玉良言

父母在教育孩子的同时,也在进行自我教育。

(2)家长要时刻关注孩子的精神需求

家长要关心孩子的生活,还要关心孩子的心理健康,关注孩子的心理需求,有意识地给孩子购买一些书籍、杂志、报刊和学习用品等。同时祖辈和父母应不断提高自身的教育能力,理解和尊重孩子的身心发展规律和年龄特征,科学地引导孩子、教育孩子。父母要利用打工的淡季,尽可能回家与孩子团聚,做到打工与子女教育两不误。在孩子假期时尽可能地把孩子接到自己的身边,让孩子享受父母的关爱,享受家庭的温暖和父母的关怀。

温馨提醒

如果留守儿童的父母能转变观念,重视孩子的全面健康发展,就能找到务工与教育孩子的平衡点,做到两全其美。

3. 永远展现给孩子阳光面

寻根寻源

人之初,性本善。

每个孩子出生时,思维都如同一张白纸,他们思维方式的形成,全赖于后天的教育与生活环境潜移默化的影响,尤其是作为第一任老师的父母的影响最大。有时你会听到留守儿童讲对社会的不满，讲官员腐败、人性是如何如何地自私等等消极性言语，你会为此担心这样下去会影响其成长，将来难以适应社会，但是作为家长，要反思一下自己是不是在日常的生活中对孩子进行了不太阳光的“说教”，给那些“黑暗的”人和事武断地下了定义呢？

也许你经常会发现自己的孩子有一个明显的特点：总是从“坏”的方面去分析、判断别人的言行或社会现象。因而看社会，他只看到腐败、抢劫、偷盗等坏的一面，而没有看到社会文明进步的一面；看人则认为人都是自私的，行为动机都是损人利己的，无视人们的利他行为和助人行为。这时，作为家长就要好好思考一下自己的一言一行了。

温馨提醒

留守儿童产生的这种思维方式是变态心理的表现，称之为“反社会性思维”，是不良教育方式的结果，如果持续发展下去，很容易发展成“反社会人格”而影响孩子的成长，应引起家长们的高度重视。

这种反社会性思维的形成，主要受父母两种教育行为方式的影响：

一种方式：日常生活中不经意的言语诱导。

外出务工的家长在社会上摸爬滚打，吃了不少苦，难免有些牢骚，偶尔回到家经常会谈论起社会的一些负面现象、极端例子，如邻居、同事、朋友中的虚伪与钩心斗角，以及用负性言语评价某些人物，如假积极、沽名钓誉，死要面子活受罪等，有的甚至连自己孩子的某些言行也会从反面去理解去评价去分析。如一位家长要孩子把两个苹果分一个给外公，孩子将两个苹果都咬了一口后，选了一个给外公，家长见状大声呵斥孩子自私自利和不应该，好在外公没有责怪孩子，抱起孩子问他为何要把两个苹果都咬一口，孩子则委屈地告诉外公，我想选一个甜的给外公。就是父母的这种思维方式，使孩子从小就形成了“人都是自私的，人说的和做的都是假的”的思想意识。

另一种方式:直接的教育。

当孩子稍大一点,父母就怕孩子在外吃亏上当,尤其农民工朋友们经常不在孩子身边,常常教孩子外面的人都是坏人,都是骗子,都是人贩子,不要轻易地相信别人等等,有的家长更是提醒孩子身边的人都不可信,对待同学、朋友都要处处防范,小心吃亏上当等,而孩子在生活中,又难免不碰到这类的人和事,因而就很容易使他们联想到父母之前的“谆谆教导”和“声声告诫”,在日后“充分”得到印证后,更加相信自己已形成的认识,反复强化就形成了这种极端的反社会性思维。

前车之鉴

家长的这种不太阳光的教育模式是怎样潜移默化地走进留守儿童的生活的?又是如何影响留守儿童的价值观、人生观和世界观的呢?请认真阅读,读后仔细思考。

(1)受钱的影响认为读书无用

有一些因机遇挣了钱,或者认为自己下苦力挣的钱比文化程度较高的人挣的钱还多的“打工类”父母,在他们心目中逐渐地滋长着新的“读书无用论”思想,于是对子女没有明确的要求,顺其自然,放任自流,从而“能读书就读,读不好去打工也能赚钱”的观念在农村留守儿童思想中普遍存在。

而一些没有挣得什么钱的“打工类”父母,则认为是命运不好,整天怨天尤人、抱怨社会、抱怨身边的人,而对子女的一切不闻不问、不负责任。使留守儿童幼小的心灵背上了父母沉重的情绪包袱,自小就承担着很大的精神压力,严重影响他们的正常学习和健康成长。

(2)职业化的影响

还有一些父母从事一些不良的“职业”,对自己的孩子发展的负面影响更大。

有一个被称为“假证之乡”的小镇,长年外出务工者的职业就是做证件生意，实为造假证件。务工者心里非常清楚这种职业是违法的，但他们不但没有对孩子作任何矫饰，反而心安理得地认为这是一条生财的捷径。更有甚者，寒暑假期间，把孩子接到城市去，利用孩子还未成年，法律不便追究这一特点，要孩子散发做假证传单，到处去贴小广告，教孩子逃避检查和被抓后应对的方法和技巧，这些留守儿童就直接成为父母造假生意的“好帮手”，间接地做着触犯法律的事情。对于这种害人害己的违法行为，一些父母却是积重难返，执迷不悟。可悲的是，耳濡目染，加上亲身经历，对于这些还不谙世事的孩子来说，这将严重影响其今后的人生道路。

有孩子的家庭，就像多了一面镜子，他能照出你内心的一切。你快乐，他也快乐；你阳光，他也阳光；你阴暗，他也阴暗；你暴躁，他也暴躁。

教子有方

积极的心态对每个孩子的一生都有至关重要的影响，因为积极的心态总是与乐观、自信、成功联系在一起。一个心态积极的孩子，能够看到事物中积极有利、乐观向上的一面，即便是在逆境中也能看到阳光、看到希望，而且能够在平时的学习生活及人际交往中建立起良好的人际关系；不但如此，心态积极的孩子常能心存光明前景，对未来有美好的憧憬和期待，即使身处逆境，也能凭借乐观的心态、坚定的信念和顽强的毅力战胜困难，走出逆境。相反，一个心态消极的孩子，则会过多地看到事物中消极不利的一面，经常错误地产生悲观、失望、沮丧的情绪，长此以往，将会影响孩子身心的健康发展，扼制孩子自身潜能的发挥。因此，父母应该帮助孩子从小形成积极的心态，避免消极心态的困扰，为孩子健康快乐的人生奠定牢固的基石，以便日后外出务工即使长时间不在留守儿童身边陪伴，家长也会心中有数，对孩子的心态放心。

那么，家长们应该如何给予孩子一个积极、健康、乐观、阳光的家庭教育呢？

(1)为留守儿童做榜样，父母首先要乐观阳光

家是心灵的港湾，父母是孩子的榜样和第一任老师。

要想使孩子有积极的心态，父母首先要有乐观的品质。父母积极乐观的思维方式，使孩子耳濡目染，会潜移默化地影响孩子。教育家斯宾塞说："孩子很容易受到家长的影响，如果他感受到了你的积极，他会慢慢获得一种美好的人生感觉，信心倍增，人生目标感也越来越强烈。"因此，父母要善于用美好的心态、态度和信心影响孩子，并向孩子传递一种积极、乐观、阳光十足的人生信念。在日常的生活中，家长朋友们要非常注意自己的言谈举止，尽量用美好的词语、愉快的情绪感染留守儿童。还要把眼光放在生活中美好的事物上，经常欣赏自然美和艺术美，使自己的心灵被美的东西所陶冶，美好的感觉不经意间就会在生活中自然地流露出来，使生活处处充满着、洋溢着单纯的幸福美好。即使因为社会压力大，工作不愉快，生活遇到坎坷，偶尔有不良情绪，家长朋友们一定要努力调适自己，把不良情绪管理好，不要带给本身就敏感脆弱的留守儿童任何心理负担。还要在内心告诉自己，一定要高兴起来，给孩子起到一个表率作用。这样就避免了情绪垃圾在家庭中蔓延对孩子心理产生的不良影响。

要使孩子有个积极阳光的心态，父母有必要向孩子传递一种积极的生活态度和坚定的人生信念。孩子从父母那里接收到这种积极的态度和信念，就会增加他们对生活的信心，明确人生的目标。我们给孩子传递的人生信念是：认真地对待工作和生活，尽力快乐充实地度过每一天，并努力营造我们所向往的生活。在这种信念的支撑下，我们家长要更努力地工作，争取在社会中立足，为孩子获取更好的学习和生活环境，不断更新自己的生活，使自己和孩子的人生更有意义和价值。

金玉良言

英国作家狄更斯说："一个健全的心态，比一百种智慧都有力量。"

(2)为留守儿童营造一个轻松愉快的生活环境

父母要为孩子营造一个轻松愉快的生活环境。如果孩子生活在一个愉快轻松的环境中，心情自然而然就快乐；如果孩子长期生活在一个压抑、沉闷、压力巨大的环境中，心情必然是抑郁、悲观的。

在留守家庭中，家长们尽力为孩子营造一个轻松和谐的家庭氛围，使孩子在家里时时刻刻感受到家庭的和睦温馨，体验到自由成长的快乐。不仅如此，夫妻之间更要相互尊重，平等相待，把孩子当作家庭中平等的一员，不要在孩子面前以权威者自居。每个人都可以自由地发表意见，表达自己的想法，每个人的意见都要被尊重。这样，久而久之，孩子就懂得尊重家长，信任家长，喜欢与家长交流沟通说说心事，愿意表达自己内心深处的最真实的想法；同时他也会懂得关心家长，积极地参与并承担起家庭事务，比如照顾老人、负责家庭卫生等，主动帮助外出务工的家长分担力所能及的家务，家长们会深感欣慰。不仅如此，作为家长还应该积极乐观地鼓励留守儿童做自己喜欢做的事，发展自己的兴趣爱好。

温馨提醒

广泛的兴趣爱好能够缓解压力、调适情绪，使生活更加丰富多彩，比如：绘画、音乐、阅读……因此，留守儿童的生活会是丰富多彩且充实快乐的。

(3)父母要用积极的眼光看待留守儿童

如果父母用积极的眼光看待孩子，孩子就学会了用积极的眼光正确地看待自己、他人及周围的事物。一方面，父母要发自内心地真正地赏识自己的孩子，这样就容易发现孩子的优点，并给予表扬与鼓励。赏识教育是一种激励式的教育，它通过语言、情感等积极的心理暗示，不断培养和建立起孩子的自尊心和自信心，激发孩子的内驱力，从而使其不仅有勇于进取的信心，也能有不断进取的动力。另一方面，对待孩子的缺点和暂时的挫折，更需要父母用积极的发展的眼光来看待。千万不要用恶毒的语言暴力，更不能对孩子暂时的问题和缺点下定义，要积极地引导孩子改正缺点，帮助孩子走出受挫的阴影，使孩子看到挫折中孕育的机遇，有机遇就有挑战，而不是一味地对孩子进行批评指责，一味地批评指责会伤害孩子的自尊心，使孩子陷入消极失败的心境中，从而产生阴暗的心理。

如果面对孩子的失败，家长总是一种态度——发脾气、批评、抱怨，不仅会伤害孩子的自尊心，更重要的是会失去孩子对家长的信任。一个连父母都不相信的孩子，他会有积极的心态乃至积极的人生吗？

温馨提醒

父母培养孩子积极的心态，就像春天催生万物。在春天的怀抱里，孩子那稚嫩的枝芽，才能在阳光下尽情地舒展，孩子的梦想之花，才会在生命之树上盛开得如锦霞般灿烂。

4. 慎重选择托管人

寻根寻源

为了改变生存状况，大多数的农村剩余劳动力、城市青壮年大量涌入繁华都市来打工，因为生活压力、子女教育等诸多原因，他们无法将子女带在身边，而这些本应是父母掌上明珠的儿童集中起来就变成了一个特殊的弱势群体——留守儿童。

这些留守儿童大部分就由代理监管人，不是爷爷奶奶就是外公外婆，或者叔叔、伯伯、姑姑、阿姨、舅舅等亲戚及他人代为抚养，这部分人整体的文化水平都不高，教育水平和认知水平也不高。在对于留守儿童的教育这个问题上有的监护人认为，只要让孩子吃饱、穿暖，这就算尽到了监护责任了；至于其他的事情，孩子学习好不好，将来的发展问题则是孩子学校的事了。有的监护人则认为自己本身文化水平低，无法帮助孩子，怕自己不懂再帮了倒忙。

留守儿童长年与父母缺乏沟通，尤其是心灵层面的沟通，加上监护人一人可能监护许多留守儿童，而无法全身心地照顾每一个留守儿童，因此，留守儿童心里就会感到缺乏倾诉对象，而在对农村大部分留守儿童的调查中，多数留守儿童表现出内心封闭、情感冷漠、自卑懦弱、行为孤僻、缺乏爱心和交流的主动性等问题，还有的脾气暴躁、冲动易怒，常常将无端小事升级为打架斗殴，缺乏交流给他们带来了安全、心理、人格方面的问题。

因此，在这种状况下，外出务工的家长朋友们更要慎重地去选择留守儿童的监护人，让自己不在家也对孩子放心。

前车之鉴

慎重地选择留守儿童的代管人主要基于以下几个方面的原因：

(1)年龄较大的代管人能力有限

年轻的农民工家长在外长年务工，家里多半剩下的是隔代的老年人，他们大都年纪过长，精力和体力都十分有限，并且自身的受教育程度很低，根据调查，我国55～70岁的人口未受过教育者高达39.7%，因此，受这种情况的限制，文化素质和自身能力不高，作为留守儿童身边的教育者，他们所具备的心理学和教育学的知识甚少，导致了留守儿童的有意识的家庭教育的缺失。

(2)与祖辈代管人有严重的代沟

现今社会发展速度在不断提高,留守儿童接触的环境更具有时代特色,祖辈代管人一些传统的认知结构、思想、生活习惯等很多和现实有很大的差距,留守儿童从祖辈代管人那里得来的信息多半和时代不合拍,会成为留守儿童融入社会的阻碍因素,也不利于留守儿童与时俱进的世界观的形成。

(3)亲属代管人过于溺爱留守儿童

留守儿童交给不负责任的亲属代管,极有可能导致对留守儿童溺爱、放纵过度,使得留守儿童养成刁蛮任性的个性和不良的行为习惯等。因为毕竟不是亲生的孩子,在发生问题时想教育孩子总会有所顾虑,加上监管不严就会造成对留守儿童的溺爱,监管太严就会造成留守儿童的逆反心理,使留守儿童产生敏感、怀疑、忧思忧虑的心理和各种精神层面的问题。

教子有方

监管人教育留守儿童要注意方法的同时,需要家长在平日里教育孩子对长辈要有敬重的心理,这样留守儿童才能配合长辈监管人的教育,因此,留守儿童的监管人教育的重要基石是尊老。

很多留守儿童的家长回家看到孩子经常说:“孩子长大了,变得麻木不仁,我这是自作自受呀!”家长们最终在孩子冷漠无情的事实面前觉醒了。可天下还有多少没有醒悟的家长,他们只知道盲目地溺爱孩子,只要能使孩子高兴,他们为孩子做什么都心甘情愿,所以,家长一面溺爱孩子,宠惯孩子,一面寄希望于在家的监管人能够严格教育孩子,却忘记了对孩子进行尊老爱幼、孝顺父母、满怀感恩之心的最基本的道德教育;忽视了让孩子感受到父母所有的付出都是无私的,是一种爱;忽视了让孩子懂得怎样去爱父母、尊重父母、体谅父母,最终导致孩子目无尊长、不孝敬父母、对他人冷漠无情,从而最终导致监管人对留守儿童的教育手段失效。

因此，家长在教育留守孩子时，不妨借鉴韩国的家庭教育方法，做到以下几点：

(1)首先要向孩子灌输尊重长辈、尊重老人、尊重父母的观念。让孩子明白尊重是一种美德，只有尊重别人的人才会得到别人的尊重。

(2)父母要让孩子感受到对他的抚养是很辛苦的事，要让孩子珍惜这份爱，要求孩子也要对父母有感恩之心。

(3)父母可以用中国传统文化中有关尊重老人、孝敬父母、如何感恩的故事和知识对孩子进行熏陶，使他懂得尊重比他年龄大的人是他应该也是必须做到的。

(4)父母要给孩子起一个表率作用，在家庭中要尊重自己的父母，创造一个良好的家庭氛围，让孩子深切感受这种尊重给整个家庭带来的和谐的气氛，从而自觉去遵循这条原则。

(5)当孩子对家中的长辈、老人或父母不尊重和不礼貌时父母要给予一定的惩罚，严肃地指出孩子的错误之处。让孩子学会懂得尊重长辈，尊重父母，常怀感恩之心。

温馨提醒

这样，当留守儿童对长辈监管人心里怀有敬意、感恩，他们就不会对长辈监管人的日常教育有极端的排斥心理和对抗情绪，对于长辈监管人给予的关爱和教育也会有新的看待，这是一个良好的开始，从此，家长们即使远隔千里也不用担心留守儿童的教育问题，因为家长知道留守儿童心里满是敬与爱，有这做基石，留守儿童的生活、学习将不会有大问题。

《弟子规》 歌词

从前从前 孔夫子的语言
我们沉淀 那论语学而篇
两代之间 从弟子入则孝
出则悌的 那天学会分辨
默默许愿 一千两百多年
好长好长的一大段的时间

渐渐渐渐 在康熙的年间
那弟子规 微笑登场出现
弟子规 圣人训 首孝悌 次谨信
亲爱的 仔细听 这些事 要用心
泛爱众 而亲仁 有余力 则学文
亲爱的 不能等 对的事 要认真
以仁为本的力量 超乎你们想象
孔孟的故乡 就在最纯粹的东方
借人物就要及时还 后有急借不难
学习慢慢成长 诚信你要培养
弟子规 圣人训 首孝悌 次谨信
亲爱的 仔细听 这些事 要用心
泛爱众 而亲仁 有余力 则学文
亲爱的 不能等 对的事 要认真
古圣先贤 我们的老祖先
从中原到 九州大地蔓延
我们眼前 仁义清晰可见
一字一句 用子曰的语言
听我们的劝 博爱承传千年
大同思想 历史不能断线
一遍二遍 我们大声地念
那弟子规 一起学习改变
弟子规 圣人训 首孝悌 次谨信
亲爱的 仔细听 这些事 要用心
泛爱众 而亲仁 有余力 则学文
亲爱的 不能等 对的事 要认真
以仁为本的力量 超乎你们想象
儒家的思想 在厚厚的黄土地上
亲有疾我们药先尝 昼夜侍不离床
灯火可以阑珊 亲情不能怠慢
以仁为本的力量 超乎你们想象
遇事不能贪婪 你可以对自己欣赏
凡是人我们皆须爱 天同覆地同载
一起等待花开 一起青春精彩
弟子规 圣人训 首孝悌 次谨信
亲爱的 仔细听 这些事 要用心
泛爱众 而亲仁 有余力 则学文
亲爱的 不能等 对的事 要认真

金玉良言

对老年人的尊敬是自然和正常的，尊敬不仅表现于口头上，而且应体现于实际行动中。

——戴维·德克尔

5. 如何让留守儿童说出他的秘密

寻根寻源

留守儿童一般有两个明显的特点：不是过于内向的自卑孤独，就是过于外向，更可怕的是有轻微的暴力倾向。这样的留守儿童一般是比较难沟通的，内向而又自卑型的留守儿童一般总是保持沉默，过于外向型的留守儿童会因为不严肃而不认真对待问题。那么，作为家长如何让留守儿童说出心里话，愿意与家长建立良好的情感关系呢？

前车之鉴

也许你作为家长长年远离孩子，很难听到他们的心里话，以下是一些留守儿童的内心独白，家长们要试着用心倾听，也许，这正是你的留守孩子想要对你说的话。

心里话一：

多盼望一家早日团聚啊

为了维持一家人的生活，我的妈妈到外地打工去了，我和哥哥就由奶奶带。

那时我还在上小学，因为想妈妈经常哭。有一天放学回家，走到家门口，透过门窗好像看见妈妈在做饭，我的心一阵乱跳，想该不是看花眼了吧？再仔细一看，真的是妈妈呀！我乐得心里开了花。“饿了吧？”妈妈问我。我大声地回答：“饿了，肚子咕咕叫呢！”

第二天早上，我迷迷糊糊地朝旁边瞅了一眼：啊？妈妈好像不在了。我忙爬起来四处张望，妈妈真的不在了！我急得连鞋都没穿就往外跑。到了外婆家，看到原来妈妈在那儿：“妈妈，我还以为你走了！”

但几天后，妈妈真的要走了。她见我正在玩耍，就避开我，快步跑到马路上，但还是被我看见了。我拉住她，不让她走。外婆赶快过来把我揪住。我眼看着车来了，妈妈上去了，没有希望了。心里一急，我用力甩开外婆，飞快地跑到车旁，抓住妈妈的衣角不放。这时舅舅来了，他的力气很大，一下就把我拉开了，急得我两腿乱踢。当舅舅把我放开时，车已经走远了。我飞快地跑着去撵，暗暗对自己说："一定要追上，一定！"我一边跑一边重复着那句话，似乎真的跑得更快了。可是，最后汽车还是从我的眼里消失了，我绝望地躺在路上大哭……在回家的路上，天阴沉沉的，好像老天也在为我难过。路上的青蛙蹦蹦跳跳，好像很高兴似的，气得我一脚一脚地去踢它们，那时我看见什么都恨。

现在，我已经长大了，也懂事了，知道妈妈在外打工很不容易。留守在家的我只能把思念写进日记，盼望早日一家团聚。

陕西省绥德县实验中学　王丹

心里话二：

爸爸，我不恨你

爸爸，我永远不会忘记七年前的那一幕，妈妈因为你好赌成瘾而服毒自尽。此后，你就出外打工去了。开始几个月，你还给家里寄点钱，可后来越来越少。我还以为是你没有找到事做，可后来从别人那里得知，你仍旧好赌，打工挣的几个钱全输了……

就这样，一年后我和爷爷与你失去了联系，我们爷孙俩只能相依为命。爷爷已经七十多了，身体又不好，连照顾自己都不容易，而现在还要养活我。我们时常担心吃了上顿没下顿，好在好心人多，经常给我们送些米、油。有时没菜吃了，我们就吃马齿苋，看到我含着泪、苦着脸往下咽的样子，爷爷经常伤心地别过头去。爸爸，我的童年是如此不幸，九岁没了娘，接着你又杳无音信。我可怜自己，可怜爷爷，也恨你。夜里，我常常躲在被窝里流泪。睡着了，又常常在梦中被冻醒，爬下床，拾回不知何时掉落的被子，而在妈妈活着时，这是从来不会发生的事。

就这样过了四五年。有一天，你突然奇迹般地打来了电话。当我得知这一消息后，不知怎么，马上就忘掉了对你的恨，兴奋得几天没睡好觉。

2003 年春节,你回来了。破败的家里好像一下子充满了生机,自从妈妈过世后,这是我过的第一个像样的年。正月十八,你又要外出打工了。那天下了一场大雪,外面白茫茫的一片。你提着行李在前,我紧跟在后,眼中饱含泪水,但我努力克制着,我是多么舍不得你走呀!在你即将离去时,我只是发自内心地叫了一声"爸",也许你感到了这一声的分量,眼中也同样泪汪汪的。

把你送走后,我时常担心你的身体和工作。最高兴的是,每次在电话里听到你的声音,再不安稳的心也会踏实许多。我想告诉你,无论以前发生过什么,我都爱你。希望你在外面多多保重,更希望这个春节你能回家。

湖北省恩施市一中　李哲

心里话三:

克服孤单,迎接阳光般的日子

永远都不能忘记,3 年前接起电话的那个瞬间,我仿佛跌进了万丈深渊——爸爸说:乖女儿,我和你妈妈在福建打工!

从此,我就寄住在奶奶家里。每周六晚上,父母会打电话来。我应着他们的叮嘱,泪眼模糊,哽咽着一句话都说不出来。

我无法描述没有他们的那几个年是怎么过的。要么奶奶家,要么姥姥家,不知所措地穿梭。大年三十,我帮奶奶去做年夜饭,看着灶坑里熊熊燃烧的火舌把一抹忧伤化作灰烬。初一的早晨,我又早早地在雪地上行走,戴着厚厚的手套,提着一包小吃和一大壶白酒往姥姥家赶。寒冷的风在我耳边呼啦啦地吹过,别人家的黄狗缩在屋角伸出脑袋向我张望。回去的路上,门口的雪地依旧只有我一个人的脚印,孤单又漫长。

我想象不到在外的父母怎么过的那几个年,我无法通过电波看到他们的容颜,可透过那渐渐老去的声音,我却能感受到他们的辛劳……

一度以为自己的世界从此会一片黑暗,可最终却充满了阳光。在快乐的学习生活中,我学会了怎样与同学相处,学会了怎样去面对不太优异的成绩。我是幸运的,在面对那么多困难的时候,我的身旁站满了关心我的亲人、朋友、老师和同学。亲爱的爸爸妈妈，即使你们目前只能漂泊在远方，留守的我也不孤单，因为这个世界上还有那么多的爱为我存在。

湖北省恩施市一中　谢玉平

在一个个没有爸爸妈妈陪伴的深夜里，你知道他们幼小的心灵正在承受着怎样的孤寂？在看到其他孩子和父母快乐幸福地玩耍的时候，你知道他们正在忍受着怎样的心酸？看看这些发自他们内心深处的话语，是不是也触动了作为家长的你心里那一块最柔软的部分？

教子有方

要让留守儿童说出心里话，需要运用好各种沟通方法和语言技巧，要给留守儿童创造一个稳定、轻松和充满信任感的沟通、交流环境，同时，还需要建立和保持相互真诚的心理环境，让留守儿童不要有防备的心理。针对上述两种性格的留守儿童，我们应采取不同的态度和方式，以达到共同的效果——让他们说出心里话，正视自己的不足和困境。

(1)用真诚拉近和留守儿童的距离

真诚始终都是家长和留守儿童沟通必须具备的态度，也一直被公认为沟通技巧中最基本的要素。以真诚的态度对待留守儿童，更能为他们说出心里话创造一种轻松和安全的心理环境。

对于性格内向的留守儿童来说，他们的内心缺乏信任感和安全感，不敢主动与人沟通，更需要家长以稳定的情绪和较强的亲和力主动与他们沟通交流。而对于性格外向的留守儿童来说，他们需要家长认真回答和重视他们提出的问题。他们较容易接近，对任何新鲜的人和事都有较强的好奇心。在沟通交流时，他们可能会提出比较棘手的问题，这时，作为家长不要认为他们这是在故意为难自己，尽量不要回避和转移话题，

认真、从容地回答他们提出的每一个问题。这样既可以满足他们的好奇心，又可以让他们感受到我们的真诚，对我们产生信任感。

此外，在适当的时候，家长进行自我披露，会更容易让留守儿童说出心里话。

(2)尊重、理解和鼓励，让留守儿童袒露心声

要让留守儿童轻松地说出心里话，还需让他们感受到尊重、理解、鼓励和支持。同时家长也必须区别对待上述两种性格的留守儿童，因为性格内向的留守儿童更能适应相对封闭的交流环境，而性格外向的留守儿童则更适合相对开放的交流环境，家长们在与自己的孩子交留时要针对孩子不同的性格，运用好方法、把握好尺度。

性格内向的留守儿童不喜欢被直接关注，不喜欢在公众场合表现自己、讨论自己，更希望通过从侧面得到关心和理解。因此，在和家长长期分离导致的陌生感没有完全消除、信任关系还没有完全形成时，最好给他们一个相对封闭的环境来让他们面对问题，同时借助一些间接的方式，如写信、纸条等，让他们说出心里话，然后再单独与他一起共同面对这些问题。这样做会让他们觉得，自己是受到保护和尊重的。此外，对于性格内向的留守儿童来说，家长在公众场合最好不要与他们有太亲密的身体接触，给予他们积极、友好的目光鼓励效果会更好。在相对封闭的环境中，还要注意发掘他们的优点，并真诚、详细地逐一指出，以鼓励、支持他们。

性格外向的留守儿童则恰好相反。在公众场合，他们往往希望得到更多的关注和重视，表现得非常积极、主动，并希望得到及时的反馈，同时也很注重反馈的内容。因此，家长们在公众场合应该积极地与其保持更多的互动和交流，及时指出他们的优点，不过，也要适当地、有方法地指出他们的缺点，最后给予积极的语言鼓励。遇到他们情绪低落的时候，可以适当地与他们有简单的身体接触，比如：拍拍肩膀、做些轻微的点头动作或是说些幽默的鼓励性的话语。这样不仅可以缓和谈话的紧张氛围，帮助他们控制自己的情绪，更主要的是可以让他们感觉到尊重、接纳和温暖，更愿意向家长们袒露自己的心声。

沟通心灵的桥是理解，连接心灵的路是信任。

6. 用书信和留守儿童架起心桥

寻根寻源

根据农村留守儿童家庭教育活动调查分析报告显示，虽然大多数留守儿童家长至少每周能与孩子联系一次，但留守儿童与家长沟通不足仍是一个很突出的现象。

调查显示，与孩子沟通较少的家长不在少数。调查中，有 21.1%的家长一个月才会和孩子联系一次，4.9%的家长每年才联系一次，1.3%的家长甚至与孩子没有联系。

另外，调查还发现，随着生活水平的提高，电话（含手机）走进了越来越多的留守儿童家庭，成为家长与孩子沟通的主要桥梁。调查结果表明，选择通过电话与孩子沟通的家长所占比例超过了 75%，并远远高于其他联系方式，成为家长与留守儿童最主要的沟通方式。但是电话这类通信工具能否真正起到沟通心灵的作用呢？

电话沟通固然方便、快捷，但是，相信一定不如传统的信件沟通得好，那是真情、真心的流露，留守儿童在面对信件时才会勇敢地吐露心声，和家长用心交流，而不是电话中有关生活琐事的叮嘱与随声附和，而留守儿童在等待家长的来信时又会有一番期盼，这一封封传递亲情的信件日后还可以变成孩子们的一种成长经历，可以用来回忆童年成长的故事。

前车之鉴

下面是一名留守儿童给远方的家长写的一封信和一位名人给自己的孩子写的一封家书，请家长们阅读后也给自己远方的留守孩子写一封家书吧。

留守儿童给父母的一封信

亲爱的爸爸妈妈：

你们现在好吗？这是我第一次提笔给你们写信，一时间竟不知道该说什么好了。我们好像已经很久没有聊天了，哦，不，是的的确确已经好久没有说说心里话了。

你们知道吗？自打你们走了以后，我自己就努力学习做家务，努力追求能够独立生活，以减轻奶奶的负担。刚开始，我总是像平常一样回到家中，一开门便喊："爸妈，我回来了。"可是，却没有人应答，只见奶奶从厨房慢慢地走出来，向我笑笑，我才反应过来你们已经出去了，每当这时，心里总有一种委屈的感觉，泪水从眼眶中涌出。

不过，现在我已经逐渐地习惯了这种生活。我已经学会了做饭，虽然偶尔会不小心被烫着，但是对比以前那个只会依赖你们的我可强多了。夜晚，我依偎在奶奶身旁，数着离你们回来的日子还有多远，数着数着泪水又一次夺眶而出，我怀念小的时候，怀念你们拉着我的手出去散步，怀念你们为我辅导功课，怀念你们为我做可口的饭菜，怀念你们为我讲故事，可如今……这些仿佛成为了永远的过去，不再重演。我的心在默默地流泪。

你们知道吗？当我看到同学的父母在下雨时来接他们时，我的心里的滋味你们永远也不会懂。

爸爸妈妈，我知道我应该坚强，应该独立，可是，再坚强，再独立的人也有脆弱的一面。

那次，我接起你们打来的电话，刹那间，我愣住了，你们的声音让我感到既熟悉又陌生。你们问我过得好不好时我强忍着不抽泣，可不争气的是眼泪早已掉下了，因为我知道你们还是关心我的，还是在乎我的。

爸爸妈妈，你们回来吧，你们的女儿想你们了。

回来吧。祝：

身体安康，万事如意。

你们的女儿

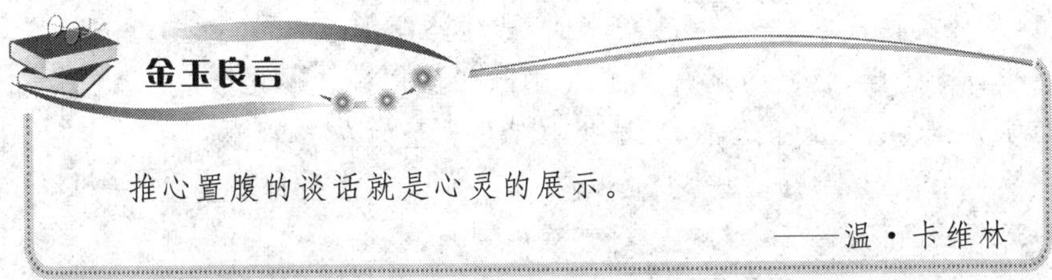

推心置腹的谈话就是心灵的展示。

——温·卡维林

美国石油大王洛克菲勒给孩子写的一封信

亲爱的约翰：

这一段时间，你的情绪过于低落，我不由得为你感到担心。我能感觉到，你还在为那笔让你赔进一百万的轻率投资感到耻辱和羞愧，你一副闷闷不乐、忧心忡忡的神情说明了一切。其实，大可不必终日为此烦闷而不得解脱！人生中的一次失败并不能说明什么，更不会在你的脑门贴上无能者的标签。

振作起来吧，孩子！你需要知道，这个世界上的每个人都没有完全顺遂如意的人生；相反，却要时刻与失败比邻而居。也许，正因为这个世

界上有着太多无奈的失败，追求卓越才变得魅力十足，让人们竞相追逐，更有人不惜以生命为代价。即使如此，失败也难免尾随而至。我也并不例外，虽然现在我的事业在人们的眼里是如此地辉煌！我当然也经历过失败的考验，只是与有些人不同的是，我把失败当做一杯烈酒，咽下去的是苦涩，吐出来的却是重新奋起的精神。

就在我信誓旦旦地跨入商界，跪下来恳祈上帝保佑我们新开办的公司时，一场灾难性的风暴便突袭而来。当时，公司刚签了一笔合同，要购进一批豆子，准备大赚一把，但没有想到一场突然来访的霜冻击碎了这一发财的美梦——到手的豆子毁了一半，雪上加霜的是，有失德行的供货商竟然在里面掺杂了沙土和细小的豆叶、豆秸。这注定是一笔要做砸了的生意。但我知道，我不能沮丧，更不能沉浸在失败的沮丧中，否则，我只会离自己的目标、梦想越来越远。

天下没有白吃的午餐，更不可能维持现状，不进则退。但要前进，必须敢于做决定和适当冒险。那笔生意失败之后，我不得不再次向父亲借债，尽管我很不愿意这么做。为使自己在经营上胜人一筹，我告诉合伙人克拉克先生，我们必须宣传自己，通过报纸广告让潜在的客户知道，我们能够提供大笔的预付款，并能提前供应大量的农产品。

结果，胆识加勤奋拯救了公司。那一年我们非但没有受"豆子事件"的影响，反而为公司赚到了一笔可观的利润。

无疑，没有人喜欢面对失败。然而，一旦竭力避免失败变成一个人做事的动机，那他便走上了消极怠惰之路。这是一种可怕的预兆，因为这意味着可能丧失原本可能有的进取机会。

孩子，机会对人们来说并不是个好把握的东西，人们可能会因为抓住机会而发迹、富有，也极有可能与机会擦身而过！看看那些不得志的家伙，你就会明白，他们中的很多人并不是无能的蠢材，也不是没有付出努力。阻挠他们成功的原因就是他们没有抓住机会。你需要知道，我们生活在弱肉强食的社会中，在这里，你不是超过别人，就是被别人超越，完全逃避风险几乎就是保证破产。

畏惧失败就不敢冒险，不敢冒险就会错失眼前的机会。所以，孩子，为了避免丧失机会、保住竞争的资格,即使会遭遇失败与挫折,也是值得尝试的!从别人成功的经历来看,失败和挫折往往是走上更高成就的开始。可以说,我能有今天的成就,完全是不厌倦从失败中重新站起来而得到的。只有做一个聪明的"失败者",知道如何向失败学习,如何从失败的经验中汲取成功的因子,尝试采取新的方法和手段,去奋斗、努力,才能开创新的局面。所以,孩子,只要不会变成习惯,失败并不见得就是件坏事!

一个人能永远保持活力,不论遭遇怎样的失败与挫折,都能乐观地继续向前,愈挫愈勇,坚持努力,这才是一个男子汉应有的作为!孩子,我真想用清洁工手中的扫把,扫尽你成功之路上的所有垃圾。其实,孩子,只要你不丢掉梦想,重整旗鼓,成功迟早会降临到你的头上。

乐观的人在苦难中会看到机会,悲观的人在机会中会看到绝望。天才发明家爱迪生先生,在用电灯照亮房间之前,共做过一万多次实验。但在他看来,失败不过是自己成功的试验田。当时,《纽约太阳报》一位年轻记者为此事前去采访他。那位少不更事的年轻记者问他:"先生,听说您这次的发明曾经失败过上万次,对此,您有什么看法?"爱迪生对失败一词感到很不受用,他以长者的口吻对那位记者说:"年轻人,你的人生旅程才刚刚开始,所以,我告诉你一个对你未来很有帮助的启示,我并没有失败过一万次,我只是发现了一万种行不通的方法。"多么绝妙的回答!当然,我也并不否认失败有它自身的杀伤力,它可以让受挫者精神上变得萎靡、颓废,丧失勇气和斗志,但最重要的是,孩子,你将失败看做什么?精神的力量对人的影响永远如此巨大!

孩子,当你精神上感到沮丧,想要放弃的时候,你真的会输掉一切;而当你藐视挫折,坚持向前的时候,你不久就会明白,暂时的失败其实算不了什么!一旦你精神饱满地克服困难,光明便会呈现在眼前!失败是一种学习经历,你可以让它变成墓碑,也可以让它变成踏脚石。不敢尝试,不敢迎接挑战就不能成功。孩子,千万不要因为一次失败就停下自己勇敢的脚步!勇敢地迎接挑战,克服掉自身的懦弱与缺点,战胜自我,你就是最大的胜利者!孩子,我对你很有信心。

约翰·D·洛克菲勒

教子有方

信是人类寂寞感和合群性的表现。父母给留守孩子写信,会真实地流露出细腻的内心感受。当父母用笔一点点记录下心中对孩子爱的痕迹,也是父母为孩子签署的爱的承诺。有信的明证,父母会更加自觉地承担起自己的责任。

现在电子邮件、视频聊天、手机短信、微博大大方便了父母与孩子的交流。这更需要父母用心,将给远方的留守孩子写信看成一件郑重其事的事。

那么给留守孩子的信里到底应该写些什么好呢?

●问问孩子在想什么、干什么、需要什么。

●具体的事情比空洞的抒情更好。

●对孩子说出自己的想法。

●避免用责备的语气。

●语气自然、真诚,不要咬文嚼字或卖弄学问。

●不要写得像便条。

●表达对孩子的爱。

●可以多说一下自己的境遇,让孩子更好地了解父母。

●多给日常生活建设性的意见,不要过多责备。

●引用一些名人名言、古诗词,让爱表达得更优美。

●多给留守孩子一些未来的建议和指引。

●切忌问太多琐碎的问题。

父母如果回到家,所表现出的爱是琐碎的,许多话对留守孩子千说万说,孩子会不耐烦,甚至不理解父母,很快就忘了父母说过的话。可当孩子收到父母的信时,孩子便会对父母的爱产生异常新奇的感觉。父母在信中的话尽管平常,却让孩子终生难忘。即使父母外出务工,留守孩子也会像父母在身边一样,自立自律。父母对孩子充满深情爱意,但与孩子聚少离多,有时却不知怎么表达。孩子觉得父母对他们过于严厉,有时令他们伤心、难堪,他们甚至会想"父母是否真的爱我?"其实,文字的魅力是无穷的。

父母可以在信中以爱的名义谈谈那些被孩子们误解了的事，让孩子们知道在威严的面孔后隐藏的是父母那颗挚爱的心。

而一些父母回到家里可能同孩子闹了矛盾，之后会用一种能引起孩子内疚、悔恨的语气给孩子写信，比如在信中写："这次你把我气坏了，气得我头晕，血压升高等。""我算死了心，你爱干什么干什么，用不着惦记父母，以后也不管你了！"这样做的父母是希望孩子为自己的过失而悔恨。可是这类悔恨情绪对孩子是无益的，这不能有效地帮助孩子正确地待人接物，反而在父母与孩子之间竖起了障碍。所以，写信写些什么才是沟通的关键所在。

温馨提醒

留守孩子会格外地珍惜父母给他们的信。大部分孩子会把父母在他们小时候给他们写的信保存到成年以后。他们会经常重温这些信，一次次被父母的爱所感动。

第三章　开出留守儿童的心理诊断书

留守儿童在农村是一个庞大的群体，由于父母外出打工，在他们身上多出现“三多”和“三缺”问题：隔代监护多溺爱、寄养监护多偏爱、无人监护多失爱；生活上缺人照应、行为上缺人管教、学习上缺人指导。我们该怎样呵护这群缺乏父母之爱的孩子的心灵？这是当前基础教育的一个重要问题。留守儿童多数由爷爷奶奶或其他亲戚监管，毕竟与父母亲不同，即使有问题也不会寻求帮助，一些留守儿童性格上容易出现的缺点更容易暴露出来，却得不到纠正。这些孩子性格上的缺点有以下几个方面：

(1)逆反心理强

留守儿童往往缺乏安全感，与人有一点摩擦就较真儿，觉得别人看不起他、欺负他，故而跟人相处充满警惕甚至敌意。因此，在学校中他们容易违纪、迟到、逃学、不完成作业、顶撞老师、甚至与人打架斗殴。

小建是一个六年级的学生，父母都在外打工，爷爷奶奶负责他的生活。他每天都要制造一些矛盾来引起老师和同学的注意。当老师找他谈心时，他总是一脸无所谓，有时还变本加厉地打架来引起大家的注意。可见，小建的心理不够健康，内心很孤独，所以做些“引人注目”的事以此得到大家的关注。

(2)厌学、自卑心理严重

大多数留守儿童的行为习惯差，对学习没有兴趣，不愿参加活动，自卑心理严重，生活无聊而空虚。小学低年级留守儿童，胆小怕事、课堂不敢回答问题的占75%以上；高年级留守儿童中，由于对学习失去信心，开始沉迷于网络游戏之中。五年级的小强父母外出打工，他一直寄住在大姨家，每个月父母给他20块零花钱。每次犯错误被老师教育时，他都大声顶撞：“你又不是我爸妈，我不爱学习你管得着吗？”

由于贫困，留守儿童过早地体会到了生活的辛酸和物质匮乏的压力。他们只能孤独寂寞地成长，享受不到来自父母的关爱和亲情。更现

实一点儿，他们根本看不到知识将会给生活带来什么改变。学习成绩的好坏对他们来说，似乎已经没什么实际意义了。

(3)缺乏沟通，性格孤僻内向

留守儿童父母不在身边，有困难时又由于亲疏和害怕等各种原因不愿向他人求助，久而久之变得不愿与人交流。集体表现为心理承受能力差。

小丽是一个中学生，一个看上去清秀文静的女孩子，同样是在父母缺席的情况下长大。由于性格过于孤僻，老师希望开导开导她，让她打开心结，于是把她叫到办公室。但是在办公室里，她一直低着头，局促不安地绞着手指。没说几句话就红了眼睛，泪珠直往下掉。在一个小时的交谈中，除了点头和摇头，她几乎没有开过口。

(4)人际交往关系障碍

大多数留守儿童表现得偏激、易怒，与人交往没有礼貌，怨恨父辈导致亲情缺失。有些孩子认为家里穷，父母没能耐，才要出去打工挣钱，把自己丢在家里，产生怨恨情绪。有的孩子在父母回家后疏远父母，产生情感隔膜，让亲子关系冷漠。

在与其他孩子进行交往时，常常不受欢迎和重视。处在情感孤岛上的这些孩子们，逆反和自卑心理会日益加重。

金玉良言

家长既要负责孩子身体的发育，又要负责孩子的心理发育；既要重视孩子智力的开发，又要重视孩子各方面能力的培养；既要教会孩子怎样学会知识，又要教会孩子怎样做人。

——杨振武

1.时时处处的“敌对”“攻击性”

寻根寻源

有些留守儿童在世界观形成时期被一些现实环境影响，由于受到某些不公的遭遇，一种逆反心理使然，逐渐形成一种有害的心理，即总是对身边的人和事情带有敌对情绪。

这是一种危险的心理征兆。测试一下，你的留守孩子是否有以下这些情绪？

(1)你(留守儿童)羡慕他人吗？

a.我很少羡慕。

b.我羡慕某些人。

c.我就是痛恨那些拥有所有的事物的人。

(2)你(留守儿童)觉得自己是否有嫉妒心？

a.当我关心某人而他比我好时，我对那人就会很嫉妒。

b.我已在学习抛弃小小的嫉妒心。

c.为何要嫉妒？嫉妒从未进入我的脑海。

(3)你(留守儿童)憎恨他人吗？

a.对于某些人或事情，我的确充满憎恨。

b.我偶尔会有这种情绪。

c.我很少或不曾这样。

(4)你(留守儿童)的脾气暴躁吗？

a.偶尔会发脾气。

b.小心！我随时都会大发脾气。

c.要我大发脾气实在不是件容易的事。

(5)你(留守儿童)固执己见吗？

a.意见的不同是件有趣的事。

b. 除非你同意我的看法与见解，否则我们没有什么好谈的。

c. 有些人意见与我不一致，也可能他们是正确。

(6)你(留守儿童)信任他人吗?

a. 我很相信别人。

b. 有些人是不能予以信任的。

c. 每个人都存心“陷害”我，我不相信任何人。

(7)你(留守儿童)在背后说人长短吗?

a. 我喜欢这样。

b. 我从来不这样做。

c. 有时，我会散布闲言碎语。

(8)你(留守儿童)对别人态度如何?

a. 我习惯粗鲁无礼，我不管别人是否喜欢。

b. 我的语气与言语偶尔会不太礼貌。

c. 我时时使我的言语保持和善与礼貌。

(9)你(留守儿童)缺乏耐心吗?

a. 我以缺乏耐心而出名，但我并不在意。

b. 我绝对很有耐心。

c. 偶尔会觉得很不耐烦。

(10)你(留守儿童)是否喜欢讽刺、挖苦人?

a. 我很少讽刺别人，只有在强调某些事情时，才会这样做。

b. 我经常表现出讽刺态度。

c. 我偶尔想要讽刺别人，并立即实施。

A 类型的心理:敌对心态严重

你的留守孩子的敌意至深，请他静下心来，家长帮助孩子仔细找一找敌对心态的原因，是不是由于学业不顺心，愤怒嫉妒，或是由于生活压抑引起的。敌意久了会对人的身心产生极为不良的影响，请想方设法地消除。也可以去找心理医生，或是一些值得信赖、能给予留守孩子帮助的人。不过下面的方法也可以试一试，不妨让孩子这么想:“这种心态只能把事情搞坏，对己对人都没有好处，所以不值得有这种心态!”如此若不奏效，还可通过和自己的亲密朋友写日记的方法“交谈”，冷静地谈论引起这种敌对感的情境或个人，这样会把这种情绪宣泄掉，化为乌有；或者干脆去运动运动，踢几场球，投几个篮，使自己完全陶醉于其中，会感到满足、痛快！任何运动——劈柴、种花弄草、做柔软体操，都能释放敌对情绪；还有一个方法，可以用在许多场合，就是克制，然后自言自语：“那又怎么样？什么事？没事。”接受这句话的意思，敌对情绪也就销声匿迹了。

B类型的心理：轻度敌对心态

你不必为留守孩子的这种心理担心，只要能按A类中的一些方法来让他控制自己，这种心理很快就会消失了。

C类型的心理：无敌对心态

你的留守孩子心胸开阔，凡事想得开，高尚、无私、磊落、随和，这些都是他赢得知识、荣誉和朋友的资本，有利于他未来的发展。

情绪直接操纵你的生理与行动，并间接操纵你的命运。情绪是可以作为工具来使用的。因此，只能是由我们来左右情绪，而绝不能由情绪来左右我们。人的大脑本身并不等于思维，大脑是受意识的作用而产生思维。意识是主导生命的力量。是你在控制大脑的思维，而不是大脑在控制你的思维。

——宇歌

前车之鉴

留守儿童因为生活和学习过程中受到挫折等因素的影响，容易产生强烈的敌对情绪。其中常见的行为表现主要有以下几种：

(1)直接攻击型

留守儿童中大多数正好处于青春期萌芽时期，他们精力旺盛，好胜心强，但是自控能力差，当受到挫折后很容易使用攻击行为把敌对情绪直接发泄到造成其挫折的人或物上，其攻击行为多以表情、动作、语言、文字等方式表达。如某留守儿童，由于成绩差，经常受到老师的挖苦讥讽、同学的嘲笑愚弄，有一天同学又嘲笑他时，他像发疯的狮子一样向同学乱吐唾沫，甚至大打出手。

(2)怨气转移型

在文明的社会里，直接攻击常常不为法律所允许，而且在生活当中也不能达到解决问题的目的，甚至还会给其行为造成更加严重的后果，因此，部分留守儿童受到一些挫折后，不能直接发泄，就会将怨气转移，采用转向攻击(也可称“变相攻击”)来报复。其表现有三种：第一种是“迁怒”，指孩子发现引起挫折的真正对象不能直接攻击或碍于自己身份不便攻击时(如对象是自己的老师、父母等)，便把敌对的情绪转移到其他的人或物上去的现象，比如用故意砸碎学校玻璃窗、破坏桌凳等行为来发泄不满情绪。第二种是指留守儿童由于挫折来源不明确，无明显原因而产生了敌对情绪，而又无明显对象可以攻击，或者受挫折不知如何攻击时，便会将自己的敌对情绪发泄到毫不相关的人或物上，比如身边的好同学、小伙伴，家里的祖辈监管人或亲戚们。第三种是“自罪”。天生胆小、怯弱的留守儿童(特别是年龄小的女生)，由于不敢向对方发泄只能将自我作为敌对情绪的发泄攻击对象。比如自虐、自残、离家出走、自杀等。现在这类情况在留守儿童中时有发生。

(3)感情冷漠型

生活中常常会发现部分留守儿童对人对事无动于衷、漠不关心，似乎冷漠无情，毫无情绪反应。其实恰恰相反，他们这样做，只是因为在他们内心深处掩藏着强烈的敌对情绪。这种敌对情绪是由于他们每次受挫后的攻击、回击都以失败告终，日积月累形成的。但是，这种冷漠压抑不是永久性的，当行为主体的敌对情绪积累到一定程度且超越其忍耐的限度时，常常就会像火山一样爆发。某地留守儿童竟然残忍地用榔头将其母亲打死，之后竟然没有一点自责和忏悔，还若无其事地外出游玩，足可见其感情冷漠的程度。

(4)嫉妒怨恨型

嫉妒是由于别人的能力、家庭、成绩、外貌等方面比自己强而产生的一种恐惧(恐惧别人超过自己)、愤怒(愤怒别人优于自己)和怨恨的对立情绪。其主要特征是把别人的优越之处视为对自己的威胁,因而时常会感到恐惧和愤怒,继而生恨,于是采取一定的手段进行破坏,以求得他们心理上的平衡。留守儿童因为受自身家庭条件和学习成绩的限制,经常会产生这种偏差心理,如某留守儿童一直是班上第一名,后来班级转学来的一位学生成绩非常好,几次竞赛、考试都超过了他,他心怀嫉妒,终于有一天,他把对方的教科书偷了出来,悄悄扔进厕所,希望以此来使自己的成绩超过对方。

教子有方

如果你的留守孩子正处于这种敌对情绪的烦恼中,应该如何去化解呢?

(1)情绪转移法

要学会自觉的转移自己的注意中心,也就是俗称的转移注意力。

对正在经受精神困苦折磨的留守儿童,要让他设法摆脱眼前的情境,可以倾听自己喜欢的音乐,或者进行户外运动、散步、呼吸新鲜的空气,可以通过一些群体的娱乐活动,如下棋,练习书法,画画等有益的活动来消除当时当刻的不正常的情绪。

(2)情绪宣泄法

压抑、自卑、自暴自弃等心理是“留守儿童”常见的心理状态,要让他们学会用恰当的、适合自己的方法加以排解:可以通过写日记诉说自己心中的苦闷。可以给远方的父母写信或者打电话直接诉说。也可以在空旷的地方大声吼叫等方法发泄,及时疏导心结,化解积郁情绪,求得心理平衡。还可以找知心朋友、小伙伴们和值得信任的老师、学长,倾吐悲伤、委屈、苦恼、愤怒等情绪,听听他们的意见,也可以解除内心的冲突。

(3)自我暗示法

在我们学过的成语中,“望梅止渴”、“草木皆兵”、“杯弓蛇影”等都是暗示作用的生动写照,由此看来,暗示作用能够强烈地影响人体的生理机能,对人的心理活动和行为起显著的导向作用。当一个记恨念头产生的时候,要用语言自我暗示,强制压抑自己萌发的错误的动机和欲望。要不断地告诉自己“我能行”、“我一定会处理得很好”、“我不比别人差”、“我不能这么做”、“不轻言放弃”。经常性的努力,不懈的锻炼,会使自己走出自卑、自暴自弃的阴影。

金玉良言

冷静也是一种智慧。制怒需要冷静,思考需要冷静,大凡头脑发热,就容易失去理智,意气用事,有时动火发怒,任由性情,会将人生置于不可追悔的地步。

2. 敏感不合群的人际关系

寻根寻源

留守儿童在情绪、性格上存在的一些心理问题直接影响留守儿童人际关系的发展。比如:不合群、人际关系紧张、敏感、不愿与人接触、喜欢独来独往、孤僻自闭等。

留守儿童基本都在心理过于敏感的青少年时期离开父母,处于这段特殊的成长时期的留守儿童,一般都比较自卑、怯懦,而且容易自我伤害,还会影响他们的正常的人际交往,如果将这种心理敏感带到成年,会对整个人生造成极大的不良影响。

特殊时期的留守儿童处在生理、心理的急剧变化时期,身心逐渐成熟，感觉器官和思维器官也成熟起来，自尊心也正在增强，他们与社会接触增多，社会化程度在增强，希望得到别人的尊重和认可。但“金无足赤，人无完人”，每个人或多或少的都会有一些缺点，留守儿童在成长过程中常常会存在这样或那样的不足，这些不足虽然不至于也不足以会影响他们自我价值和自我期待的实现，但会成为他们的“痛点”，他们害怕别人谈起他们的“痛点”，因此缺乏自信，害怕得不到别人的理解和重视、被同伴疏远、得不到所期待的东西，对别人的话特别敏感，特别怕谈到自己的家庭和自己的成绩等，对任何事物都有下意识的敏感反应，而且体验深刻，容易被别人伤害，这就是心理敏感，引起心理敏感的“痛点”就是心理敏感区。

如果你的留守孩子经常任性、发脾气，也许是因为正处于“秩序敏感期”。

一般来讲，处于敏感期的孩子在建构内在秩序的同时，对外在的秩序会有以下要求：场所、位置、空间、时间、顺序、所有物、约定、习惯。孩子对于秩序的完美，有着一种近乎顽固的追求，比如东西就应该放在哪里、哪件事就应该先发生、谁应该做这件事等等。这些情况导致孩子很敏感，因为留守儿童的生活变数比较大，容易出现以上秩序的变动，从而引发留守儿童由敏感导致的“任性”和“乱发脾气”等。

据有关专家分析，儿童秩序的敏感期呈现螺旋式上升的三个阶段：第一阶段，为了秩序的破坏而哭和闹，但是，秩序一旦恢复就会立刻安静下来；第二阶段，为了维护秩序而说“不”，自我意识开始萌芽；第三阶段，为了维护秩序而脾气执拗，一切要重新来。

下面列举一些在“秩序敏感期”孩子常见的表现，以下是某些处于“秩序敏感期”孩子“奇怪”的行为，仔细看一看，你的留守孩子有没有这些行为？

(1)门铃声响起，孩子非要自己去开门，如果其他家人先行一步打开了门，那么孩子非要客人出去、关上门，然后重新再按一次铃、重新开一次门。

(2)睡觉时爸爸睡左边，妈妈睡右边，忽然哪天爸爸妈妈换了个位置，孩子非要对调回来。

(3)妈妈回到家会首先换上家里穿的睡衣和拖鞋，如果哪天忘记了，或者没来得及换，孩子非拉着妈妈完成这一个步骤，才能做其他事情。

(4)剥橘子时，孩子要自己剥开橘子皮，如果大人帮忙把皮儿剥开，孩子就会愤怒地扔掉这个橘子，要求重拿一个橘子，自己再剥一次。

(5)上楼梯时，不能大人先上，孩子必须走在前面，如果大人先上了，必须退回去，重来一遍。

(6)看动画片的光碟，一集的内容必须从头到尾连贯看完，如果中间被打断了，那么要求重来，再从头开始看。

(7)外出时，孩子必须要自己按电梯，如果别人提前按了，孩子就不干，非得重来一遍。

(8)妈妈穿了爸爸的外套，孩子要求妈妈脱下来，因为这件外套不是妈妈的，应该穿在爸爸身上，谁的衣服就该谁穿。

(9)鞋柜里鞋子的摆放，必须严格遵守秩序，比如自己的在第一层、妈妈的在第二层、爸爸的在第三层，假如不小心放错了，秩序被打乱，那么孩子会重新按照秩序放整齐。

(10)从哪儿拿的东西，必须放回哪儿去。孩子能够非常敏锐地发现什么东西放错了位置，并且尽快物归原位。

(11)家里的每一样东西，都有所属人，即“××是谁的”，其他人不能乱动，彼此也不能随意交换，孩子自己的东西别人也不能动。

(12)餐桌上，家人的座位顺序必须固定不变，谁应该坐在哪里就坐在哪里。

(13)吃饭时，孩子要自己夹菜吃，如果大人帮忙夹到碗里，孩子非要倒回去，自己再重新夹一遍。

(14)折纸时，两条边必须对齐，如果做不到，就把这张纸扔了，再来一张，如此反复。

(15)垃圾必须扔进垃圾桶里，如果一路没有看见垃圾桶，孩子就会把垃圾紧紧地拽在手里。

(16)过马路时，遇见红灯不能走，如果大人往前走了，孩子非要拉着你退回来，一直等到绿灯才能走。

(17)睡觉前，先要送玩具小卡车去“4S店”休息，然后铺好枕头和被子，最后脱下外衣、外裤和袜子，一个环节也不能漏，而且先后的顺序也不能打乱，否则就得重新再来一次。

温馨提醒

留守儿童的特殊家庭环境和自身条件决定了这些孩子的心理敏感区的“痛点”更多，作为家长一定要试着从关怀的角度遵循适当的原则和留守儿童交心，小心翼翼的呵护留守儿童脆弱敏感的内心世界。

前车之鉴

在家长们试着探求留守儿童敏感的内心世界之前，先让我们了解一下出现这种敏感心理的原因，及这些心理问题所产生的负面影响，这也有助于我们为有这些心理问题的留守儿童“对症下药”。

那么引发心理敏感的原因都有什么？

(1)生理的原因

留守儿童自身的相貌、身材、身体素质、体力及生理上的缺陷、疾病所带来的限制(这种限制将导致个体对某些工作不能胜任，导致个体行为失败，目标无法实现)，无形中给留守儿童在适应社会、人际交往的过程中增加了许多困难，他们会担心受到别人的歧视、嘲笑或议论，因而产生心理敏感。

(2)以往的种种过失

留守儿童在监护人监管不利的情况下，以往也许犯过一些过失行为(如偷窃、赌博、吸毒、抢劫等)，这些行为会造成留守儿童的心理敏感，而且这些过失行为使他们曾受到过屈辱、歧视，精神上受到严重挫伤，时过境迁以后，他们想重塑自身形象，赢得他人尊重，但又害怕自己以往的过失行为被人知道或提起。总是提心吊胆的小心翼翼的生活,生怕被别人旧事重提,再次受伤害。

(3)家庭的特殊原因

急剧的社会变迁导致离异家庭、寄养家庭、贫困家庭增多,留守儿童本来就面临着长期和父母分开的生活,如果还要面对以上的家庭问题,会使留守儿童更加的脆弱和敏感,处于这些不利家庭环境的留守儿童要面对情感上缺乏关爱和经济贫困双重压力。也有的父母或家人曾有劣迹或社会地位低下,当面对其他幸福家庭的孩子时,他们对自己家庭的不幸"不堪回首",产生强烈不满甚至憎恨心理,不愿也害怕别人提起或蔑视自己的家庭,从而产生心理敏感。

这些心理敏感问题对留守儿童会产生哪些负面影响?

a.引发自卑情绪

有敏感心理问题的留守儿童常常因自己的缺陷或过失而显得性格内向,情绪抑郁,不爱说话。对自己的品质、能力等作出过低评估,形成自己瞧不起自己的一种消极心理状态,自尊心得不到尊重,从而挣扎在自卑中不能自拔。更有些留守儿童觉得自己怎么都不如别人。

b.影响正常的人际交往

心理过敏的留守儿童往往对周围环境比较敏感,怕自己的缺陷或过失暴露在他人面前或被别人谈起,从而产生不合群现象,在正常的人际交往中表现出紧张、拘谨、躲避的心理状态。这种心理压力,阻碍了留守儿童交往的积极性,影响其能力的发挥而显得孤独,常寡言少语,不喜欢也不善于和他人打交道。这些留守儿童很少有亲密的小伙伴,课堂上也不爱发言,对老师、长辈躲之不及,常常喜欢一个人独处。

c.常会导致人格缺失

心理敏感的留守儿童常常缺乏主体意识和主动精神,意志比较薄弱,自信心也不足,心理上表现出孤独、抑郁、焦虑、惶惑不安和紧张等情绪,或由于对自己的体形相貌不满意,以及身体的疾病或残疾导致自我贬低,丧失自信,以致造成悲观失望等人格缺失特征。这类型的留守儿童常常说灰心话,对自己的学习生活没有规划,对自己的未来也没有信心。

d.容易造成自我伤害

心理敏感的留守儿童容易产生内向性行为问题，也就是通常说的非社会行为。此行为的结果更多的是对自己的否定和伤害。比如：习惯性的退缩、孤独、不合群、猜疑、报复和敌视（总觉得别人对自己不好，觉得他人不可靠，难以合作）、抑郁、自责、自虐（如绝食、自残等），在知道了自身的弱点或知道别人已经了解了自己的弱点后，往往就会显得不知所措，陷入自我责备的痛苦中，整日彷徨不安，也有的人在别人有意或无意地谈及自己的痛点时，会情绪反应剧烈，暴跳喊叫，怒气冲冲，或脸色突变，手脚发抖，越想越想不开，伺机报复。这样更加引发各种心理危机，造成生理和心理伤害。在留守儿童中，造成自我伤害的占不小的比例，尤其是内心敏感胆小的女孩子。

儿童的心灵是敏感的，它是为着接受一切好的东西而敞开的。假设教师引导儿童学习好榜样，鼓励仿效一切好的行动，那么，儿童身上的所有缺点就会没有痛苦和创伤地不觉得难受地逐渐消失。

——苏霍姆林斯基

教子有方

心理敏感的留守儿童总觉得矮人一截，不敢正视别人，不敢大声发表自己的见解，不敢和别人交流，对周围的一切都很敏感，从而经常去揣摩身边同学、朋友的反应，老师和家长的态度等。自我封闭，常处理不好与他人之间的关系，没有自我，没有生活的信心。心理敏感的留守儿童应该如何克服这些情况呢？

(1)发现自身优点——接纳自我

首先，我们要自己瞧得起自己，没有全是缺点的人，也没有毫无缺点的人。“金无足赤，人无完人。”心理过于敏感的人往往忽视自身的优点，夸大自身弱点，看不到也看不清自身的价值，留守儿童们应加强自我意识和自我认识，辩证地对待自己，接纳自我是发展健全自我的核心和关键，既要学会欣赏自己的优点，还要接纳自己的缺点和那些不完善的地方，扬长避短，慢慢地学会放过自己，努力的使那些缺点变小就好了。

(2)勇敢的建立自信——逐步完善自我

心理敏感的留守儿童应多方面完善自我，多方面的发展自我，实现自我人生价值，留守孩子的自尊心不是凭空产生的，而是在实践活动中，通过其行为表现得到大家的肯定和认同，进而转变为自我肯定和自我认同。心理敏感的留守儿童要积极投身社会实践和学校的活动中去，与人为善，勤奋求学，学会技术，发展特长，在活动中展示自己的能力和才华，只有获得成就感，才能满足尊重感，获得自信心。自信心才会一点一点地累积起来。

(3)广交朋友——慢慢的开放自我

大多数留守儿童处于人生发展的关键时期，主体意识觉醒，独立意识增强，渴望获得友谊，具有极强的归属感，同辈群体的支撑对其社会化的顺利发展有重要作用。心理敏感的留守儿童应走出自我封闭的和自我营造的环境，放弃那些顾影自怜的想法，培养乐群个性，广交好友，试着去开放自我，通过交朋友，从中获得鼓励、信任、支持和安慰，从而满足各种心理需要，同时要摆正心态去学习他人的长处，调整自己的行为，从他人对自己的评价中更好地认识自己，培养正确的自我意识和乐群个性，学会与同学、老师、家人、朋友合作与相处。

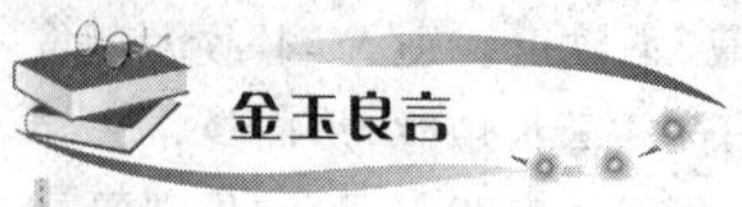

金玉良言

先相信自己，然后别人才会相信你。

——罗曼·罗兰

3. 焦虑与忧郁常伴左右

寻根寻源

留守儿童经常会出现一些心理方面的问题，究其原因一方面，远离父母、缺少家庭温暖，他们在情绪方面极其不稳定，固执、孤僻、为人处世不灵活，不合群、多疑敏感，以致同周围的人关系紧张，甚至仇视一切人和事。另一方面，面对复杂的社会，生活的压力导致他们过早地开始思考一些对他们而言太过沉重、太过成熟的人生问题。比如"我们为什么会这么穷？怎样才能挣许多钱？怎样能过上更好的生活？如何能被人瞧得起？"在经历了生活的贫困和父母的离别到生活的改观等一系列过程后，孩子的心理会变得比同龄人更敏感、早熟。

有一部分孩子在父母双方外出后会产生一种严重的失落心理，在相当长的一段时间里不爱交谈，不愿和别人交往，性格抑郁、焦躁，再则，即使有隔代监护或代理监护，这些儿童长期缺少父母的关爱，代管人终究不是自己的亲生父母，他们有心事无处说，只能用自己幼嫩的双肩扛下所有问题，憋在心里，不去向周围人倾诉。这种压力久而久之很容易形成精神或人格障碍。没有父母的关爱，他们会自惭形秽，更怕被别人看不起，不敢参与集体活动，把自己严严实实地封闭起来，甘心生活在被人遗忘的角落里，不去理会别人，别人最好也不要理会自己。交往问题会导致其他心理问题，这样孩子就容易形成自卑、孤僻等性格。留守儿童和正常儿童比较起来，没有父母在身边呵护，形单影只，长期得不到父母的疼爱，留守儿童会有种被遗弃的感觉，久而久之，他们便会产生一种自卑心理。另一方面，他们总觉得是自己的原因，父母才离家外出，所以陷入深深自责之中，这样也导致其极度自卑的心理。

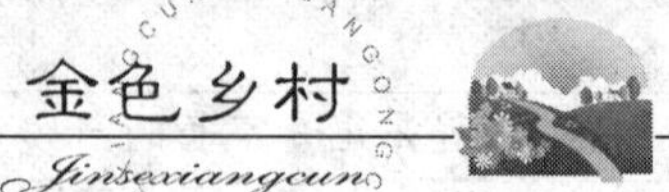

温馨提醒

一旦在这种极度的自卑中久了，慢慢地就会形成忧郁的性格，遇到不顺心的事情还会出现焦躁、焦虑的心态。这种不良的心理状态十分不好，需要及时的被发现，及时的被疏导，家长们需要用关怀和爱心为留守儿童驱散心头的忧郁。

前车之鉴

也许你的孩子正面临着这种忧郁和焦虑的不良心理状况，那么如何判断留守儿童的这种不良情绪严重与否，是需要家长、朋友开导还是需要及时就医去解决呢？

家长可以根据以下的心理状况测试，了解留守儿童的心理状况。

注：每周会不会有以下情况出现

没有或极少（1 天以下）

有时候（1～2 天）

时常（3～4 天）

常常或总是（5～7 天）

留守儿童心理测试

没有或极少（0 分）　　有时候（1 分）

时常（2 分）　　常常或总是（3 分）

1. 我常常觉得想哭
2. 我觉得心情不好
3. 我觉得比以前更容易发脾气
4. 我睡不好
5. 我觉得不想吃东西
6. 我觉得心里或胸口憋闷

7. 我觉得不轻松、不舒服

8. 我觉得身体虚弱、没力气

9. 我觉得很烦

10. 我觉得记忆力差

11. 我觉得做事时无法专心

12. 我觉得做事比平常效率低

13. 我觉得比以前没信心

14. 我觉得比较会往坏处想

15. 我觉得想不开,甚至想死

16. 我觉得对什么事都没兴趣

17. 我觉得身体不舒服(如头晕、心悸或肚子不舒服等)

18. 我觉得自己很没用

最后将以上十八题选项的分数相加,就可以知道你的情绪状态:

8 分以下　情绪状态很稳定。家长们多多鼓励留守儿童保持这种良好情绪。

9～14 分　最近的情绪起伏不定,有些事情困扰着你,应适时地处理。可以通过沟通、交流和孩子们谈谈心里话,尽快地调整这种情绪。

15～18 分　有许多事压在心上,肩上觉得很沉重,赶快找朋友聊聊,才不会陷入忧郁症的漩涡。如果你的孩子处在这种情绪中,家长们一定要注意,想办法减轻留守儿童的心理负担,让留守儿童轻松地面对自己的生活,然后再去解决学习的问题。

19～28 分　现在的你相当不顺心,一肚子苦恼及烦闷,赶紧找专业机构或医疗单位协助。家长们需要配合心理咨询机构,帮助留守儿童渡过难关。

29 分以上　你感到相当不舒服,会不由自主地沮丧、难过,无法挣脱,赶紧到医院找专业及可信赖的医生就诊。家长们需要让孩子积极地配合医院的治疗,不放弃,对留守儿童有信心,有希望。

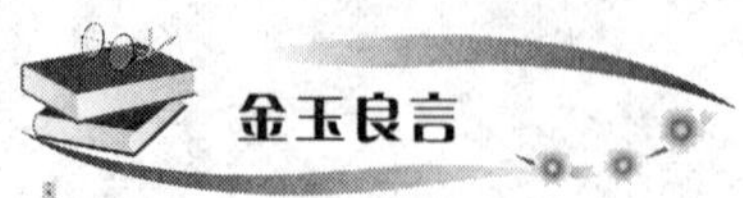

假如生活欺骗了你，不要忧郁，也不要愤慨，相信吧，快乐之日就会到来。

——普希金

那么，除了忧郁心理，留守儿童的焦虑情绪有哪些特征呢？

生活中，每一个人都可能有过焦虑情绪，只不过是焦虑程度和情绪反应的不同罢了。其实，焦虑紧张并没有一定的模式，不过归纳起来，儿童焦虑行为，大致有以下几项特征：

(1)社会适应性差

经常维持高焦虑状态的小孩比较不受人欢迎，其创造力和适应力也较差。相对地，他们比较容易被煽动，不够决断，相当谨慎和缺乏弹性，他们的自我概念也很差，以致经常需要依赖大人，以及不敢表达心中对人的不快感受，较无冒险性，喜欢做白日梦，社会适应不良。

(2)较易紧张激动

根据研究证实：焦虑患者在没有压力下也会紧张、不安，并且焦虑患者易于激动。

(3)异常人格特质

容易感到焦虑紧张的孩子，通常在性格上比较内向、敏感、缺乏弹性，也就是比较顽固，多半对自己有很高的期望，但往往又因不能达到这个标准而觉得有罪恶感，容易起疑心，贬低自己的能力。

(4)不当动作频繁

焦虑情绪不仅影响个人身心，而且直接影响到一个人的行动，由于焦虑情绪引起个人种种不舒服的感觉，致使人们采取一些无意识的动作，借以消除这份紧张。有些人则会不停搓手、咬指甲；也有的抽动脸部某部分的肌肉，比较常见的现象是利用来回走动或两手拨弄一件东西(例如笔、纸张)来消除紧张，此外因为容易发汗，也常有人以擦汗的动作来消除紧张。

(5)随时备战状态

病态的焦虑反应就是把外在压力来源一视同仁,都当成是危险状态,而造成一个人随时都必须备战——以焦虑来防卫,这种情形使得一个人终日惴惴然,经常陷于紧张不安状态,似乎大祸将临。一点点小刺激也会令他烦躁不安,不知所措,以至于学习时不能集中心思,失去正常判断力。

(6)生理状态异常

处于焦虑情绪状态中的人,交感神经与副交感神经都会有所反应,如血压升高、心跳加快、手脚抽动、全身冒冷汗、肌肉颤动、腹泻、尿频尿急、胃部痉挛等。留意你的孩子是不是一紧张就特别喜欢去厕所?

温馨提醒

通常情况下,一般的儿童焦虑症状可以通过自行调节得到缓解和自愈。但是,如果长期处于焦躁不安中,甚至引发某些不良的躯体反应时,就可能是患上了焦虑症。留守儿童家长需要十分留意自己的孩子是否在焦虑的情绪中,及时发现,及时疏导。

教子有方

如果你的孩子正面临这种忧郁和焦虑,应该怎么做呢?

当然,驱散心中忧郁和焦虑最好的方法就是快乐。看似简单的情绪很多留守儿童却很难做到,那么如何才能让自己快乐起来呢?

一般字典上对快乐下的定义多半是:觉得满足与幸福。德国哲学家康德则认为:“快乐是我们的需求得到了满足。”没错,快乐是一种美好的内心状况,也就是没有不好或痛苦的事情存在,你觉得个人及周围的世界都挺不错,符合自己的心里预期。但是,留守儿童们该如何才能获得它呢?

(1)主动寻觅、用心追求才能得到

追求快乐的办法,有一个大前提:那就是要了解快乐不是轻而易举就能得到的。它既非一份礼物,也不是一项权利;你得主动寻觅、努力追求,才能得到。当你领悟出自己不能呆坐在那儿,一味地等候快乐降临的时候,你就已经在追求快乐的路途上跨出了一大步了。怎么样?感觉还不错吧?先别乐,等你走完其他九步之后,你就必能到达快乐的真正境界,才能在艰难困苦的生活状态中微笑着,内心真真正正地快乐起来。

(2)扩大生活领域、尝试新的事物

当你肯用心尝试新的学校和社会活动,接受新的挑战的时候,你会因为发现了一个新的生活层面而惊喜不已。通过学习新的知识、技能,开拓新的途径,交新朋友,都可以使人获得新的满足。可惜许多孩子往往忽略了这一点,平白丧失了使自己发挥潜能、获取快乐的良机,一味地躲避人群,不参加学校的活动,不愿意接受新的知识,不愿意迎接全新的挑战、不愿意融入新的朋友圈子。许多留守儿童以为自己应该等待一个适当的时机,以稳当的方法去开拓新的环境,等待别人能主动地带自己进入陌生的朋友圈子。这种想法未免过于保守,因为那个适当的时机可能永远不会到来。任何人的生命都不是精心设计、毫无差错的电脑程序,所以应该有迎接挑战的勇气,要学会和新的生活和谐共处。

(3)天下所有的事情并非只有一个答案

追求快乐的途径很多,不只是你认定的那一个。一般人往往认为自己这一生只能成功地做一件事,扮演一个角色,甚至以为如果不能得到或办到这一点,自己就永远不会快乐,这种想法未免太狭隘了。不能达成自己既定的那些目标固然痛苦,可是这并不表示你从此就与快乐绝缘了,除非你自己要这样想。对事物应采取灵活机动的弹性的态度,不要冥顽不灵,记住任何最好的事都不一定只有一个。当然这并不是要你放弃实际、可行、梦寐以求的目标,而是鼓励你全力以赴,使梦想实现。

(4)敢于追求梦想与希望

萧伯纳有一句名言:“一般人只看到已经发生的事情而说为什么如

此呢？我却梦想从未有过的事物，并问自己为什么不能呢？"年轻人尤其应该有梦想、有希望，因为奋斗的过程和达成目标一样，都能使人产生无比的快乐。你要有勇气梦想自己能成为一位名医、明星、杰出的科学家或作家……且要全力以赴，奔向理想。不要被现实的情况吓倒，很多优秀的人出身都是贫苦的，环境都是极其恶劣的，都是靠着自己的努力一步步地迈向成功的，当然你的梦想要合理和具体可行，不要好高骛远，空做摘星美梦，无论多么高远的梦想，都需要把生活中的每一步走好，比如认真地规划每一天的学习生活，在学习上脚踏实地勤奋用功，生活中处处留心在意，今天的每一小步都在为明天的一大步做准备。又比如你天生一副乌鸦嗓子，就别梦想变成画眉鸟！还有，你要记住，就算你无法达到这个目标也并非世界末日，布朗宁曾说："啊！如果凡人所梦想的都唾手可得，那还要有天堂干嘛？"

(5)只跟自己比，不和别人攀

从我们懂事以后，我们就会感受到"成就"的压力，这种压力随着年龄的增长愈来愈强烈。因此很多留守儿童想处处表现优异，以为自己非得十全十美，别人才会接纳自己、喜欢自己。一旦发觉自己不如人时，就开始伤心、自卑，结果当然毫无快乐可言。所以你应该用自己当衡量的标准，想想当初起步在哪里？如今有无进展？如果你真的已经尽了力，相信今天一定比昨天好，明天一定比今天更好。此外，不要妄自尊大，更不能妄自菲薄，在艰苦的环境下也要自立自强。

(6)关心身边的人、事、物

假如你对某些人、事、物很关心的话，你对生命的看法一定会大大的改观。如果你只为自己活，相信你的生命就会变得很狭隘，处处受到局限。那些以自我为中心的人也许会不断地进步，但是却永远不易感到满足。比如若只想着自己就不会体谅父母的含辛茹苦，那么你应该关心什么？关心谁呢？想一想，我们虽然平凡，至少可以帮助更小的留守儿童上下学，为病人念念书，帮助家里的老人打打杂，或者把四周环境打扫干净。只要付出一点点，你就会快乐些。心理学家艾力逊曾经说过："只顾自己的人结果会变成自己的奴隶！"因为关怀别人的人，不但能对社会有所贡献，更可以避免只顾自己，而过着枯燥乏味、毫无情趣的生活。当你看到身边的人因为自己而幸福温馨，自己也会满足的，被别人所需要也是一种幸福。

一个人的特色就是他存在的价值，不要勉强自己去学别人，而要发挥自己的特长。这样不但自己觉得快乐，对社会人群也更容易有真正的贡献。

——罗兰

(7)不要太自信，也不能无信心

过分乐观的人总以为自己一定能达成所有的目标，而忽略了沿途的险恶，极端悲观的人总是认为成功的希望非常渺茫，而不敢迈步向前。这两种人都因此失去了许多机会。留守儿童的心理波动大，容易在两极之间徘徊，因此自己选定一个目标时，态度要客观，判断要实际，不要太有把握、掉以轻心，也不可缺少信心、畏首畏尾。考虑好了其中的因素就要放手去做，事情都是在一点一滴中不断完成的。

(8)步调太急时要放慢一点

你可能从早到晚忙这忙那，白天要学习，晚上回到家还要帮家里干活。像个时钟似地团团转。可是当你停下来思索片刻时，会不会觉得不太舒服，不够满意呢？许多人因为害怕面对空虚，就用很多琐事把时间填满，结果使生活的步调绷得太紧，反而得不到真正的快乐。在儿童时期需要养成良好的生活习惯，分清楚主次顺序，把你所做的事全列出来，看看哪些是可以删除的，如此你才能挪出一点空闲的时间，好好轻松一下。闲暇也像一个奢侈品，可以使你感到满足。

平时的学习时间如果太紧张，可以利用闲暇的时间去运动，和小伙伴们谈心，可以缓解学习的压力，增进生活情趣，稳固友谊。

(9)脸皮可以厚一点

根据专家调查研究，使人觉得满足的特点之一就是不要太在乎别人的批评，换句话说就是脸皮要厚一点。留守儿童大多数都是内心脆弱和敏感的孩子，也许并不是自己各方面不好，而是对外界的评论，对他人的看法特别的看重，经常因为别人的一句话心生郁闷的情绪，不要因外来的逆流而屈服。不要因为别人的冷言冷语就伤心气愤，以为自己受了莫大的伤害。不过你倒是应该心平气和地反省一下，如果别人的批评是正确的，你就该改进向上。如果批评是不公正的，何不一笑置之呢？也许刚开始，你不太能掌握住应对批评的方法，因为你也许会很敏感，难免会有情绪上的反应，可是你要练习控制自己，这种技巧是终生受用不尽的。

(10)快乐不是没有烦恼

每个人都有烦恼，但并非人人都不快乐。快乐也不依赖财富，有些人只有很少的钱，但一样快乐。也有些人身家丰厚，但也不见得终日笑口常开。人们能否一生都保持快乐，并愉快地生活呢？美国舒勒博士在他的新书《快乐的态度》中揭开了永远快乐之秘诀。每个人如果懂得以下八条秘诀，自然有个快乐的人生。

a. 没有人是完美的。必须承认自己的弱点，并乐意接受别人的建议、帮助和忠告，只要你勇于承认自己需要帮助，成功必然在望。

b. 从挫折中吸取教训。在面对失败或挫折时所抱的态度应该是从中吸取经验，继续努力。

c. 生活必须诚实和富有正义感，这样才能吸引好朋友来帮助你。著名心理学家巴达斯曾经被问及："哪些是人类今天最基本及最深切的心理需要？"她回答说："人类需要爱。"但这不限于男与女之间的爱，从心理学家的观点看来，好人永远是快乐的。

d. 能屈能伸。无论在顺境或逆境之中，我们的生活态度都应该是处之泰然。有了错误，立即改正。

e. 热心帮助别人。如果要真正快乐，自己受人尊敬，则应帮助别人，与别人关系融洽。

f. 要人待你好，你必须先对他人好。当你受到不平等待遇时，你必须宽恕和同情他人。

g. 坚守信念。当你做任何事时，必须坚持个人的信念。

8. 快乐永存心间。只要时常保持心境开朗，快乐是很难舍弃你的。

温馨提醒

快乐的滋味如人饮水，因人而异。能使别人快乐的事物不一定能使你快乐，唯有自己才知道该如何去追求快乐。可是记住：千万可别守株待兔！快乐是只狡猾的兔子，你可要努力用心去追寻才能得到啊！

4. 消极的学习心态

寻根寻源

我们先看看什么是消极的学习心态？它和积极的学习心态有什么区别？

对于主动学习的学生来说，学习的过程是一个探究的过程，他总是处于亢奋的状态，因而胆大心细，注意搜寻和分析信息之间的共同点和差异性，在遇到困难时，他会调动全身的细胞来寻求突破的契机，会绞尽脑汁去思考答案。

当孩子去主动学习时，学习便是一项非常有趣、愉快的活动，学习的效率就高，别人需要学几遍才能学会的内容，他只需要学一遍就可以了，因此时间对他来说就相对较为充裕。而对于被动学习者而言，由于学习中缺少了主动探索的精神，每天上课、做作业总是处于被动状态，因而学习时感到枯燥乏味，本应一遍就能学会的东西，因为注意力不集中，结果需要花数倍的时间，所以每天都感到时间很紧。或者精神上时常放松，抄抄别人的作业来应付老师，应付家长，不求甚解，天长日久问题越积越多，再想赶上别人，已经力不从心，最终不会的东西越来越多，有的孩子就只好放弃了。

在主动学习的过程中，孩子是学习的主人，是为自己学习，老师的引导和学生的努力，两个力的方向一致，合力最大，因而效果就好，学习成绩自然也会很好；被动学习时，孩子是学习的奴隶，是为老师和家长学习，他的脑筋动在如何应付老师和家长，老师的教和学生的学，两者方向相反，相互抵消，合力最小。孩子虽然也在学，但根本就没有往心里去，人在教室在课堂，可是心就不知道跑到哪里去了，所以效果就差，成绩自然也不会太理想。

现在学校里的教学形式依然主要是老师讲课满堂灌，学生听讲，做作业，各科之间相互争时间，学生都在疲于应付，留给自己自由学习、思考的时间相对较少。这就需要孩子能够集中精神应对课堂上的新知识点，可是，有些孩子似乎也适应了这种填鸭式的被动学习方式，每天完成作业就是完成了学习任务，若真让他们自由学习，除了看小说、杂志，竟然不知道该做些什么。他们似乎不明白掌握学习方法与提高自学能力比学习知识更为重要。

有消极学习习惯的留守儿童只是这些普通学生中的一部分，他们有的问题在留守儿童身上同样存在，不仅如此，由于留守儿童自身的特殊处境这种消极的学习心态还会受到一些特殊情况的影响，从而更加难以改进。

据一些在校的老师说，他们能够深切地感受到一些留守儿童的学习成绩不如其他孩子，尤其是学习习惯也不好。主要原因是他们平时的学习习惯导致他们的学习态度不端正。要想提高他们的学习成绩就必须要培养他们良好的学习习惯。

伟大的、杰出的思想家培根说：“习惯是一种巨大的力量，它可以主宰人生。”培养留守儿童良好的学习习惯，是培养其素质的重要组成部分，也是对留守儿童进行养成教育的重要内容。

小学是教育的基础阶段,更是一个人形成良好学习习惯的关键时期,也是一个人成长的奠基时期。为此,作为家长更要重视对留守儿童良好学习习惯的培养。

那么,究竟是什么原因使得留守儿童养成了这种不良的学习习惯呢?

在留守儿童身上通常会或多或少的有一些不良的学习习惯。比如:学习目的不明确,态度不端正,日常作业不完成、错误多,写字潦草,上课不注意听讲等等,究其原因,有如下几方面:

留守儿童许多不良学习习惯的养成,一方面是由于监护人没有尽到监护的职责和义务。大多数留守儿童是由祖辈监护,祖辈们没有什么文化,他们很少甚至没有主动地去关注过留守儿童的学习,他们认为只要一日三餐让孩子吃饱吃好,有个安全的地方供孩子住宿,不让孩子挨冻受饿,就算是尽到了监护的职责了。至于孩子的学习品质、行为习惯、心理健康等方面,那是老师应该做的应该去关心的事情。这种想法在农村留守儿童监护人中占到了大多数。其实这种想法是大错特错的,教育孩子、关注孩子的成长和发展不只是某个人或某部分人的事情,而是家庭、学校、社会共同关注、齐心协力进行的一件重大事情。

另一方面,有的留守儿童家庭教育存在严重的问题,家长认为现在读书没什么大用,好多大学生的就业都困难,读书真的没啥大用,好多大老板也没啥文化,还能赚大钱,他们错误地认为读书花了几千、甚至几万元,毕业后也不一定能找到一份好工作,倒不如和他们一起早点出门打工,早点挣钱,还省了一大笔学习的费用,为家里减轻不少负担。在这种心理的影响下开始对孩子的学习就不管不问,任其发展了。

心若改变，你的态度跟着改变；态度改变，你的习惯跟着改变；习惯改变，你的性格跟着改变；性格改变，你的人生跟着改变。

——马斯洛

前车之鉴

究竟留守儿童需要培养哪几种学习的好习惯来对抗这种消极的学习状态呢？

留守儿童的学习习惯是在学习过程中慢慢形成并养成的。良好的学习习惯，有利于激发学生学习的积极性和主动性，不仅有利于提高学习效率，还有利于培养自主学习能力，有利于培养学生的创新精神和创造能力，使学生终身受益。

记得著名物理学家杨振宁曾说过，他不赞成有人说他是“刻苦”学习的，因为他在学习中从没感到“苦”，相反，体会到的是无穷“快乐”。学习若能给孩子带来快乐，那么孩子一定会喜欢学习。为了培养留守儿童的学习兴趣，首先应该为留守儿童创建一个舒适安逸的学习生活环境；其次，开展丰富多彩的学生活动，如：文艺表演、知识竞赛等活动，并在其中积极融入留守儿童学习习惯培养的因素，融趣味性于教育教学活动中，让学生在活动中体验成功和喜悦，培养学习的兴趣。

明确学习的目的，增强学习兴趣，坚持耐心细致的正面教育，通过生动形象、富有感染力的事例，采用多种多样的形式，把学习目的与生活目的联系起来，这样才可以收到良好的效果。

首先，建立并实施好教师与留守儿童的交心、谈心活动，作为家长可以多和老师进行交流。通过老师和留守儿童之间的沟通，融洽师生感情，进行学习目的的渗透；其次，实行代理家长制，使留守儿童感受到

“家”的温暖和家长对留守儿童的关怀；再次，从留守儿童身边找优秀学生事迹，为每个留守儿童树立一个或者多个学习榜样，明确学习目的，培养学习兴趣。

培养留守儿童多思考、善于提问、大胆质疑的学习习惯 。学习要严肃认真、多思善问。“多思考”就是把知识要点、思路、方法、知识间的联系、与生活实际的联系等认真思考，形成一个知识体系。“善于提问”不仅要多问自己几个为什么，还要虚心向老师、同学及他人询问，这样才能提高自己，不仅如此，还要多多地自己提问，自己去找寻答案。而且，还要在学习的过程中，注意发现问题，研究问题，有所创造，敢于合理质疑已有的结论、说法，在尊重科学的前提下，敢于挑战权威，要做到决不轻易放过任何一个问题。

首先，对所学的新知识，通过思考找出它与以前所掌握的知识之间的联系和区别，使知识形成体系，从而加深理解和记忆。不要一味地靠做题巩固知识点。

其次，对于思考过程中发现的不懂、不理解的问题，及时向别人请教，在教学中，教师要让同学之间充分地交流合作，充分发挥小组合作学习的互补性，学会在提问中思考，在思考中进步。

关爱留守儿童，让他们形成良好的学习习惯 。青少年时期，既是长知识的时期，又是长身体的时期。因此，留守儿童应该知识、身体并重，在整个学习生活中，讲究学习卫生，养成良好的学习卫生习惯。从消极的学习情绪中脱离出来，在正确的、健康的学习习惯养成的过程中，享受成长的喜悦。

教子有方

帮助留守儿童养成积极的、良好的学习习惯是每一位家长的心愿，而良好的学习习惯是孩子们在学习过程中反复练习形成并养成的，成为一种个体需要的自动化学习行为方式。良好的学习习惯，有利于激发学生学习的积极性和主动性；有利于良好学习方法的形成，能够以此来提高学习效率；有利于培养自主学习能力；有利于培养学生的创新精神和创造能力，使孩子终身受益。

以下介绍一些良好的、积极的学习习惯，家长们可以帮助留守儿童学习并坚持养成他们自己的好习惯。

(1)培养留守儿童主动学习的习惯

别人不督促也能主动学习，尤其是不能指望在家的祖辈监管人督促，一学习就要求自己立刻进入学习的状态，力求高效率地利用每一分钟学习时间，保质保量地完成老师留的作业。要有意识地高效地集中自己的注意力，并能坚持始终。

(2)养成及时完成规定学习任务的习惯

留守儿童一定要养成在规定的时间完成规定的学习任务的好习惯。把每个规定的学习时间分成若干零散的时间段，根据学习内容，为每个时间段规定具体的学习任务，并要求自己必须在一个时间段内完成一个具体的学习任务。这样做，可以减少乃至避免学习时走神或注意力涣散的情况，有效地提高学习效率。还可以在完成每个具体学习任务后，产生一种成功的喜悦感，使自己愉快地投入到下一时间段的学习中去。剩下的时间可以自己利用，体育运动、帮助家人做家务、参加集体活动等，做到既要学习好又要玩好，学习和生活两不误，其中的奥秘就是学习高效率。

(3)养成各学科平衡发展，不偏科的习惯

现代社会迫切需要的是发展全面的复合型人才，单单只是一方面优秀已经不能适应社会的需求，所以要高标准严要求自己，这就要求留守儿童们与时俱进，要全面发展自己，因此，就更不能偏科了。留守儿童对自己不喜欢的学科更要努力学习，在学习中不断提高兴趣，兴趣都是建立在了解的基础之上的，人们对自己熟悉的事情总是会更愿意接受一点，所以对于不喜欢的科目，要尽量多地去了解其中的知识，久而久之，熟悉了，兴趣就来了。对不喜欢的学科或基础比较薄弱的学科，也可以适当降低标准，根据自己的实际情况，确立经过努力完全可以实现的初期目标、中期目标、远期目标，然后要求自己去完成。这是克服偏科现象的有效方法。留守儿童的学习本来就缺乏家长的监管，面对不太喜欢的学科更不能采用放弃的消极的学习态度。

(4)培养爱预习的习惯

课前预习可以提高课上的学习效率，有助于培养自学能力。预习时应对要学的内容，认真研读。理解并应用预习提示、查阅工具书或有关资料进行学习，对有关问题加以认真思考，把不懂的问题做好标记，以便课上有重点地去听、去学、去练。也可以把不懂的题目写在本子上，复习的时候可以当做参考资料。

(5)养成上课时认真听课的习惯

上课时，老师不仅用语言传递信息，还会用动作、表情传递信息，用眼神与学生交流。因此，中学生上课必须盯着老师听，跟着老师想，调动所有感觉器官参与学习。能否调动所有感觉器官学习，是学习效率高低的关键性因素。因此，在上课听讲和记笔记之间，学生们要协调好时间，如果老师讲的问题是重点但书上没有，就要先听老师讲解，课后再把笔记补上。上课要做到情绪饱满，精力集中；抓住重点，弄清关键；主动参与，思考分析；大胆发言，展示思维。

(6)培养上课积极地、主动地回答问题的习惯

留守儿童应该自觉地成为学习的主人，在课上要认真思考每一个问题，积极回答问题可以促进思考，加深理解，增强记忆，还可以提高心理素质，促进创新意识的提高。回答问题要主动，起立要迅速，声音要洪亮，表述要清楚。

人类的动作十分之八九是习惯，而这种习惯又大部分是在幼年养成的，所以在幼年时代，应当特别注意习惯的养成。但是习惯不是一律的，有好有坏；习惯养得好，终身受其福，习惯养得不好，则终身受其累。

——著名教育家、儿童心理学家陈鹤琴

(7)养成多思、善问、大胆质疑的习惯

学习的时候态度要严肃认真、多思善问。“多思”就是把知识要点、思路、方法、知识间的联系与生活实际的联系等加以认真思考，形成自己的知识体系。“善问”不仅要多问自己几个为什么，还要虚心向老师、同学及他人询问，这样才能提高自己。而且，还要在学习的过程中，注意发现问题，研究问题，有所创造，敢于合理质疑已有的结论、说法，在尊重科学的前提下，敢于挑战权威，要做到决不轻易放过任何一个问题。要知道“最愚蠢的问题是不问问题”，应该养成向别人请教的习惯。孔子云：三人行，必有我师。要牢记。

(8)保持上课记笔记的好习惯

在专心听讲的同时，也要动笔做简单记录或记号。对重点内容、疑难问题、关键语句进行“圈、点、勾、画”，把一些关键性的词句记下来。有实验表明：上课只听不记，只能掌握当堂内容的30%，一字不落地记录，也只能掌握50%，而上课时在书上勾画重要内容，在书上记有关要点的关键的语句，课下再去整理，就能掌握所学内容的80%。所以，学习时，脑要勤快，手更要勤快。

(9)养成课后复习的习惯

留守儿童们也许要承担一部分农活，自主学习的时间有限，回到家就着急写作业，但是，切记，课后不要急于做作业，一定要先对每一节课所学内容进行认真的复习，归纳知识要点，找出知识之间的联系，明确新旧知识之间的联系,形成知识结构或提要步骤式知识结构。主动询问,补上没有学好的内容。对不同的学习内容要注意进行交替复习。之后再写作业会事半功倍。

(10)养成及时完成作业的好习惯

按时完成老师布置的作业和自己选做的作业,一边写,一边认真地去思考,一丝不苟,对作业中存在的问题,认真寻找解决的办法。作业写完后,要想一下它的主要特征和要点,以收到举一反三的效果。作业错了,要及时改过来。千万不能欠学习账,以免等到考试复习的时候没有正确的学习参考资料。

(11)培养阶段复习的意识

经过一段时间的学习,要对所学的知识进行总结归纳,形成单元、章节知识结构,在大脑中勾画图式或知识体系表。这是使知识系统化,牢固掌握知识,形成学科能力的重要一环。这样所学的知识点就不会像一盘散沙,而是一个有机的整体,可以自如地为自己所应用。

(12)自觉培养创造性思维能力的习惯

创造性思维能力是人的智力高度发展的表现,是创新能力的内核,是留守儿童们实现未来发展的关键。应该随时注意运用如下步骤培养创造性思维能力:(1)界定自己所面临的问题。(2)搜集相关问题的所有信息。(3)打破原有模式,从八个方面尝试各种新的组合。包括改变方向、改变角度、改变起点、改变顺序、改变数量、改变范围、改变条件、改变环境等等。(4)调动所有感觉器官参与。(5)让大脑放松,让思维掠过尽可能多的领域,以引发灵感。(6)检验新成果。

温馨提醒

学无止境,家长在督促留守儿童养成良好的、积极的学习习惯的同时,要培养他们在学习过程中要善于总结自己的学习经验,也要善于借鉴比较好的学习经验为己所用。这样就一定能找出适合自己的一套学习方法,乘风破浪,最终达到胜利的彼岸。

5. 同情心和爱心的缺失

寻根寻源

留守的少年儿童正处于成长发育的关键时期，他们处在缺少父母关爱和监护，社会的有效监护、关心和教育等情况下，更多地暴露在不良社会环境中，使得原本薄弱的学校教育因为家庭教育的缺失而大打折扣，从而造成社会化过程扭曲。他们存在着较普遍的心理和性格方面的障碍，其中缺乏爱心和同情心是重中之重的问题，伴随着这类心理，他们的学业更容易受阻，行为也更容易越轨。

生活中，留守儿童缺少父母的关爱，父母在有能力的时候会抱着一种补偿心态给留守儿童过度的关爱和关怀，殊不知，这种疼爱多了，孩子就会产生一些负面的心理变化。

比如，有许多父母都抱怨自己对孩子疼爱有加，而孩子却越发的自私自利，尤其是在父母外出务工的时候，家里只剩祖辈监管人孩子就会更加的任性，不懂得关心父母家人、关爱他人。古人说："人之初，性本善"，也就是说，其实并不是孩子生来就缺少爱心，而是由于父母对孩子的溺爱、不注意教育方式等，把孩子的爱心在不经意间给剥夺了。这使得他们缺乏基本的爱心和同情心，在生活压力和学习压大，社会环境复杂的今天，没有爱心和同情心的引领，这些留守儿童在生活中，小到自私自利，大到走上犯罪道路都是不难见到的现象。

前车之鉴

以下是两则留守儿童极度缺乏爱心与同情心的案例，令人痛心疾首，作为家长一定要对自己的孩子进行及早的爱心教育，用爱去温暖留守儿童孤寂的心灵，避免这种极端的事件再次发生。

案例一：

为进监狱"留守儿童"杀死两婆婆

4月21日晚，自贡市富顺县彭庙镇一七旬太婆被人杀死在家中，凶手竟是被害人年仅13岁的姨孙小淘(化名)。更让人毛骨悚然的是，去年小淘还掐死了自己的亲奶奶。晚辈为何杀害自己的长辈？警方查明其犯罪动机简单而令人费解：上网经常被母亲责打，宁愿坐牢也不愿回家，为进监狱，对亲人连下毒手。26日至27日，记者来到临时看管小淘的地点，走进了这名"网瘾少年"、"留守儿童"的迷茫世界里。

"找"上网费少年凶残杀姨婆

小淘是某小学在校学生。4月21日下午放学后，小淘走进学校附近的一家名为"皂桷树"的网吧上网。晚上9时，上网费告罄，正在兴头上的他向同学借钱未果，遂冒出到姨婆家"搞钱"的歪念头。他借网吧老板的电瓶灯来到姨婆家，在厨房里找到一把菜刀进入姨婆卧室，乱刀下去，鲜血横飞……姨婆死后，小淘从其衣兜内找到90.60元钱。

作案后，小淘从容走出姨婆家门，把凶器丢在姨婆家门前，在水田里洗去手上的血迹，再返回网吧继续上网。23日是星期天，小淘又去祝贺一朋友的生日，下午2时许便被追踪而至的公安人员抓获归案。

但是，因小淘系未成年人(其出生在1992年9月，还有5个月才满14岁)，按照国家现行法律规定，不负刑事责任。目前，自贡警方暂时把小淘"看管"在富顺县某中心校教办楼内，并向省公安厅请示处理意见。

人小鬼大——此前还掐死亲奶奶

记者在小淘上学的学校了解到，小淘学习成绩中等。在家中他很懒惰，基本不做家务劳动。

据班上老师介绍，小淘在本学期已旷课14节。老师还发现他有抽烟、喝酒、打架、上网、夜不归家等坏习惯。本月11日他与同学打架，用板凳砸伤同学还承担了40多元的医药费，学校责令他写了整改错误的书面保证书。

小淘喜欢上网，无钱就借，借不到钱就抢同学的钱。小淘自称，他还在富顺抢了几次出租车，弄到了几百元作"上网费"。去年8月中秋节后,小淘也为“找”上网费,把自己的亲奶奶掐死了。当时,家里人没有报案。

我最恨妈妈

26日下午4时许,记者与小淘面对面交谈。很难想象,这名身高仅1.50米,满脸稚气的6年级小学生,竟然是一名杀害自己奶奶、姨婆的凶手。

记者:爸爸妈妈对你好吗?

小淘:父母常在外打工,我由60多岁的外公、外婆照顾,父母在家时管教较严格,一犯错误轻则被罚跪厅堂,重则遭棍棒殴打。

记者:你恨他们吗?

小淘:恨他们得很!

记者:你最恨哪个?

小淘:我最恨妈妈,她经常打我,还不拿零用钱给我用,我就故意跟她反着干。

我想进监狱

记者:能告诉叔叔你的爱好吗?

小淘:我喜欢上网、喝酒、打麻将还有打架。

记者:在哪里上网?

小淘:在学校附近的“皂桷树”网吧。

记者:奶奶、姨婆都是你的长辈,没零用钱可以借或者要啊?为什么要杀她呢?

小淘:我从10岁起就想离开我的家,犯点事情好进去(监狱),在家里头没意思,进监狱也比家里好。

记者:你奶奶对你不好吗?

小淘:奶奶对我很好,外公、外婆对我也很好。

(资料来源:无忧刑事辩护网)

金玉良言

一个宽宏大量的人，他的爱心往往多于怨恨，他乐观愉快、豁达、忍让而不悲伤、消沉、焦躁、恼怒。

教子有方

那么，作为家长，在家的时候如何在生活中培养留守儿童的爱心呢？

(1)爱心培养要从娃娃抓起

婴幼儿期是人的各种心理品质形成的关键时期，爱心的形成也是在婴幼儿时期。因此，家长们想要培养孩子的爱心，要从孩子很小的时候抓起。在婴儿时期，父母要经常爱抚孩子，对孩子微笑，要让孩子感受到父母对他的爱，这是孩子萌生爱心的起点和源泉。随着孩子一天天长大，父母要把自己看作孩子的好伙伴，有时间的话，多陪孩子做游戏、聊聊天、一起学习，让孩子感受到家庭的温暖，感受到被爱的幸福，为孩子奉献爱心打下基础。有爱心包围的孩子，才会对别人有爱心。从小在留守儿童心里种下爱心的种子才能在今后的生活中收获孩子对家人、长辈、同学和社会的大爱。

(2)父母首先要富有爱心

父母是孩子的第一任老师。父母也是孩子的镜子，孩子是父母的影子。只有富有爱心的父母，才能培养出富有爱心的孩子。孩子从小最先接触的人就是父母，他们时时刻刻把父母作为自己的榜样，父母的一言一行都在潜移默化地影响着孩子，身教重于言教就是这个道理。父母是孩子们模仿和学习的对象。因此，父母平时就要注意自己的言行举止，从自身做起，自己首先要做到孝敬老人、关心孩子、关爱他人、乐于助人等，让孩子觉着父母是富有爱心的人，自己也要做一个富有爱心的人。这样就会把这种爱心传递给下一代。

(3)教会孩子学会移情的能力

所谓移情能力是指能设身处地地为他人着想、感受他人情感的能力,是一种感同身受的能力,和一种将心比心的情怀。比如当看到别人生病疼痛时,要让孩子结合自己的疼痛经验,进而能感受并体谅他人的痛苦,从而为他人提供力所能及的物质或精神上的帮助。如果自己能力有限也要对对方给予力所能及的心理安慰,这是一种高尚的情怀。

(4)为孩子提供奉献爱心的机会

许多父母只知道一味地疼爱孩子,却忽略了给孩子提供奉献爱心的机会。其实施爱与接受爱是相互的,如果让孩子只是接受爱,渐渐地,他们就丧失了施爱的能力,一味的只知道索取,不知道给予,并且觉得父母关心他是理所当然的。有的父母以为给孩子多点关心和疼爱,等他慢慢地长大了,他自然就会孝敬父母,疼爱父母。其实这是一种误解,你没有给孩子学习关爱的机会,他们怎么会关爱父母呢?还有的父母认为孩子最重要的任务就是学习,其他的都不重要,只要学习好了,考上好的大学,将来才会有一个好的前程,于是什么事都为孩子着想,孩子衣来伸手,饭来张口,像“小皇帝、小公主”一样地供养着,即使许多留守家庭的家庭经济情况并不好,也要全家人节衣缩食供养这些“未来的大学生”。学习固然很重要,但是孩子的性格、习惯、品质、心理对孩子的成长、成才同样重要,并且这些都需要在生活、学习中培养,不会一下子就能成。

(5)保护好孩子的爱心

有时候父母由于工作忙或其他原因,对孩子表现出来的爱心视而不见,或训斥一番,把孩子的爱心扼杀在萌芽之中。比如有个留守孩子为刚刚回到家中的妈妈倒了一杯茶,妈妈却着急地说:“去去去,快去写作业,谁用你倒茶。”再如有个留守小孩蹲在地上帮一只受伤的小鸡包扎,小孩的监管人生气地说:“谁让你摸它了,小鸡多脏呀!”孩子的爱心就这样被家长们剥夺了。事实上,在很多情况下家长们也许并不知道自己的行为会在不经意间伤害或剥夺孩子们的爱心,实属是无心之举,却给留守孩子的心里造成了阴影。如果你想拥有一个富有爱心的孩子,那就请你在生活中培养它、呵护它吧。

金玉良言

卢勤老师说："孩子的爱心是稚嫩的，你在乎它，它就会长大；你忽视它，它就会枯萎；你打击它，它就会死去。"

涓涓之水，汇成江海，爱的殿堂是靠一沙一石来构建的，是父母在爱的道路上一步一步带着孩子成长的过程。自小给予孩子同情心和怜悯的情感，是在他身上培植善良之心、仁爱之情，也是在孩子心中埋下的爱心种子。儿童最初的同情心和怜悯心是成人同情心和怜悯心的反映。所以，父母同情别人的困难、痛苦的言行就会深深打动儿童的心灵，感染并唤起孩子对别人的关心。比如，在公共汽车上，家长对孩子说："你看，那个阿姨抱着小弟弟多累呀，我们让她们坐到我们这里来吧。"邻居老人生病，家长带着孩子去探望问候，帮老人做一些力所能及的事。新闻报道有人缺钱做手术，生命垂危，家长带孩子拿他的压岁钱去捐款，献上一份小小的爱心……经常看到大人是怎么同情、关心、帮助他人的，对于培养孩子善良品质是最好不过的帮助了。

平时让留守儿童把自己在痛苦状态时的感受与别人在同样的情境下的感受加以对比，体会别人的心情，可以使留守儿童学会理解大人的不容易，理解别人的苦衷，学会移情，善解人意，也能更好地让自己释怀、减轻对艰难生活的敏感度，更积极地生活。例如：看到小朋友摔倒了，家长大可以启发孩子："想想你摔倒时，是不是很疼？小朋友一定很难受，快去扶起他，帮他擦擦脸。"某地发生灾情，家长可引导孩子："那里的小朋友没有饭吃，很饿，没有衣服穿，冻极了，你想想，如果你也在那里，会怎么样？我们去捐点衣服、食品送给灾区的人吧！"……

温馨提醒

作为家长平时要注意对孩子一点一滴的培养，一言一行的引导，在平时的生活中有机会多关注孩子，培养孩子的爱心，那仁慈博大的爱心，就会在孩子心头生下根，并会随着孩子的成长而不断扩展和升腾。我们的每个孩子都有一颗仁爱之心，同情之意，爱自己，爱父母，爱朋友，爱家庭，爱家乡，爱祖国，我们每个人未来的生活也才能更加幸福而安详。

6. 总喊"狼来了"的孩子

寻根寻源

说谎即讲假话。在小学生中，说谎是一种较普遍存在的不良的心理行为。据调查，我国大约有 50％的孩子从 3 岁开始说谎，9 岁的孩子 70％以上说过谎。可见，说谎是儿童普遍的行为。而说谎这种行为又是留守儿童中常见的问题。

说谎并非是天生形成的，而是在环境和教育影响下逐步形成的。有的孩子说谎是因为对大人说谎的模仿；有的孩子说谎是为了逃避惩罚或责任；有的孩子说谎是为了获得某些东西或荣誉；有的孩子的说谎是为了避免做自己不想做的事，也是一种变相的逃避等等。特别是父母外出打工的留守儿童更容易养成说谎的习惯。针对孩子说谎的不同原因，家长应有的放矢地做耐心细致的思想工作，帮助留守儿童从根本上认识到说谎是一种不好的行为。在教育过程中，最好少用惩罚，尤其是对那些为避免惩罚而说谎的孩子。但是对于那些有严重说谎现象的孩子,必须要可给予一定惩罚,并且惩罚要及时、有效。作为家长要时刻关注孩子的思想动向,不能不管不问,更不能纵容。

前车之鉴

既然说谎不是天生带来的,是在日常的生活环境中慢慢滋生出来的,那么,作为家长如何帮助孩子避免这种不良行为的产生呢?让我们从说谎成因上分析,找出应对办法,去面对留守孩子的说谎问题,并帮助留守孩子解决说谎问题。

原因一:为了逃避不愉快的现实不得已说谎

这种说谎是为了逃避家长与老师的批评或责罚的一种自我保护行为,留守儿童心理敏感,当一些问题出现的时候,他们经常想的不是如何面对和解决它们,而是一味地去逃避,用一个谎话去掩盖事实。比如某个留守孩子破坏了东西、学习成绩不好、偷拿了小朋友的东西等等,如果说了实话,等待他们的往往是父母与老师的严厉责备、批评甚至是处罚,为了逃避这种不愉快的现实和惩罚,他们就会采取说谎的办法来进行自我保护。特别是在要求严厉的老师或家长面前,他们更是爱说谎,因为在他们心里只有说谎才能保护他们避免受责罚。这时,如果父母与老师对他们的谎话穷追不舍,非要弄个水落石出的话,就会促使他们说谎的水平一次比一次更高明,形成一种恶性循环,有的留守孩子最终因此而走上了犯罪的道路。

方法一:彼此要互相信赖,给孩子足够的爱

老师与家长遇到留守儿童说谎时,首先要弄清他为什么要说谎,也就是说谎的初衷是什么?这是非常重要的,一般来说,留守儿童在比较宽容的大人面前不爱说谎,比较容易说出事实和真相,即便是有错误,他们也会没有防备地说出实情,因此,我们应该努力与留守儿童建立起一种亲密的、彼此间互相信赖的关系。当留守儿童说出事实真相之后,我们绝对不可以马上翻脸,凶神恶煞地加以训斥甚至对其进行处罚,相反我们还应该和气地与他们娓娓而谈，用温和的语言，良好的沟通技巧，用爱去消除他们心中的疑虑，使他们明白说谎的危害，明白人与人之间的信任会在一次一次的说谎中消失，要让留守儿童们知道诚实的可贵，说谎的代价，教育他们以后不再说谎。

事例：

在某一个班中，曾经有一位留守儿童刘某，母亲外出打工，跟着父亲生活，而父亲平时由于酗酒，对孩子关心不够，如果发现刘某成绩不好，就对其大打出手。因此，该留守儿童从来都不敢把学校发生的事告诉父亲。有一次，该生弄坏了同学的一副眼镜，同学要求其赔偿，但他今天推说父亲不在家，明天说起得太早，没遇到父亲，一拖就是一星期。后来，与其家长联系，才知道他根本没有把这件事告诉父亲。针对其说谎的原因——怕父亲打骂。有老师和这孩子进行了一次耐心的沟通，告诉他说谎的危害，至于那副眼镜，修一下还可以用，只要帮同学修好就可以了。同时，老师也找到了孩子的父亲，告诉他孩子说谎的真正原因，希望其以后改进教育孩子的方法，对孩子要多关心、多了解、多信任，这样孩子做错了事才敢和父母说，否则，只会造成孩子更多次地说谎，也会让孩子对这个世界失去信心。经过沟通，留守孩子的父亲改变了自己的做法，孩子说谎的现象也有所改变。

原因二：为了提高留守儿童自己的地位

说谎是为了使自己在与同学、小朋友、老师和父母的相处过程中，处于一种有比较利于自己的地位。比如某个留守儿童说自己的成绩不好，却在同伴面前说自己考得如何的好，以此来收获同伴羡慕的目光；许多留守儿童明明自己家里经济条件一般，却在小伙伴面前总说自己家中如何有钱，向父母要名牌衣服，要大量的零花钱等；明明自己没到过某地旅游，却自吹到过某地旅游还看见了什么景色；还有的会乱吹自己的父亲当的官如何大，在社会上如何有地位等等。这种说谎虽然只是暂时的，也不会造成什么严重后果。却能反映出留守儿童一种极为普遍的心理，就是自卑心理，为了掩饰内心的自卑，不得不说出一些与事实不符的“大话”，以此来满足自我的虚荣心理，这种虚荣和自卑双重心理导致的说谎行为，需要家长采取正确引导、反复说教的教育方法。

方法二：引导留守孩子树立正确的价值观

留守儿童在成长的道路上这种自我价值观的形成是受多方面影响的，特别是家长的价值观对留守儿童的影响最大。所以，家长应该注意自己平时表现出来的只是非价值观念，如果家长成天追求的、谈论的、赞赏的全是社会地位、物质财富，孩子也必然会受到影响，也会有机会就不切实际地谈论追求物质财富、社会地位，在其他小朋友面前制造种种谎言和一些虚幻的假象。大人在儿童面前应该有一个良好的、积极的形象，同时教育孩子没有必要进行这种爱慕虚荣的说谎。尤其是这种谎言总有被揭穿的一天，到那时，为了提高自己地位的行为反会引来更多人的蔑视。那时的心里也会一落千丈，说谎的代价不言而喻。

原因三：一种模仿性的说谎

在这些留守儿童的家中，如果他们的家长或者祖辈监管人经常说谎，孩子多半也不会诚实，有些家长当着自己小孩的面，就经常不说实话，而留守儿童是最敏感的，他们能够敏锐地察觉家长的谎言，同时会给留守儿童的心理带来一种怀疑和不信任感。例如，来了电话，有的父亲经常对孩子说："如果有人找我，就说我不在。"另外，受一些不良的社会风气的影响，如果这些大人喜欢夸大其词，把一件微不足道的事情吹得天花乱坠，孩子受此影响也会不知不觉地进行模仿，效仿大人吹牛说谎。只是，孩子们在并未成熟的世界观、价值观、人生观中，并不知道吹牛会导致周围人对自己的不信任。

方法三：以身作则做一个榜样示范

所以，对此我们应该提醒家长做深刻的反省。要教育这些留守儿童不要说谎的前提是家长首先应该以身作则。当孩子有夸大其词的表现时，大人不能听之任之，放任自流，应该给予及时的纠正，并且让孩子澄清事实，让他们勇敢地承担后果。

事例：

曾经有这样一位留守儿童，自己经常说谎，明明自己上课时做了小动作，老师好意提醒他，可他自己就是不肯承认；老师有时让他做一些事，他明明有空，却回答说自己作业还没有完成……为什么他随口而出的都是不真实的话？原来，他父母也经常对他说谎或当着他的面说谎，针对这一情况，教师与其父母取得了联系，告知他们孩子的做法及原因所在。听了老师的话，家长表示愿意和孩子一起改掉说谎的坏习惯，处处以身作则，给孩子的成长树立榜样，一个多学期过去了，孩子的说谎现象也越来越少了，大家都为他高兴。

原因四：一种反抗性的说谎

这种说谎往往在个别留守儿童心里不满的时候表现得尤为突出，当家长或老师要他们帮忙做点事时，虽然他们有时间，却因为自己不愿意做，就能编出自己有很多事作为理由，拒绝家长或老师的要求，这种说谎一般是偶然现象，而且大多发生在家长或老师要求他们做自己不愿意做的事情，或者是他们心中正处于对老师或家长有不满情绪的时候，对此，我们做大人的应该首先反省一下自己的态度和做法，了解孩子到底是为什么事情而产生的不满，并有针对性地进行教育，不要盲目地进行斥责，以免使留守儿童这种不满情绪加剧。

方法四：对孩子的错误处罚一定要适当

当我们发现孩子犯了错时，家长们先要压压自己的火气，在气头上教育孩子，往往容易犯急躁的毛病，也更容易口无遮拦，会对孩子稚嫩的心理产生不好的影响。这时应当想想孩子为什么会犯错？如果孩子是由于顽皮、好奇、过失而犯错时，家长就不要对孩子太严厉，要很耐心地向孩子指明错在何处，应该如何做，要让孩子明明白白地改正错误；如果孩子的错误确实应当受到惩罚，或者旧错重犯，这要看看孩子是否承认了错误，如果孩子从心里知道自己错了，那么家长就应该给孩子一个改过的机会，不必大动干戈。如能主动承认，就应减轻惩罚，并说明之所以如此，是由于其主动承认错误的结果；如果不主动承认，还要蒙混过关，则要加重惩罚，并告诉他，他还多犯了一个错误——说谎或欺骗，而这是最严重的错误。

原因五：或出于一种报复动机而说谎

当孩子感到自己受了某种不公平的待遇或委屈时，有的孩子会采取一种报复性的说谎。例如,某个孩子长期与另一个孩子相处得不好,或经常受到那个孩子的欺负。他就有可能出于报复动机而故意向老师说谎,像模像样地说那个孩子做了什么坏事,说了什么坏话等等。对此,我们一定要弄清事情的真相,切不可轻易下结论随便冤枉了好孩子。否则,孩子会对所有的大人都失去信任,反而更加爱说谎。最后使结果适得其反。

方法五:家长要给孩子足够的尊重

一般来说,凡是受到家人的尊重,能够随意发泄自己的牢骚和不满的孩子,一般都比较诚实;相反,在父母过分严格的管教下的孩子对父母有较少的亲近感,而有较多的恐惧感,出于一种对自己的保护,他们常常为了逃避责骂而说谎欺骗。当家长们发现孩子不诚实时,不一定非追问个水落石出不可,不一定非得让孩子承认自己说了谎,尤其是当着朋友、客人、孩子的同伴的面时更是如此,当着外人的面,非得让孩子承认自己说了谎,无非有两种结果:一是孩子"顽抗到底",死不承认,孩子从此开始疏远家长;再就是孩子认了错,但自尊心大受伤害,从此将自己封闭起来。5 岁的孩子其谎言如果被揭穿,就会感到羞耻与罪恶。

金玉良言

诚信是一枚沉重的砝码,放上它生命不再摇摆不定,天平立即稳稳地倾向一端。诚信是一轮朗耀的明月,唯有与高处的皎洁对视,才能沉淀出对待生命的真正态度。诚信是一道山巅的流水,能够洗尽浮华,洗尽躁动,洗尽虚假,留下启悟心灵的妙谛。当信用消失的时候,肉体就没有生命。

——大仲马

如果发现孩子有说谎或欺骗行为，作为家长也不要当众揭发他、批评他，可以把他悄悄地叫到一边，单独跟他谈话，给他足够的“面子”，第一，指出他说谎了，大人已经知道了实情；第二，告诉他这次给他一次改正的机会，不当众揭发批评，也不告诉别人；第三，阐明说谎和欺骗的危害性，同时警告他下不为例；第四，相信他今后一定能做得很好。

面对以上种种说谎原因，家长要冷静对待，要有针对性。家长要作表率作用，自己首先要诚实做人。当孩子犯了错误时，家长不要一味地训斥、打骂，而应动之以情，晓之以理，以爱为出发点，用心沟通，这样如果孩子再犯错误就不会因为害怕承担后果而说谎。

教子有方

说谎是孩子当中常见的行为问题，但是，儿童严重的说谎行为则是父母教养不当的结果。一般而言，六七岁前的儿童还不能区分真实和想象的不同。心理学研究发现，4 岁以下的孩子经常会把父母是否高兴作为衡量自己行为的标准。例如，孩子告诉回来的妈妈：“我今天把镜子打碎了。”妈妈一定很生气，弄不好还会骂他一顿甚至会打他一顿。但如果孩子说镜子是小猫弄掉在地上不小心打碎的，妈妈就不会怪罪孩子了。在类似的事情中孩子就会逐渐知道“说谎的好处”就是可以避免自己受责备，方法就是找到一只“替罪羊”，然后编一个谎话，都赖在这只“替罪羊”身上就好了，但只是他说谎时还意识不到自己行为的性质，只知道妈妈爸爸生气自己就是做错了，妈妈爸爸不生气或高兴自己就是做对了。爸爸妈妈的情绪就是风向标，就是是非、对错、曲直的标准。

但当孩子做了错事又怕父母生气而不承认自己的错误行为时，如果得不到应有的和有效的注意和矫正，慢慢就会固定下来，形成一种欺骗行为存在而以此来逃避责任。因此，家长应该根据孩子不同的年龄和理解力，针对性地培养孩子诚实的品性。

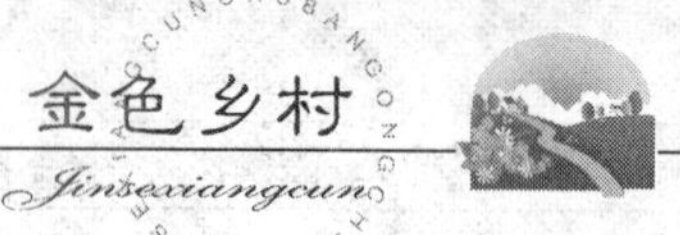

欺人只能一时，而诚信才是长久之策。

——约翰·雷

首先，父母要以身作则，注意自己的行为，不要“教”孩子说谎。

许多家长意识不到自己行为的一些细节，或者小行为给孩子带来的影响，例如家长不喜欢接待来访人，就让孩子假意告诉来访者：“就说我不在家。”如果做了什么事不愿让爱人知道，就对孩子说：“别让你妈(爸)知道。”还有的家长说到做不到，给孩子空头许诺一次又一次让自己失信于孩子等等。由于父母在孩子心目中有一定的威信，父母说的或是做的孩子认为都是对的，孩子在家长的潜移默化中逐渐也就学会了说谎。对这类行为的后果，家长一开始往往意识不到，等孩子出了问题又十分气愤，觉得是孩子自己的问题，其实根子还在自己身上。因此，要培养孩子的诚实作风，首先家长要始终以诚实的面孔面对孩子，只有家长诚实了，孩子才能真正地诚实起来。

其次，孩子做错了坦白承认后，请不要惩罚他。

在现实生活中常常有这样的事例，孩子说今天在学校挨了批评或者考试不及格，父母往往是不由分说的，或者劈头盖脸一通严厉的批评，甚至体罚孩子，打骂孩子。举例来说，母亲请了病假不在家休息而外出逛商场，刚巧有同事来家里探望，事后孩子真实地告诉妈妈说：“下午叔叔阿姨来看你，我说你去商场了。”母亲恼怒地打了孩子个耳光并说：“谁让你说我逛街了，为什么不说我去医院看病了？”这样一来，孩子将逐渐体会到说真话会受到惩罚，不说真话用一个谎言掩盖事实却能平安无事，甚至还可以赢得父母的赞赏。如果下次考试成绩不好或犯了什么错误时，孩子就会想尽办法隐瞒过去，找一个借口或者理由以逃避惩罚。因此，家长正确的做法应该是，当孩子第一次告诉你他在外面闯了什么祸或考试成绩不好，或犯了其他什么错误时，家长首先要表扬孩子的诚实，然后心平气和地帮助孩子分析为什么会出错，大家一同找出解决问题的好办法来，并且监督孩子有效地实施。这样孩子以后就不怕对家长讲实话了。即使有了困难也愿意求助于家长，家长也可以及时帮助孩子了，想要帮助孩子，解决孩子身上存在的问题要从理解孩子开始。

再次，帮助孩子区分什么是想象和什么是真实。

心理学家研究发现 6 岁孩子当中只有大约 18% 的人能够区别真实和想象，而 9 岁的孩子中有 90% 能够理解故事是编的还是真实的，孩子在十一二岁时开始从新的角度理解诚实的问题。也就是说孩子是随着年龄的增长，才能够逐渐理解"谎言"、"诚实"是怎么回事。因此家长要在孩子三四岁时开始帮助他们学会分辨什么是假的、假装的、什么是真的、真实的。例如做游戏时爸爸扮作大灰狼，小孩觉得好害怕，这时可以给孩子解释什么是"假装"的，再比如，动画片中的海啸、火山、死亡，这些的看似真实的不真实。等孩子年龄大一些时则可以针对童话故事、科幻电影、戏剧中的人物和孩子讨论事实与虚构的区别，什么是人创造出来的，什么是不可能发生的事，或是什么是小概率事件。

另外，孩子在不能分辨幻想和现实时，往往把希望发生的事或者想象中的事情说成是正在或已经发生的事，例如对父母说自己在学校如何如何好，向小伙伴吹嘘自己的"英雄业绩"、"家里多么多么的有钱"等，对这些行为家长要及时指出并纠正孩子的做法，不能听之任之。

有很多父母对孩子过于溺爱，过分的保护，为孩子包办解决所有的问题，造成孩子依赖、顺从、敏感、胆小、缺乏独立生活能力，这些在留守儿童身上体现的比较明显，家长因为对孩子有愧疚心理，在家的时候，往往过分地给予孩子关怀和爱。当这种孩子上学参加集体活动时，处处表现出无能，没有自己独立的主见和自信的人格，常被同学讥笑或遭到老师责备而产生自卑感，有自卑感的儿童易以假想出来的优越感来补偿自己，所以就会脱离实际地夸耀自己，表现自己比别人能干。因此，家长要给孩子干家务活儿的机会，独立承担义务的机会，和独立处理力所能及事情的机会，以此来不断地锻炼留守孩子，增加孩子的自信心。

还有的孩子害怕承认错误，多数是怕同伴们瞧不起自己，不和自己玩，害怕孤独，因此就不说真话。所以父母和老师都要帮助孩子认识到做错事和撒谎的区别，人无完人，谁都有做错事的时候，大人也不例外，大部分人做错事情都是无心之举，无心做错了事可以改正，改正了仍然是好孩子，尤其是勇于承认自己做错事的孩子更是诚实的孩子，而说谎的孩子大家都会讨厌，不信任，因为这毕竟触及到人品的问题。"狼来了"的故事我们从小就听，这就是很好的教材。

最后，及时表扬奖励诚实的孩子。

要培养孩子拥有一个好的行为习惯，奖励机制比惩罚机制更重要。当孩子如实告诉家长自己犯的错误，家长往往忽视了孩子这种诚实的表现，只是一味斥责孩子的错误行为，孩子的诚实行为没有得到及时的鼓励强化，久而久之，孩子就会失去信心。家长发现孩子闯了祸之后，不要不由分说地或者气急败坏地责问："这是不是你干的？"因为孩子很可能怕家长生气而说"不是"。这样的问话方式实际上是诱导孩子说谎。家长可以注视着孩子的眼睛，用温和的语气和口吻询问，等孩子自己说出真相，或者说："发生了什么事？"如果孩子承认了错误或请求原谅，应立即告诉孩子：能承认错误很不简单，然后再对孩子做的错事进行批评。由于孩子的诚实行为，相应地要减轻对他的批评或处罚，要让孩子知道诚实是一种高尚的行为。

温馨提醒

任何坏的行为都是在一开始时最容易矫正。所以当家长发现孩子第一次说谎时,就要十分重视这个问题,细心地引导、更正,指出说谎会带来什么害处,并且要适当地惩罚说谎行为。一般孩子在第一次说谎时也会感到极度不安,受到自我良心上的折磨,即使是一时侥幸蒙混过去了,也会十分担心,如果家长不及时发现制止,孩子就会习以为常,撒谎成"性",所以家长一定要对这个问题重视起来,为孩子打好人格基础。

第四章 拨动留守儿童的自信心弦

随着我国雇用方式的改变，越来越多的农村孩子成了留守儿童。父母的远离，导致孩子们的情感变得脆弱，如果这种问题处理失当，留守儿童问题将成为国家的一个教育隐患。作为家长关注留守儿童的身心健康责无旁贷，家长们要有打持久战的思想准备，对留守儿童的教育要有耐心、恒心，更要有爱心，要像对待自己一样，来关心他们，帮助他们，抚慰他们心灵的创伤，滋润他们脆弱的心田，呼唤他们纯洁的灵魂，让他们和别的孩子一样拥有灿烂的笑脸，拥有一片属于自己的天空。

1. 鼓励式教育当先行

寻根寻源

一些留守孩子不太善于与别人打交道，遇到父母的熟人总不愿意主动打招呼或者是问好，要么低着头、要么把脸扭向一边、要么涨红了脸都没有一句话、要么干脆躲到爸爸妈妈身后。一些家长便向别人“解释”：“这孩子什么都好，就是害羞，不太爱说话，见到客人总是别别扭扭的。”

告诫父母千万不要给孩子扣上“没用”、“胆小鬼”的帽子，一味指责只会更加打击本就自卑的他。当留守孩子的表现不尽如人意时，父母应当耐心地予以安慰和鼓励：“第一次见面谁都会紧张，以后和阿姨熟悉了，你一定会说得更好。”“这次没完成没关系！下次我们继续努力，妈妈相信你能行！”在尴尬的节骨眼上给孩子一个温暖坚定的眼神，他的信心才会慢慢增长，直到把过度的羞怯抛到脑后。这样在以后的日子里，留守孩子在父母不在身边时也不会胆怯和人交往与沟通了。

前车之鉴

俗话说，好孩子是夸出来的，而不是打骂出来的。

曾听过这样一则故事：一天下午，一个不足十岁的小学生放学后独自到一片树林里玩耍。天黑了，这个胆小的孩子还没有走出树林，他怕遭到野兽袭击，就爬到一棵大树上躲了起来。父亲见孩子很晚还没回家，就沿孩子放学回家的路去寻找，在一片树林里，借着天空那微弱的星光，父亲隐约看见儿子正躲在一棵大树的树杈上 。父亲没有马上喊儿子下来，而是假装没有看见，吹着口哨在离儿子藏身的大树不远处溜达。儿子听到父亲的口哨声好像遇到了救星，马上从大树上溜下来，吃惊地问："爸爸，你怎么知道我在这片树林里呢？""我是独自散步，没想正碰上你在树上玩耍呢。"据说这个孩子长大后进入军官学校深造，毕业后成了一名作战勇敢的将领。

人们常说，树怕伤根，人怕伤心。

自尊心、自信心是孩子成长的精神支柱，是孩子向善的基石，也是自我发展的内在动力。留守儿童更需要一颗强大的自信心。

凡是人都有自尊心，不要认为孩子年龄还小，就可以不尊重他们，甚至可以由自己的心情随意打骂。孩子的自尊心、自信心需要家长和老师去保护去尊重。如果教育者尤其是家长总是有意或者无意伤害孩子的自尊心、自信心，那么孩子的心灵就会受到打击和摧残，就会失去向善发展的动力和精神支柱。不管什么情况下伤害或者诋毁孩子的自尊心、自信心，都是违背家庭教育规律的行为。

现实生活中，不注意保护孩子自尊心、自信心，不尊重孩子隐私的事已司空见惯。有的孩子一件事没有做好，就说你怎么这么笨；孩子平时有些胆小，就说你真是个胆小鬼；孩子一次考试成绩不佳，就说你怎么这么没用；孩子偶尔一次小小的失误，就指责你怎么这么不争气。有些家长、老师看孩子不顺眼，总是指责、埋怨，有的甚至打骂体罚。这样下去，一个本来不错的孩子，会在一片指责埋怨声中，失去应有的上进心和自尊心，最终难以成才。

那种简单粗暴，不讲方式的教育方法，只会伤害孩子的自尊心。一个合格的家长应该用爱心去保护孩子的自尊心、自信心，尤其是留守儿童脆弱的和敏感的自尊心，教育孩子要有爱心、耐心和恒心，坚持多表扬鼓励，少指责埋怨，只有这样才能调动和激发孩子的自觉性、积极性，进而使他们不断克服缺点，逐渐完善自我，向命运做出挑战，成为一个对家庭、对社会有用的高素质人才。

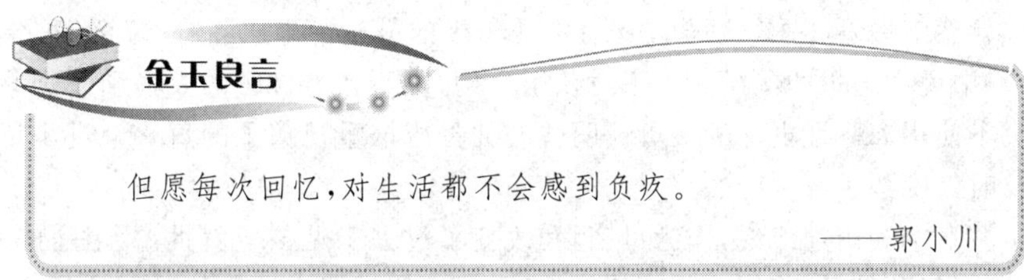

但愿每次回忆，对生活都不会感到负疚。

——郭小川

教子有方

那么作为家长，有哪些鼓励式的语言可以经常说给孩子听呢？怎样才能激发留守儿童的积极人生？

(1)家长要及时鼓励留守孩子不断进步

“妈妈，今天跑步我得了第一名。”乐乐高兴地对妈妈说。

“和谁跑步啊？为什么跑步啊？”妈妈淡淡地问了一句。

“今天上体育课，老师让我们比赛跑步，我是跑得最快的，老师夸我很有运动才能呢。”乐乐的脸上带着得意的笑容。

“哦，知道了，今天留作业了吗？快去做作业吧！”妈妈好像没有听到乐乐说的话。

听到妈妈这么说，乐乐觉得非常失望，闷闷不乐地到一边去了。他不明白为什么自己跑了第一名，妈妈却一点都不在意，也不夸奖他。

许多父母总是忽视了孩子的进步，从而失去了鼓励孩子的最佳时机。留守儿童的特别之处就在于遇到事情的时候要比一般的孩子更在

乎别人的看法，尤其是家长的看法。

上例中的乐乐，因为没有及时得到妈妈的鼓励，心里非常失落。如果妈妈再对他说："你要好好学习，在考试上争取取得第一名。"乐乐的逆反心理就会表现出来。

在上例中，如果妈妈说："是吗？真了不起，我家乐乐就是能干！"这时，孩子必然会荡漾起高兴的情绪，于是，妈妈可以趁机鼓励道："乐乐，你在学习上也要努力，如果也能得第一，那就更厉害了！"孩子必然会从成就感中激发斗志，这样的鼓励才是积极的鼓励。朱永新在《新教育之梦》中说："理想的父母是永不对孩子失望，决不吝啬自己的表扬和鼓励，决不使用侮辱性批评的父母。"明智的父母应该重视孩子的每一个进步，及时鼓励孩子。

日本和田加津说，作为母亲，我改变了过去一见孩子就批评、申斥的做法，经常鼓励、赞许孩子，"好样的，干得不错！"这应该是每一个父母应懂得的教育规则。

(2)家长要鼓励让留守孩子快乐地学习

"快乐教育"创始人斯宾塞认为，教育孩子应该以鼓励为主，不要随意指责孩子。

斯宾塞给儿子买了一架脚踏风琴，希望儿子学习音乐。当风琴运来后，他对儿子说："这是一架魔力风琴，只要你不断用脚踩踏板，同时用手按上面的黑白琴键，它就会唱歌。如果你懂得了由 7 个数字组成的魔法，它就会唱出美妙的歌来。"这些话对小斯宾塞起了很神奇的作用。风琴刚安好，他就迫不及待地坐了上去，并且按出各种高低不同的音律，快乐得不得了。

后来，斯宾塞不在的时候，家里的仆人德塞娜总是指责小斯宾塞："你可能在音乐上没有一点天赋。""一支简单的曲子，你学了 100 遍还不会……"小斯宾塞很快就对风琴失去了兴趣。

斯宾塞了解到这个情况后，对德塞娜说："不要因为不恰当的方法扼杀了孩子的天赋。如果弹风琴变成了一件紧张而痛苦的事情，那么音乐是学不好的。"

于是，斯宾塞微笑着对儿子说："亲爱的，我特别喜欢你弹的那首小曲子，叫什么来着?"小斯宾塞的眼睛一亮，赶紧说出了自己最喜欢弹的曲子，并坐到风琴前面，欢快地弹了起来。不可思议的是，他竟然弹得很流畅，节奏和旋律都把握得很好。

对此，斯宾塞是这样总结的：

"教育应该是快乐的，当一个孩子处于不快乐的情绪中时，他的智力和潜能就会大大降低。呵斥和指责不会带来好的结果。教育的目的就是让孩子成为一个快乐的人，因此教育的方法也应该是快乐的。就像一根细小的芦苇管，你从这一头输进去的如果是苦涩的汁水，在另一端流出来的也绝不会是甘甜的蜜汁。"

鼓励正是那种可以让孩子快乐学习的魔法。父母应该善于运用鼓励，在家的时候，应该鼓励留守儿童，要经常对孩子说："呀，你今天的字写得真漂亮呀!""画得越来越好了，如果再努力一些，都可以成为小画家了!"相信孩子的眼里会绽放美丽的花朵，心灵之门会向你打开。

(3)家长要鼓励孩子坚持自己的志向

父母鼓励孩子坚持自己的志向，孩子就会充分发挥自身的潜能，努力不让父母失望。但是，如果父母强迫孩子做某件事情，尤其是自己小时候学习条件差，成年之后的生活境遇不好，农民工家长们很容易把这种压力转嫁到留守儿童的身上，希望他们能够努力学习，从而改变命运，留守孩子则往往会与父母唱反调，这是因为孩子认为自己的思想没有得到尊重。或者，有的留守儿童会在一些不良风气的影响下认为学习没有用，赚大钱才是根本，建立这种错误的价值观。

我国科学家钱三强的父亲是五四新文化运动的风云人物钱玄同。钱玄同并没有因为自己是搞文学的而叫儿子接自己的班。在钱三强上中学的时候，钱玄同就对儿子说："你将来学什么，我不包办代替你的主意，由你自己去选择。但是，一个人应当有科学的头脑，对于一切事物，应当用自己的理智去分析，研求其真相，判定其是非，然后定改革的措施。"

后来，钱三强决定考南洋大学(现在的上海交通大学)。南洋大学用的是英文课本，但钱三强的英文水平很差。于是，钱三强决定先考北大理科的预科班，把英语补上去。在学习的过程中，钱玄同一直鼓励儿子，他对儿子说："目标既然确定了，就应当用艰苦的劳动去实现自己的理想。你是属牛的，克服困难要有一股牛劲！"

钱三强总是对父亲说："爸爸，你放心，我会把牛劲使出来的。"

果然，父亲的鼓励奏效了。半年后，钱三强的英语成绩得了65分。但后来钱三强没有去南洋大学读书，因为他爱上了原子物理，所以进入清华大学攻读物理。大学毕业时，他又考取了公费留学，出国到巴黎大学镭学研究所居里实验室学习镭学，指导老师正是镭的发现者居里夫人的女儿和女婿。父亲又写信鼓励儿子："你有了很好的指导老师，要努力攀登科学高峰，振兴中华！"在父亲的不断鼓励下，钱三强终于成为我国著名的原子能专家。

台湾作家罗兰说："父亲的教育方法是鼓励，而不是逼迫和苛求；是随我们的个性发展，而决不强迫把我们铸成固定的模式。""父亲是个教育家，他给了我们充分的自由去决定自己的前途，他只从旁略加指引，用鼓励代替打击与责罚。"

由此可见，鼓励孩子自己去发展的父母，才能与孩子保持良好的亲子关系。

(4)家长可以借他人之口来鼓励孩子

留守孩子内心孤独脆弱，很希望得到父母的鼓励，更希望得到老师、同学或者是其他有威望人士的鼓励和认可。有时候，孩子因为得到父母的鼓励较多，对父母的鼓励产生了一定的免疫性，往往效果不是太大。这时，如果父母有意识地借他人之口来鼓励孩子，往往会激发孩子的自信，使疏离的亲子关系更加融洽。

浙江万里教育集团董事长徐亚芬是一位事业上十分成功的女性，在儿子的教育上，她也同样成功。有一次，“知心姐姐”卢勤去宁波参观万里教育集团，徐亚芬向卢勤讲了一个发生在她儿子身上的故事。

徐亚芬的儿子上小学时，语文成绩很好，但不爱学数学，所以成绩较差。一次，儿子从学校回来，对妈妈说：“学校给我们测智商了。老师说我右脑比左脑发达，形象思维能力强，数字概念差，所以我的语文成绩比数学好。看来，我的数学成绩是上不去了。”

徐亚芬惊讶地说：“是这样吗？有空我去问问老师。”

她真的去了学校，找了班主任，并暗地里与班主任达成了一项协议。几天后，徐亚芬十分认真地对儿子说：“儿子，告诉你一件大事，我去学校问过老师了，老师说他搞错了，你是左脑比右脑发达，学数学会比语文强多了！”

“是真的？老师真是这么说的？”儿子睁大眼睛，兴奋极了。

“是呀，老师说，他看错结果了，他说的是另一个同学而不是你，你是左脑比右脑发达。”

儿子信以为真，真的认为“我的数学一定能够学好，我很行”。这使他完全改变了对自己的看法。从此，在学数学的时候，他恢复了自信，提起了精神。

温馨提醒

听到别人夸奖自己，留守儿童会更加自信，远方的父母借他人之口来鼓励孩子，留守孩子往往会觉得父母以自己为荣，心理上更加愿意接纳父母，对父母产生认同感，这样，亲近感就成为亲子关系的润滑剂。

(5)家长们在留守孩子做错事时鼓励他

在成长过程中，孩子必然会犯错误、做错事，这时父母往往会生气地责骂孩子。其实，孩子也不愿意犯错误、做错事，他们本来已经有内疚感了，如果父母再不断地责骂孩子，孩子就会觉得非常委屈，进而对父母产生不满，影响亲子关系的和谐。留守儿童见到父母的机会本来就比普通孩子要少，如果沟通不当，产生误会的可能性就特别的大。

比如，每个孩子都会在成长的过程中帮父母洗碗，当孩子不小心打破碗的时候，大部分父母往往是说下面这些话：

"叫你不要洗，你不听，这碗很贵的！"（埋怨）

"你怎么这么笨？洗碗都不会！"（责骂）

"太不小心了！你做事总是那么粗心！"（呵斥）

"走开，走开！我自己来洗！"（不耐烦）

这些话对于建立良好的亲子关系都是不利的。正确的做法应该是下面这样的：

厨房里，妈妈正在洗碗。这时，4岁的同同走进了厨房，他看到妈妈在洗碗，觉得很好玩，就缠着妈妈让他洗碗。看着好奇的儿子，妈妈决定让同同洗碗。经过妈妈的示范，同同洗得有模有样的，妈妈忍不住夸奖了同同。当妈妈转身整理冰箱时，突然传来"砰"的一声，同同叫了起来："哇！妈妈，我打碎碗了！"

妈妈赶紧关心地问道："是吗？让妈妈看看，有没有伤到你的手？"

同同紧张地看着妈妈，说："没有。可是，碗已经破了！"

妈妈安慰道："没关系，打破一个碗不要紧。重要的是，我家的同同学会了洗碗，妈妈为你自豪。每个人要学会做一件事情都很不容易，会遇到各种困难。不要怕，妈妈把碎片收拾一下就好了，你愿意接着洗吗？"

同同不好意思地说："愿意。"

妈妈夸奖道："真是个勇敢的孩子。不过，在洗碗的时候，一定要小心，要用手抓紧碗的边沿，就像妈妈这样，知道吗？"

同同高兴地说："知道了，妈妈。"

在这个小故事里，妈妈的鼓励不仅让同同认识到了应该怎样去正确地洗碗，而且鼓励了同同遇到困难时要努力克服，做一个勇敢的人，这样，孩子的自信就慢慢地建立起来了。

(6)家长要巧用激将法

俗话说："劝将不如激将。"特别是对待叛逆心理特别强的留守儿童，作为家长，更需要的是"智取"。

适当地运用激将法来鼓励孩子是一个非常不错的方法。

激将法是利用孩子自尊心和逆反心理积极的一面，从相反的角度，以"刺激"的方式对孩子寄予良好的期望，以激起孩子"不服气"、"不服输"的精神，使孩子产生一种奋发进取的"内驱力"，将自己的潜能充分地发挥出来，从而收到良好的教育效果。

一个叫斌斌的 8 岁孩子，非常喜欢看动画片，打游戏。这天，妈妈在进行大扫除，斌斌在旁边兴致勃勃地打游戏。

妈妈对斌斌说："斌斌，帮妈妈把地扫一下！"

斌斌不太愿意地说："你自己扫吧，我正忙着呢！"

"斌斌，你看妈妈都忙不过来了，你赶紧来帮一下。"妈妈催促道。

无奈，斌斌只好放下游戏帮妈妈扫地。不一会儿，妈妈进屋收拾房间去了。这时的斌斌，眼睛盯着游戏机看了半天，终于，他放下了扫把，又去打游戏了。

妈妈收拾完房间出来，看到斌斌只扫了一个角落，心里有点生气。但是，聪明的妈妈并没有显示出生气的样子。她走到斌斌旁边，故意大声叹息道："唉，我真替你发愁呀！"

斌斌赶紧放下游戏机，问妈妈："为什么替我发愁呀？"

"你看你，连扫地都不会扫，以后还能做什么事情？我怕妈妈死后，你会很可怜的。"妈妈严肃地对斌斌说。

斌斌一听，乐得笑起来了："妈妈，我不是不会扫，是我不想扫。"

"是吗？我怎么相信你呀？你看看你刚才扫的样子，我不相信你能够把地扫干净！"妈妈不屑地瞟了斌斌一眼。

斌斌有点急了："不信是吗？我扫给你看，我今天一定要比你平时扫得更干净！"斌斌把游戏机关掉后扔进了抽屉里，然后高高兴兴地扫起地来，他花了好长时间来扫地，把角角落落都扫得非常干净，还帮妈妈做了许多其他家务。

妈妈见此情景，适时地称赞道："原来你这么能干，看来是你以前太懒了！"

听了妈妈的话，斌斌不好意思地吐了吐舌头。

一个人的能力是有限的，但是，潜能却是巨大的。

温馨提醒

父母应该在日常生活中教育留守孩子树立远大的志向，敢于挑战自我，超越自我。不要被生活中的小小的困难所打到，父母可以对留守孩子说："为什么别人能做到，你却不能呢？""我就不相信你不能改正缺点。"让孩子产生一股不服输的心理，从而下定决心挑战自我。就算孩子识破了父母激将的心理，父母也不用不好意思，微笑着承认反而会促进亲子关系。

金玉良言

不要慨叹生活的痛苦！——慨叹是弱者……

——高尔基

2."我能行"心理暗示教育

寻根寻源

很多留守儿童的心理素质都不强,遇到事情总是紧张、退缩,承受挫折的能力很小,更别说去迎接挑战了,那么留守儿童心理素质差的原因是什么?

(1)留守儿童自我认识的错误

心理素质体现的方面不一定一样,有些方面是强项,而有些方面可能是弱项。例如有的留守学生一到考试就焦虑,看到题目就忘答案,越做越紧张。而可能他在人际交往上却轻松自如,即便遇到十分棘手的人际问题,他也能不急不躁,游刃有余地化解开来。正确认识自己才能发挥长处,避免弱项,否则只看到自己的弱项会形成自我否定的状态,导致心理素质差。正确的自我评价,对个人的心理生活及其行为表现有较大影响。

(2)留守儿童的自卑心理

这个问题在留守儿童群体里体现得非常明显,如果留守儿童个体对自身的估计低于社会上其他人对自己的客观评价,就会使个体与周围人们之间的关系失去平衡,产生矛盾,长此以往,将会形成稳定的心理特征——自卑,这样就会导致心理素质差,不利于留守儿童个人的健康成长。

(3)留守儿童的不自信

留守儿童由于缺乏父母的关爱和照顾,以及良好的生活条件等,经常会产生这些心理,比如:对自己没有信心、不相信自己行、害怕做错了或者做不好,导致不敢勇敢地去做、不接受挑战,这样心理素质会越来越差,不能承受挫折。所以应该从心灵上确认自己能行,自己给自己鼓劲。只要有心理准备,你就不会为一点困难而退缩。相信,你就能充满信心完成任务。

(4)留守儿童情绪波动大很容易受影响。

一个心理素质差的人在面对困境、面对挫折的时候,他会表现出怎么样的情绪来呢?最常见的无非就是紧张、焦虑、烦躁、失落和抑郁等消极情绪体验,试想在这样的情绪体验下,能做好什么样的事情呢?再有能力的人又能发挥出多高的水平呢?何况是在成长中的留守儿童?不能把握自己情绪的人心理素质一定差。

(5)留守儿童特别害怕失败

留守儿童一直担心自己失败,不敢去尝试,所以就不会增加这方面的经验,经验少的人心理素质都不强,反过来说,你都是知道自己是肯定失败的,那你又怕什么呢?已经是失败的了,那就把这次当作练习了,只要几次过后,我想你的心理应该会有种质的飞跃。还有重要的一点,你每次的失败都必须要总结下,想想自己到底哪方面不足,因而去改善它,接下来要做的就是要对你的下次尝试充满信心了。

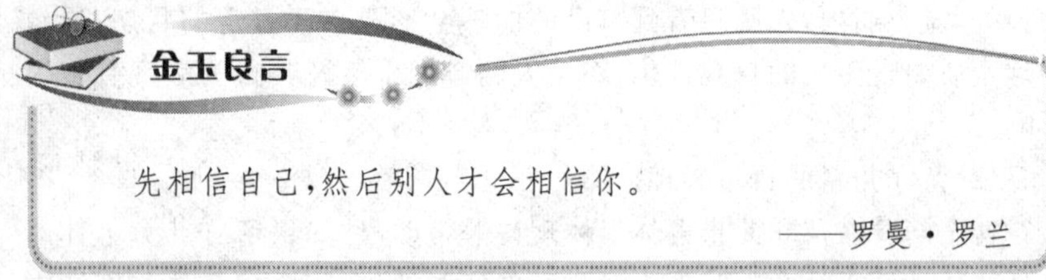

先相信自己,然后别人才会相信你。

——罗曼·罗兰

前车之鉴

留守儿童一般都不怎么自信,会有以下表现:

(1)孤独不愿意和周围人说话、交流

有时候留守孩子因为经常被批评、指责,会变得少言少语。你会发现他们在人群中特别的好辨认,一定是最孤独寂寞的一群孩子,这样,周而复始,便不再爱和周围的人说话、交流,觉得尽量少说话可以减少甚至避免挨说的概率。

(2)留守儿童对外界过分依赖

有时候孩子可以独立完成的事情,却偏偏不愿意自己完成,想要依靠周围人来做。也许用这样的方式证明大家对自己的关心,这类孩子往往担心自己做得不好,对自己不相信,要爸爸妈妈帮忙做肯定会比自己做得强,因此习惯了父母给自己做好一切。

(3)留守儿童经常羡慕其他小朋友

因为留守儿童自身家庭条件的限制,有时候这些留守孩子总是看着其他小朋友的东西好、生活好;有漂亮的衣服、好玩的玩具,虽然自己也有这些,但总是觉得不如别人的,不爱玩自己的。在此类孩子心中,已经开始有了对比、比较,甚至攀比的心理。当自己的生活环境没有其他人优越时,逐渐会产生羡慕的心态,同时产生对自己的排斥心理,如果不正确引导很有可能导致嫉妒心理。

(4)留守儿童有时是过于听话的孩子

父母都希望自己的孩子听话,不喜欢那些顽劣的孩子。尤其是留守儿童的家长更希望孩子言听计从,这样能让他们在远方少操心,但心理学家认为,儿童在言行方面略有越轨,对他们的身心成长有益。那些对家长言听计从的孩子,通常低估了自我价值,自信心比较弱,对环境和生活中发生的事物怀有恐惧。他们把良好的行为作为自我保护手段,因为他们所犯的错误越小,所谓的"风险"也就越小。这都是他们自信心不足的表现,因而在人格成长方面,缺乏进取独立的能力。

教子有方

要培养留守儿童的自信心,家长首先应做到以下几点:

(1)家长应把赞扬和鼓励作为教育孩子的主导方法

在我们的生命之初,在孩童时代,我们是通过身边的人特别是父母对我们的评价来认识自己的。因此,每个家长应注意,你的孩子是否自信,与你对他的评价有直接关系。

每个家长都有这样的观念,教育孩子,就是不断地指出孩子的缺点和不足，对孩子的不正确行为提出批评。以为这样孩子就会逐渐变好。事实上，这种做法是极端错误的。人是不会因为批评而变好的。在每个人生命之初，孩子不知道自己是什么样的人，他能干什么，他需要身边最重要的人，特别是父母对他的肯定。就是他需要家长不断地鼓励和赞扬，这样他会逐渐建立起自信心。当孩子看到自己在父母眼中是那样的好，他会鼓起勇气做得更好。当孩子不断被父母批评时，他会感到自己是如此无能，他无法将事情做好，于是会看不起自己，失去勇气与自信。

温馨提醒

因此，每个家长，应该改变过去的做法，立即从现在起，每天试着去发现孩子的优点，并以欣赏的目光、高兴愉快的心情来表扬孩子的优点，当孩子有一点点进步时，应及时表扬与鼓励！

(2)避免拿别人孩子跟自己孩子比较

很多家长为教育孩子，总是拿班上学习好的同学来和自己孩子比较，或拿自己单位同事的孩子和自己的孩子比较，试图让自己孩子能够学习别人孩子的优点或激发孩子的上进心。但是这种做法对孩子的成长是极为有害的。

因为这种比较对孩子来讲，首先，产生了不如人的感觉，而这种感觉会让他看不起自己，感到泄气。其次，产生的情感是嫉妒，当一个人把精力用在嫉妒别人时，他就没有足够的精力把自己的事情做好。再次，即使激发起孩子向别的孩子学习的欲望，那么盲目学习别的孩子，会使你的孩子失掉自己的特点与个性，成为别的孩子的复制品，那么他永远难以赶上或超过别的孩子，从而产生劣等感，最终丧失自信心。

家长应该认识到，每个孩子都有他自己的特点长处和与众不同的个性，每个孩子只有从他自己实际的基础上发展，才能成才。

家长的首要任务是帮助孩子找出他的长处，发展他的个性。

(3)正确对待孩子的失败与挫折

当孩子考试失败或遇到其他挫折，他们最需要的绝对不是父母劈头盖脸一顿训斥，或者阴阳怪气的嘲讽。他们也不需要父母无原则的安慰与同情。他们最需要的是他们生活中最重要的人的理解、支持与鼓励。

很多家长在遇到孩子考试失败或其他挫折时，首先，感到孩子给自己丢面子，因而非常生气。其次，由于望子成龙心切，这时会表现得非常急躁。在这两者作用下，会非常情绪化地将孩子狠批一顿。而这恰恰极大地损伤孩子的自信心，对于承受不起失败打击的孩子的幼小心灵来说，无疑是雪上加霜。

这时家长最需要做的是：

a.冷静地对待孩子的挫折与失败，心平气和地和孩子谈心，找出孩子失败的原因。

b.理解孩子的心情与苦恼，让孩子知道，失败与挫折是人生必不可少的内容，是一个人成功之前必不可少的过程，并且作为父母，不会因为此事就减少对孩子的爱。

c.鼓励孩子继续努力。父母必须首先对孩子有信心，孩子才能对自己产生信心。当父母满怀信心和热情地鼓励孩子时，会极大地激发孩子克服困难的勇气，恢复孩子的自信心。

(4)家庭中的赞美是基础

孩子从出生开始，父母和祖父祖母就应开始由衷地欣赏和赞美孩子，当孩子勇敢地做一件事，家长会从不同角度发现孩子的闪光点和特别之处，并加以赞赏，当孩子犯了错，父母不是紧盯着错误不放，而是从来不用比较法来责怪，比如："你看看，谁谁家的孩子真有出息，你怎么就不像人家一样优秀!”因为父母知道,这种比较法,对孩子的作用不大,相反会打击孩子的信心,造成恶性逆反!

从心理学角度分析,孩子在成长的过程中,最希望得到的就是最亲近关系的赏识、赞美和肯定,这会让他觉得有来自父母真正的爱,也会给孩子的内心带来愉悦的感受。强化他正面的表现,淡化他负面的作为,逐渐地养成一种习惯。

(5)父母不限制孩子的探索欲

有人说,美国人养孩子像农村养动物,这只是说对了一半,就是给予孩子自由的空间。玩是孩子的天性,只要他带着童真去探索。在院子里荡秋千、捉蚯蚓、挖泥洞、练蹦床,家长只要能在视线范围内,看到他们,并不阻止说“这很脏、这不安全、弄坏了要挨打”之类的限制,甚至有的孩子坐在爸爸的脖子上玩遥控飞机,当孩子玩的正在兴头的时候,家长会参与其中,陪他们一起玩,父母善用肢体语言,表达对孩子的爱和赞美,即给予孩子拥抱,这样一来,家中的笑声越来越多,孩子得到的爱,也越来越多。

(6)父母长辈和孩子互相尊重

在美国,孩子不是家长的私有财产,凡事必须按照父母的想法去做。当父母长辈为孩子做了事情,比如一顿美餐,孩子从小就要学会说“thank you”,当孩子很小的时候,他为父母做了一件事,或者按照父母的指令,去做了一件事,父母必须要说“thank you my baby”,如果只是想着成人应得到尊重,而孩子得不到尊重,他的心理会很压抑。

知道家庭成员之间需要互相关心,懂得分享。在为家庭做了一件事时,孩子既能得到锻炼,又能得到肯定和尊重,自豪的心理与日俱增。

谁也不能保证孩子在成长的过程中做的事情都是正确的,犯错是正常,美国家庭的表扬和批评,就像汉堡包,先鼓励,再指责,最后再给予希望,如果换个“暴打”一顿的方式以对错误表示不满和批评,必然会伤害孩子的自尊心,使他失去自信,从而导致将来上学、走向社会、甚至工作的极端心理。同时以实际行动,展示父母对小孩的尊重,比如父母进孩子的房间,要敲门;动他们的东西要得到他本人允许;和孩子蹲下来说话;不要侵犯孩子的隐私等。

从心理学角度分析:自信,首先来自于自尊,而自尊最初来自于他最亲近的父母对孩子的肯定和认可,想要孩子自信,父母必须要尊重孩子,肯定孩子。

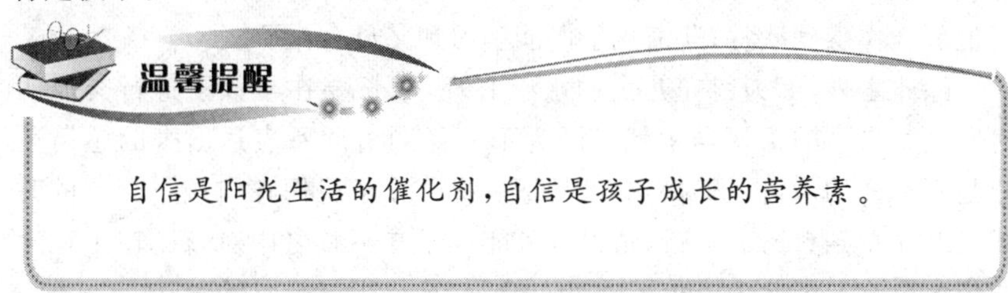

自信是阳光生活的催化剂,自信是孩子成长的营养素。

有心理专家说,心理暗示是一种激励效应,和他人给你的鼓励有着同出一辙的作用,当人受到这种激励的时候,就会产生一种无形力量,这种力量可能是责任感,也可能是荣誉感,或者其他的有益的能量。所以留守儿童们,面临生活和学习的战场的时候,从容地对自己说声"我能行"!

3. 架起彼此信任的桥梁

寻根寻源

以前教导孩子,是孩子听从父母的话,服从父母的指示;现在,我们发现这种方法并没有多大效用,反而在一定程度上妨碍了亲子之间发展更亲密的关系。

现在不再用父母的权威为教育方法,不再要求孩子绝对听话,而必须学习如何与孩子互相合作的方法。一直以来父母都习惯了命令孩子遵照他们的意思,结果孩子心中渐渐孕育了一种反抗的心理。所以要赢得孩子的合作,首先就要改变自己的态度,先取得孩子对你的信任,平时多花些时间与孩子谈话,沟通意见。父母要了解孩子心中想什么,也要让孩子知道到底你对他要求些什么。合作的意义，是双方朝同一方向前进，为同一目标努力。就让孩子了解你的意思，明白你对他的要求是为了帮助他学习如何生活。只要孩子弄明白了你的目的，自然就愿意与父母合作了。当孩子有这种态度时，父母该对他发出鼓舞和称赞，表达你对他的合作感到欣赏，渐渐孩子便能学习和父母合作了。

除此之外，因为留守儿童的敏感心理，家长要在与孩子进行交流的时候注意自己的语调与语气。因为不一样的语调所表达出来的感情色彩是不一样的，对孩子的影响也是不一样。如果我们在与孩子交流的时候没有注意到自己的言行，则很有可能在不知不觉之中对孩子产生很大的负面影响。因此为了孩子的身心健康，家长朋友们委屈一下喽。

前车之鉴

现实生活中，很多家长习惯于凭直觉教育孩子。一发现孩子学习成绩下降，就怀疑孩子逃学去网吧；一看到孩子上网，就怀疑孩子在浏览不健康网站；一看到孩子和异性交往，就认定孩子正在早恋；一听到有人给孩子发短信，就怀疑是“荤”段子，非要自己先检查一下才安心……

自从 17 岁生日那天姜珊如愿以偿得到一部手机之后，她的麻烦也开始了。麻烦的制造者不是别人，而是她的爸爸妈妈。

姜珊的父母在给女儿买了手机的第二天就后悔了。他们发现，有了手机之后，女儿就很少用家里的固定电话了，接打电话都在自己的房间里。这样他们很难弄清女儿在和什么人交往。而且，很多电话是在女儿学习的时间打过来的，这无疑会影响孩子的学习。更让他们担心的是不良短信侵扰孩子。

为了弄清女儿是否收到了不良短信，夫妻俩每天都要趁女儿不在时翻看女儿的电话记录和收到的短信息，并对所有“可疑”短信进行调查——给发信息者打电话，询问对方是谁，为什么发这样的短信以及警告对方不要再发了。令他们感到惊奇的是，这些“可疑”短信绝大多数出自女儿的同学之手，于是，教育的重点又转移到监督女儿不要和这些“不三不四”的同学来往上。

这种教育很有效果，不久之后就再也没有人发这样的短信了。正当夫妻俩为自己的努力欣慰的时候，女儿受不了了。一天下午，女儿进门就把手机摔到了地上，愤怒地说：“你们闲着没事调查我干什么！你们不就是担心它嘛，我把它摔碎，你们就不用再调查我了。现在班里所有的同学都笑话我，你们称心如意了吧！”

青春期的留守孩子最怕别人不信任自己，尤其父母的信任和肯定是他们最重视的。如果父母对他们的行为产生怀疑，他们就会有受挫的感觉，心理脆弱的孩子还会因为父母的怀疑而对父母感到失望，从而变得郁郁寡欢，影响学习，甚至导致失败。

江苏的一位母亲曾给一份教育杂志写过一封信，信上说自己因为偶然听说女儿与同班的一位男生交往过密，便对女儿进行了严厉的训斥。尽管女儿哭得很伤心，并且一再解释他们之间的交往只是正常的学习往来，根本不是母亲想的那样，但母亲不但拒绝相信，而且还对此进行了苛刻的讽刺和挖苦。后来女儿不再辩解了，也不再听母亲的话，整天愁眉苦脸，郁郁寡欢，学习成绩也不断下降，最终原本成绩很好的女儿却在高考时落榜了。

如果家长对留守孩子的早恋问题过于重视，孩子就可能将原本单纯的异性交往变成早恋；如果家长过于担心孩子浏览不健康网页，孩子就会真的对不健康网页关心起来，甚至产生看一看的想法。如果家长对孩子的行为持一种坦然的态度，孩子就会以父母为榜样，坦然地面对早恋、不健康网页、黄色短信等等隐藏于青春期的隐形炸弹。教育专家认为，家长的神经过敏往往导致孩子敏感。而留守儿童的家长们长期和孩子分离，对孩子的了解少，经常会对自己的孩子产生不信任的心理，检查孩子的手机或者偷看孩子的信件和日记等。

当然，在现实生活中，有太多的诱惑会误导正处于青春期的留守儿童。要父母对孩子的行为不加理会，一切单凭孩子自己去解决是不现实的。那么父母怎样才能既不神经过敏，又能正确引导孩子呢？正确的做法是，针对孩子感兴趣的敏感问题进行坦率的交谈，不要人为地设置沟

通障碍，就能在最大程度上避免孩子的敏感。

金玉良言

家长既要负责孩子身体的发育，又要负责孩子的心理发育；既要重视孩子智力的开发，又要重视孩子各方面能力的培养；既要教会孩子怎样学会知识，又要教会孩子怎样做人。

——杨振武

教子有方

家长们如何搭建这座与留守儿童之间的“信任之桥”呢？

1. 让孩子谈谈TA的感受和需求。

2. 说说家长您的感受和需求。

3. 把双方所有的想法都写下来(不带任何评论)。

4. 选出哪些建议你们接受，哪些不接受，哪些要付诸行动。

5. 一起讨论，找到大家都同意的问题解决方法。

聪明的家长，您可能已经意识到了，您在化解与孩子的这一冲突时，同时也是在向孩子做了一个良好的化解人际冲突、处理负面情绪之示范！

尊重孩子的选择和态度，孩子才能自信。

还有一些留守儿童，他们面对一些行为表现得很刻板，又听不进解释，只按自己的思路，该如何引导纠正？

留守孩子很有自己的一些想法，也懂得坚持自己，这其实并不是需要您过于担忧的问题。而需要提醒您注意的是，与孩子的沟通上，可能存在一些小小的误区，这需要一些小技巧。

留守孩子的感受是需要被接纳和尊重的，帮助留守孩子面对他们自己的感受，是每个家长的重要职责之一。

我们可以用下面的方法：

a. 安静专心地倾听。

b. 用简单的词语回应她的感受。

“哦——嗯——原来是这样的——”

c. 说出她的感受。

“这件事让你很灰心?”

d. 用幻想的方式实现她的愿望。

温馨提醒

现在的留守孩子，正处在发展他们的“主动感”的关键期，留守孩子需要在这个阶段，形成“我是一个能够支配自己的人”的感觉。所以在这个阶段，尤其是父母的支持特别重要！

留守孩子有自己的想法这很好。作为家长应该赞赏孩子，当与孩子有冲突时，不妨先试着让孩子说出他的感受，家长不要用自己的眼光给予否定，也可以说出自己的感受，一起讨论，找到大家都同意的解决方法，然后把所有的想法都写下来(不带任何评论)，最后挑出哪些建议你们接受，哪些不接受，哪些要付诸行动。

金玉良言

青年的思想愈被范例的力量所激励，就愈会发出强烈的光辉。

——法捷耶夫

4. 坚信榜样的力量

寻根寻源

孩子没有带着不良习惯来到这个世界，他的所有习惯都是后天养成的。

在他的生活环境里，如果有非常杰出的人，他能从这些人身上模仿到好的行为习惯。相反，如果在他的生命里，没有杰出的人存在，他无从看到好习惯的生活原形，也就没有机会学习到好的习惯。如果家长想要自己的孩子能够养成良好的习惯，你就必须在孩子的生活里，为他找到可以模仿的榜样，而无论这个榜样是你自己还是别的什么人。

事实上，我们绝大多数的普通人之所以“普通”，其主要原因是我们童年时没有与杰出的人生活在一起，我们根本就不知道成功的方法，不知道怎样养成好的行为习惯，不知道怎样把事情做对。

一个人要想成为杰出的人，那他就必须有导师的引导，而家长往往是孩子的第一任导师。

留守儿童需要一个榜样去学习，去引领他们的生活。

前车之鉴

和留守儿童一起阅读下面这篇美文，找到属于留守儿童自己的榜样的力量。

寻找榜样，把握人生

榜样的力量，是每一代人、每一个人成长过程中不可或缺的重要精神养分。列宁曾说：“榜样的力量是无穷的。”托尔斯泰也曾讲：“全部教育，或者说千分之九百九十九的教育都归结到榜样上。”

榜样，到底具有什么样的价值和教育意义？

在美国，杰出的人物是国民精神的象征。除了众多的总统纪念堂，每个州还有以总统名字命名的市、县，这些伟人的思想、精神和贡献，永久地激励、熏陶着人们。

在俄罗斯，自从前苏联军民终止了纳粹侵略的脚步，取得莫斯科保卫战的胜利后，那些无名英雄成为人们心目中永久的英雄。克里姆林宫红墙外的无名烈士墓前，经常有新郎新娘向先烈们献花。

有人曾说："播撒一种思想收获一种行为，播撒一种行为收获一种习惯，播撒一种习惯收获一种性格，播撒一种性格收获一种命运。"树立一个榜样，我们能够时时看到奋斗的目标和参照物。

榜样是一种向上的力量，是一面镜子，是一面旗帜。

可以想象，如果人人都向雷锋学习，我们这个社会就会有享用不尽的精神财富，人与人之间的关系将更加融洽，人们生活的社会环境将更加和谐。如果人人都向比尔·盖茨学习，必将产生更多的发明创造，为社会带来更多的物质财富，同时推动人类社会整体发展水平。

榜样好比人生的坐标，事业成功的向导。它带给我们的是无尽的锐气、朝气，是必胜的信念，是永无止境的力量源泉。让我们向榜样学习，向榜样看齐，我们将无坚不摧、无往不胜！

可以问问自己的留守孩子们，你们加入初中这个大家庭已经有一个多月的时间了，你的梦想是什么？你身边榜样是谁？他感动你的核心因素是什么？你为什么要成为他那样的人？怎样才能成为像你心目中的榜样那样优秀的人？而你自己又是一个什么样的人？有什么样的亮点？这些问题，你们思考过吗？

在中国，许许多多的优秀人物在历史的长河中灿若星辰，成为中华民族的脊梁，成为中国人民奋发图强的榜样。"榜样的力量是无穷的"，这是我们经常说的老话。而我们的先人，早就提出"以人为镜，可以明得失"这样的至理名言。感动中国十大人物之一的华益慰，从当医生那天起，就选择白求恩作为自己的榜样，激励自己做一名像白求恩那样的好医生，正可谓心里"明镜高悬"。

可以说，世界上任何一个不断发展、不断进取的民族，都不会忽视榜样的力量。

孔子曰:三人行,必有我师。不要忽略你身边的人,带着一双发现的慧眼,寻找他人的优点。榜样的力量是无穷的,它潜移默化,直抵人心,请睁大你的眼睛,向这些优秀的榜样学习。

尽管有很多的困难等着留守儿童去克服,在挑战面前,留守儿童都会无所畏惧,用汗水去浇灌成功的果实。当你面临失败、遭遇挫折、忍受不幸和痛苦的时候,像小鸟失去了双翼、小船失去了双桨的时候,想一想你心中的榜样吧! 你会发现:森林原来那么翠绿,山峰原来那么俊秀,河流原来那么清澈,天空原来那么蔚蓝。当新的一缕阳光升起时,带着你的梦想,迈着坚实的步伐出发。因为有了心中的榜样,属于我们的那一片蓝天才更加蔚蓝,因为有了心中的榜样,前面的道路才那么宽广。

"少年兴,则国兴,少年强,则国强。"让我们把心中的榜样那种不朽的精神,转化为学习的动力,为自己铸造一身钢皮铁骨,在将来的道路上披荆斩棘,勇往直前。今天我们"为中华之崛起而读书",明天我们为创造祖国辉煌未来贡献自己的力量!

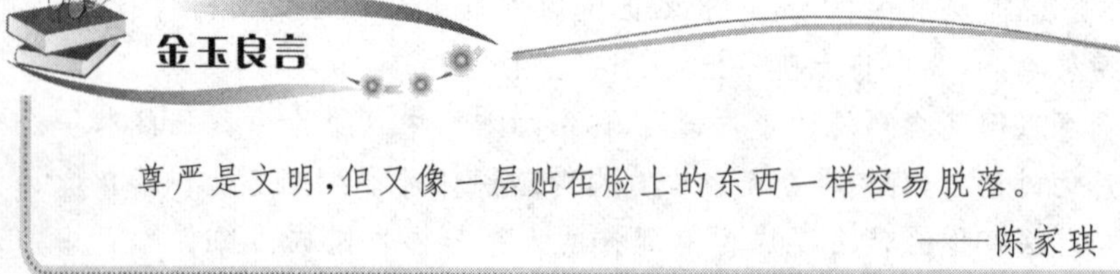

尊严是文明,但又像一层贴在脸上的东西一样容易脱落。

——陈家琪

教子有方

既然父母是留守儿童的第一任老师,那么,榜样的树立就应该从留守儿童的家长开始。

家庭教育中太多的问题、烦恼、困惑纠缠着当今的父母。我们认为,作为孩子的第一任教师兼孩子效仿的榜样,父母起着全方位、立体化的示范作用,父母是孩子高尚精神的榜样,崇高人格的榜样,多种能力的榜样，健康生活方式的榜样。那么，父母如何做孩子的榜样呢？

前苏联著名教育家马可连柯曾经讲过："一个家长对自己的要求，一个家长对自己家庭的尊重，一个家长对自己每一行为举止的注重，就是对子女最首要的、也是最重要的教育方法。"这也说明，父母是孩子最直接、最具体的榜样。

榜样是一种向上的力量，是一面镜子，是一面旗帜。

对青少年留守儿童来说尤其如此，孩子的年龄越小，榜样的感染力就越大。孩子出生以后，首先接触的是父母及其家庭成员，其最初形成的行为习惯几乎都是从模仿家长而来的。在孩子的成长过程中，父母与其接触最早、最多、时间最长，因而是孩子学习的最直接、最具体的榜样。父母的一言一行，犹如一本没有文字的教科书，潜移默化地影响着孩子。在孩子面前，家长从自身的思想品德到生活小节，都不再是小事。要教育孩子具有较高的社会公德，家长自己就要努力成为这样的人。正如俄国伟大的文学家托尔斯泰所说："教育孩子的实质在于教育自己，而自我教育则是父母影响孩子最有力的方法。"

留守儿童的不良习惯的养成与父母有关。

据各地调查资料显示，多数留守儿童的不正确饮食习惯与父母的不良饮食习惯有关。现在孩子的磨蹭行为，是让许多家长头疼的事情，但是孩子的这种行为不是天生的，有相当一部分与父母自身行为密切相关。有些家长喜欢边吃饭边看电视节目或书报，这种行为就往往会使孩子养成三心二意、注意力不集中、办事拖沓的不良行为习惯。

父母对孩子的影响，行为比言语要重要得多。

我国早就有身教胜于言传之说，不过，这一点远未能被广大父母所接受。在许多家庭，仍然对孩子说得多，自己示范得少，忽略了榜样在家庭中的力量。只要留心，到处可以看到这样的家庭：父母坐在电视机前，一看就是三四个小时，却把孩子反锁在另一间屋子里，严令其用心做功课，刻苦读书。孩子眼巴巴地看着自己的父母，天天晚上以电视为伴，书本连摸都不摸。更有甚者，一些父母，夜里或打扑克或跳舞到深夜，或聚友狂欢，在家猜拳行酒令，让孩子好好学习，就成为一句空话了。

现在的许多家长虽然知道自己是孩子的第一任教师，也都懂得“榜样的力量是无穷的”，但是怎么给孩子当好第一任教师，给孩子树立一个好的榜样？有的家长会认为第一任教师就是督促孩子学好功课，孩子不懂的，讲给他听；不会做的，教给他做；孩子有缺点、错误，要批评他、教育他；孩子有优点、进步，要表扬他。这些固然是应该做的，但是并不仅仅限于此。因为单凭空口说教不仅收不到预期效果，有时还会使孩子产生逆反心理——你让他去东，他偏去西，对父母的话产生反感。相反，那些天天晚上都拿出一定时间伏案读书、钻研业务的父母，孩子们大多会自觉地学父母的样子，去认真做功课。

在批评孩子的时候，家长不妨先进行一下自我检查。

在日常的具体生活中，家长要时时严格要求自己，以实实在在的自身的言行的巨大教育力量影响孩子。要求孩子做到的，家长首先要做到。要求孩子和同学团结友爱，互相帮助，家长自己首先要与邻里和睦相处，友好往来，不在一些鸡毛蒜皮的小事上斤斤计较。如果家长能始终如一地严于律己，就会给孩子以耳濡目染、潜移默化的影响，也会赢得孩子的信赖与尊敬。

关心孩子的学习是任何一位家长都无法回避的重要话题。要求孩子好好学习、做一名好学生，家长应率先热爱学习，创造一个爱学习、求上进的家庭气氛。孩子生长在一种充满学习气氛的环境中，很容易萌发一种自发学习的需要，以至形成一种千金难买的自觉学习的行动。家里可以根据经济情况和孩子的兴趣订阅一些报纸杂志，有时间父母与孩子翻看翻看，一方面自己拓宽知识面以便有与孩子交流的背景知识，另一方面可以以书中的某些内容为话题与孩子进行讨论与交流，这对促进孩子学习、促进亲子情感交流、防止“代沟”的产生等都有非常重要的意义。

其次，家长要提高自身的品德素质，自己要有正确的人生追求，热爱社会，热爱集体，能认真遵守社会公德、家庭美德和职业道德，要具有法制观念和良好的道德行为。

再次，要热爱生活，热爱学习，遵纪守法，给孩子做出表率。

最后，要留心观察周围的事物，勤于思考，培养孩子的好奇心与善于思考的良好习惯。同时要注意了解孩子的精神需要，经常和子女谈心，随时观察孩子的身心变化，根据孩子的年龄特征和个性特点进行施教。善于运用恰当的方式方法，解决子女的苦闷或烦恼，对孩子出现的各种困难，家长要耐心教育，及时地解决。让孩子感觉你可亲、可信，让孩子把你当作自己的偶像、朋友。

金玉良言

孩子的身上存在缺点并不可怕，可怕的是作为孩子人生领路人的父母缺乏正确的家教观念和教子方法。

——[美]珍妮·艾里姆

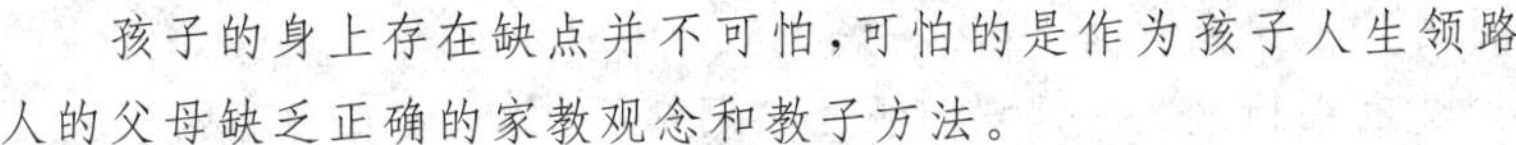

5. 重视和尊重孩子的面子

寻根寻源

中国有句古话："人前教子，背后教妻。"

在中国，家长当着众人的面大声呵斥孩子，几乎是司空见惯。但其实孩子也有自尊心，父母在任何情况下，都应该尊重孩子的自尊，保护孩子的"面子"。

留守儿童本身就敏感、脆弱，经不起家长在外人面前的斥责，更无法从心理上承受家长的大打出手。

很多家长在孩子做错事的当下立刻大发雷霆，不顾旁人地对孩子又打又骂、大声叱喝、当众批评，完全不顾孩子的面子进行“教育”，家长的这种做法完全没有顾及孩子的自尊心，更加达不到良好的教育效果。孩子的自尊心其实很脆弱，孩子渴望得到成人的理解与尊重，这些更多地体现在家长对孩子教育的细节上。怎样才能保护孩子自尊心的同时又能够起到批评教育孩子的作用呢？

前车之鉴

阅读以下几个故事，家长们仔细体会故事中的父母对孩子“面子”问题的处理方式，以此获得教育留守儿童的心得与启发。

故事一：

我带着笑笑坐电梯，准备下楼去玩，正好碰上邻居。

月月是个漂亮女孩，只比笑笑小一个礼拜。

笑笑高兴地跟月月妈妈打招呼：“阿姨好！”

月月妈说：“你好，真乖啊，”又对月月说，“快叫阿姨好！”

月月瞅着我，腼腆地笑了一下，立刻就羞涩地低下头，没吱声。

月月妈拽了一下月月的手：“嘿，你怎么不叫阿姨啊？”

月月依然低头微笑，就是不开口。

月月妈有点急了，“这孩子！你怎么回事啊？平时妈妈怎么教你的？见人要懂礼貌啊，你看人家笑笑都会喊阿姨，你怎么不知道叫人呢？”

我赶紧蹲下身来，看着月月可爱的苹果脸，笑着说：“月月，你好！”

月月也笑着轻声说：“阿姨，你好！”

月月妈松了一口气：“嘿，你说这孩子，叫个人怎么这么费劲！”

我站起来，说：“呵呵，没事，孩子只是有点羞涩而已。”

我想，我们更应该“蹲下身”来跟孩子说话，而不是俯视。

故事二：

小区里很多孩子都在园子里蹦蹦跳跳一块玩。

我找了一处阴凉地，让笑笑举办“露天演唱会”，他唱歌我录像。

笑笑很配合,放声高歌,虽然有点和尚念经、心不在焉,不过总算一气呵成、酣畅淋漓。

安安是个男孩,已经3岁半了。

安安妈妈看见我给笑笑录像唱歌,说:"笑笑太棒了,会唱这么多呢。"

我说:"安安,你来和笑笑弟弟一起唱歌,好不好?"

笑笑高兴地走到安安身边,安安没反应,只顾玩石子和树枝。

安安妈说:"安安,快跟弟弟一块唱歌,你在幼儿园不是也学了好多歌吗?"

安安依然盯着树枝,双手随意地拨弄。

安安妈继续:"昨天你在家唱的什么'大公鸡',快给阿姨唱个听听?"

安安瘪了瘪嘴,瞅了我们一眼,闷不吭声。

安安妈急了:"这孩子,真没出息!在家唱的可好呢,还会跳,手舞足蹈特高兴,怎么在外面胆子就这么小啊?让你唱一个呢?"

我拉了拉安安妈,"没事,别着急,孩子都会有点'认生'吧。在家跟熟悉的人在一块,就会比较活泼地唱歌跳舞,到了外面,对'陌生人'可能还有点恐惧,没那么自然。其实,我们大人不也是这样的嘛,跟熟悉的人才放得开,是不?"

我想,我们更应该站在孩子的角度,去考虑他们内心的感受。

故事三:

我们乘电梯上楼回家。

笑笑从小就对数字特别敏感,而且很有数学天赋。

1岁多的时候,语言还不怎么丰富,就非常喜欢数字。

过几天我会专门写一篇《两岁宝宝惊人的数学天赋》,总结一些表现,不过有言在先,紧接着我会写《孩子不是随意雕刻的石头》,什么意思,我到时候仔细说。

言归正传。

每次坐电梯上下楼,笑笑都会跟着"楼层显示"情不自禁地念出来:

"1,2,3,……6,6层停下来了,叔叔走了,叔叔再见。6完了是7……7,8……"

电梯里还有一位妈妈抱着一个女孩,不熟,不知道叫什么。

妈妈对女孩说:“你看哥哥数数多好,你也数一数?”

女孩不说话。

我问:“宝贝多大了啊?”

女孩妈妈说:“刚过三岁。”

我笑了:“那不是哥哥,是弟弟,我们家的还没到三岁。”

女孩妈妈说:“哎哟,长这么高,呵呵,我以为是哥哥呢。”

笑笑还在数数。

女孩妈妈继续对女孩说:“你看弟弟比你还小,数的这么棒,快,你也数啊,你不是也会数的吗?看,那是几啊?”

女孩依然沉默是金。

女孩妈妈有点急了,抖了抖女孩的身子:“12,你不是认得吗?你怎么不说呢?13……说啊……快点!”

女孩妈妈实在拿宝贝的沉默没辙,音调升高了:“怎么回事啊你?”

我想,孩子不是任由父母操纵的机器,你按下“唱歌”键,他就唱歌,你按下“数数”键,他就数数。

(1)家长要注意批评的技巧

孩子难免做错事,即使家长有多生气,都请尽量压制自己的负面情绪,批评孩子要讲究技巧,避免伤及留守孩子幼小的自尊心。在批评孩子的时候,家长首先要明确地告诉孩子——你不喜欢的只是他的这种行为,而并非他本人,要让孩子知道你是对事不对人的。

家长也应该避免一味地斥责孩子,家长可以选择“你这样做,妈妈很伤心”、“我们对你这种行为感到很失望”这样的相对比较温和的语句来批评孩子。这样说一方面表示家长对孩子的期望,另一方面也不容易使孩子产生逆反情绪,让孩子对于家长的批评教育更容易接受。

家长在批评孩子时要能准确地指出孩子的错误,避免他们重复犯错。由于家长常常是只针对问题的表面加以制止,再附加一句:“下次不能再这样了。”有时孩子并不明白自己到底错在哪里,该怎样做才是正确的,因此说清楚这两点,才能有效地帮助孩子改正错误,避免重复犯错情况的发生。

孩子犯了错，延时批评也是比较好的方法。可以让孩子暂时停止正在进行的活动，静静想一想，等孩子冷静了再讲道理，这样的批评才是有效的。批评能帮助孩子分清是非，要适度和适宜地运用它，才能发挥它的教育功效。

(2)家长要避免命令口吻

在家庭教育的过程中，有些父母喜欢以家长的"权威身份"对孩子采用命令式的语气，但这种单方面的命令方式对幼儿自尊心的发展会产生负面的影响。幼儿完全按照父母的意思做事，孩子的自主性受到压制，很容易使得孩子形成胆小、懦弱的性格，而有些孩子则容易产生逆反的心理，对父母采取反抗的态度。

家长不理会孩子是否对事情感兴趣，只要家长认为是不好的，就立刻制止，命令孩子"改正"过来，这种没有顾忌孩子心理的教育方式会让孩子感觉他们受到很少的关爱，是一种伤害孩子自尊心的行为。

家长应通过多沟通了解孩子的心理，改变居高临下的教育方式，用平等、友善的态度与孩子交流思想，在语言上要变命令式口吻为商量式口吻，或者"建议"。"建议"从形式上看是在征求孩子的意见，作为孩子也必定会认真听。并且"建议"是让对方作出判断，有利于自然地培养孩子的思维能力和判断能力。

一些孩子往往喜欢将想法付之行动，家长不应该一味地制止打压，在某些情况下，可以使用"疼痛教育"方式：在明显会失败或犯错误的小事上允许孩子去尝试，当结果如家长所料时，切忌嘲笑和训斥孩子，而是要帮助孩子分析原因。有了切肤之痛后，多数孩子会对同类问题改变态度，对家长的劝导也更容易接受。另外，如果家长放手让孩子一搏，结果换来出乎意料的成功，也是一种鼓励创新的开放理念。

(3)家长要放下姿态了解留守孩子

孩子在商场看到喜欢的玩具继而大吵大闹要买，搞到父母难堪是常有之事。家长较常见的做法是把孩子拉离现场或者立刻变脸让孩子住嘴。其实孩子并不是真的非拥有这个玩具不可，只是有时因为我们家长的这些过激行为，让孩子叛逆不服，因此作为家长，应该拿捏好孩子的爆

发点，放下姿态，尽情融入孩子的世界，对于孩子的一些执着，要学会适时地让步。

尊重留守孩子，平等沟通，讲究方法，言传身教。

家长跟小孩平等沟通并不是一件很难的事情，而是要讲究方法，特别要采取言传身教的方法，家长还要多点耐心和宽容。

家长不仅要放下高高在上的姿态，更要以平等的心态来跟小孩对话交流，尤其是要采取主动沟通方式走进小孩的内心世界。因为拥有良好的沟通方式，面对任何问题都会获得更好的解决办法。

因此在类似情况发生时，家长可以蹲下来陪着孩子，尝试用孩子的眼光去欣赏评价这个玩具，和孩子一起聊聊这个玩具是在哪个卡通片出现过，有什么样的功能，拿到手上可以如何操作或者拆卸等，当孩子过足话瘾和眼福后，就会逐渐对这个玩具不再那么执着了。

(4)家长要给孩子无条件的爱

有些时候，家长会对孩子这样表达他们的爱："你做得真好，妈妈喜欢你这样。""你这次真聪明，爸爸为你感到骄傲。"但是，在孩子的心中往往会觉得父母的潜台词就是：如果一旦表现得不好，爸爸妈妈就不会再喜欢你了。

父母这种有条件的爱，往往会使孩子对自己的评价随外在事件的波动而改变。长此以往，孩子就会变成一个一旦事情发展得顺利就得意自满，不顺利时就会变得自暴自弃的人。这其实就是一种低自尊的表现。

温馨提醒

因此家长应该适时地向留守孩子表达关注和爱，让留守孩子感觉到家长的这种爱是无条件的，即使他们犯错了，也不会失去家长的关怀，当孩子知道自己生活在父母全心全意的爱之中，他就会感到自己值得别人去爱，他是有价值的，这让孩子充满了自信和有尊严感。

(5)给予孩子适当的权利

家长可以让孩子自己选择房间的摆设、衣服的式样、喜欢的朋友等等。但是切忌在孩子作出选择后又觉得不妥再去推翻他的决定,这会极大地伤害孩子的自尊心。如果你觉得孩子在这方面的能力很有限,可以同时给他两三个选择:“你喜欢粉色、黄色还是蓝色?”“早晨练琴还是晚上练琴?”等等。

(6)保护好孩子成功的愿望

家长要在孩子刚刚涉猎一个爱好的时候帮助孩子进入正确的轨道,使他感到收获的乐趣,对学习充满自信。如果孩子在一开始就失败了,他就会认为自己这方面能力不够而一再回避这方面的活动。

温馨提醒

对于孩子来说,鼓励孩子多参加运动,帮助他们发展运动技能,在很大程度上也影响着他们在同伴中的地位和他们的自尊心,对于男孩子来说更是如此。

(7)家长要全心全意地去爱孩子

家长应该告诉孩子,只要经过努力,就算失败了,大家还是会以他为荣。当孩子知道自己生活在父母全心全意的爱之中,他就会感到自己值得别人去爱,他是有价值的,这让孩子充满了自信和有尊严感。

6. 让孩子品味成功的滋味

寻根寻源

成功是每个人都拥有过的,失败也是每个人都经历过的。

现在,社会上关于成功学的教育太多了,我们几乎把成功作为人生的终极目标。

关于孩子的成功，作为家长也许更在乎的是他们的学习成绩，尤其是留守儿童的家长们，单一地认为留守儿童成功的唯一标准就是考个好大学，出人头地，改变生活状态和家人的命运。

但我始终认为，留守儿童的个人健康成长比成功更重要。从另外一个意义上说，健康地成长，就是留守儿童成功的"第一步"，也是至关重要的一步。

只要留守儿童们身心健康地成长就是"成功"，在生活和学习中不断地磨砺，不断地收获成长就是成功成长是一个过程，成功是一个结论；成长是关于生命的评价，成功是关于社会的评价；成长是一个内在的系统，成功是一个外在的体系。我更希望孩子注重心灵、注重自我、注重人格，而并不是那么在乎外在的标签。

留守儿童品味自己成功的"滋味"就是回味自己坎坷的个人成长经历。这个经历更是留守儿童们成功的人生经验和宝贵的财富。

前车之鉴

作为家长你可以问问自己和自己的留守孩子认为什么样才算成功呢？

追求是没有止境的，只有不断地进步，当你站在一个新高点的时候再去看以前的自己就觉得成功了，但是还有更高的目标等待你去实现，只要你每天都在进步中，你就是在走向成功，当你想想自己以前奋斗的过程，你就会发现你成功了，因为你一生中都在进步。

失败乃成功之母，这句话我一直深记在心中。故事中的主人公曾经也有过这样一段经历。不妨对照着看看自己的孩子是否有这样的成功的经历？

故事一：

那一次，数学老师给我们布置了几道奥数题，爸爸又出差了，妈妈也做不出来，我只能在桌子上想啊想，可越想越烦，咬着笔头，不知道该怎么办,我的心情被这几道题弄得一团糟,我在草稿本上画了又画,第一次,失败了,第二次,还是失败了,第三次,又失败了……我的大脑一片空白,越写越乱。妈妈在门口给了我一张纸条,纸条上是这样写的:儿子,你不是经常跟我说失败乃成功之母吗,你一定会成功的!加油!我的眼睛湿湿的,我哭了,对啊,妈妈,我一定会成功的!我打起了精神,尽量想一些开心的事,让大脑放松,过了几分钟,我看着题目,顿时恍然大悟,但又似懂非懂,我仔仔细细地又看了一遍题目,认真思考了一下,终于做出来了!我喜出望外地开着我的答案,满意地笑了。

失败是有教导性的,真正懂得思考的人,从失败和成功中学得一样多。对呀!失败让我知道了:成功源于恒心和毅力。

成功可以给人带来喜悦和快乐,也可以增强人的自信心和自豪感。

在主人公"我"的生活中,"我"成功过无数次,但给"我"带来最多自豪感的还是那次"我"成功地学会了滑旱冰。

故事二:

那是一个星期六,妈妈给姐姐买了一双滑冰鞋,我羡慕极了,便嚷嚷着妈妈也给我买一双。(注:这里不知道咋写,我直接写学习滑冰的过程,一会儿别忘了告诉我这里怎么写)

拿到旱冰鞋,我高兴地跳起来围着妈妈转圈,然后和妈妈一起来到了广场。我激动极了,迫不及待地穿上旱冰鞋,冲进旱冰场。我还不知道如何滑,所以重心不稳,刚迈出一步,就听见"扑通"一声,我摔了个四脚朝天。妈妈心疼地走过来,旁边的哥哥姐姐们忍俊不禁,说我像一个"土人",其他休息着的大人也面含笑意看着我。我看见这样一幅情景后,气得想叫又叫不出来。妈妈扶起我,说:"你这个家伙,跑得那么快,我还没有说完,你就不见了。刚学旱冰的时候一定不能着急,首先要掌握平衡,一步一步走'八'字。这样,慢慢练习,才能学会。哪里有像你这样的?刚穿上鞋就跑,心急吃不了热豆腐啊。"我听了之后,按照妈妈说的话一步步去做,果然能够站稳了。我很高兴,慢慢向前滑去,渐渐地能滑出一段距离了。虽然我心里像开了花,可是我还是不敢快。日子一天天过去,我天天都在练习。我的旱滑水平也在不断提高。当我很多天后来到广场上，我已经能和其他的小朋友们一起飞速滑行了。

我在付出辛勤劳动后，终于获得了丰收的果实，我感到心里甜滋滋的。同时我也总结出了一个经验：做什么事，不可能一下子就成功，所以你不要怕失败，有些事它需要你试了又试。在试的过程中，要不断总结经验，不断完善提高，这样做事，才能成功！

金玉良言

凡作事，将成功之时，其困难最甚。行百里者半九十，有志当世之务者，不可不戒，不可不勉。

——梁启超

故事三：

"我成功了！"在郁江里，我心中暗暗自喜。这是为什么呢？我做什么事成功了呢？你肯定很想知道吧。那就让我来告诉你吧！

去年夏天的一天，我、榜元和他的爸爸去游泳。到了码头，我和榜元脱了衣服后就迫不及待地下水去了。榜元像一只鸭子似的在水中欢快地游来游去，而我只会抱着救生圈在浅水的地方玩。榜元好几次叫我出去，但我又不会游，只好眼睁睁地看着榜元游来游去。他爸爸看见了，就亲自下来教我游。他爸爸一下来就把我的救生圈给扔到岸上去。然后叫我试游两下给他看，我扒了几下就在深水的地方了，我刚想停下来休息休息，身体就一个劲地往下沉，我伸手求救，榜元和他爸爸就说："自己游上来。"那时我又扒了几下，脚刚碰到地，我就想不游了，可是看见榜元游得这么好，又觉得不甘心。我就想起了一句古话"世上无难事，只怕有心人"。结果我心一横："今天我不游得个三四米我就不回家。"

我又重新学起来。我拼命地扒水，来来回回地游。终于皇天不负有心人，我会游了。我马上游到榜元身边，对他说："榜元我们来比赛。"他爸爸一声令下，我和他就拼命地往回游，离岸边只有半米了，我加快速度。"我赢啦！"我大声叫道。

这次游泳让我明白:做任何事都好,都不要轻言放弃,总会成功的。

家长朋友们与留守儿童一起阅读分享这篇文章,交流阅读心得,让留守儿童试着说出自己成功的滋味。

成功的滋味

每个人在不同的时间段,心中都会涌起不同的滋味——酸、甜、苦、辣样样俱全,但总会给我们带来无穷的回味……我第一次尝到成功的滋味是我通过了少儿通用英语口语三星级的考试。

记得去参加考试的那天早上,细雨不期而至,悄然无声地飘落,像是无数蚕宝宝吐出的银丝,也像是为我的考级助威。在等候大厅里,我的心情开始紧张起来,无论我在心里怎样安慰自己也无法平静下来,因为一年前我参加一星级的考试并没通过,就我这英语水平时隔一年会不会又以失败收场呢?越想我越慌乱,像揣了只小兔子,咚咚直跳,半握拳的手心里也满是汗水。此时的我多么希望妈妈能在我的身边陪伴我,可是现在我只能一个人面对。算了吧,就放弃吧,我肯定没有办法过关的,我心里暗暗想道。不行,我怎么能轻言放弃呢?老师不总对我说任何事情都要去尝试,即使失败了,也要勇敢地走出第一步,我怎么可以此时就放弃呢?而且这一个暑假我都抓紧每分每秒练习,英语水平已经提高很多了,对,我要对自己有信心。想到这里,我的心慢慢平静下来。

过了一会儿,我听到监考老师喊我的名字,我自信地走进考场。第一关是朗读短文,在朗读时遇到几个不认识的单词,我按照平时掌握的窍门轻声读过,而有把握的内容就绘声绘色地朗读,不一会儿就读完了,看到老师在卡片上盖上五角星,我松了一口气。通过了这一关,我更有信心了。后面几关越来越顺利,我的准考证上也敲上了一颗又一颗的五角星……当最后一颗星敲上的时候,我情不自禁地叫了起来:"哇!过关啦。"礼貌地谢过监考老师后,我跑出了考场。

当看见在玻璃门外焦急等待的妈妈,我做了个"V"的手势,妈妈一看就明白了,对我跷起了大拇指。

在回家的路上，雨丝仍在飘着，带着湿热，拂在脸上像妈妈那温暖的手，回味起刚才的经历，不由感谢当时的勇敢、自信，让我获得了成功。想到这，我禁不住用舌头舔了舔嘴边的雨珠，“真甜。”原来这就是成功的滋味。

我喜欢这雨珠的滋味，因为它是甜的，因为它让我充满了惊喜，因为它如同一枚橄榄，让我细细品味其中成功的滋味……

教子有方

留守儿童需要自信，自信源于成功的喜悦。

品尝过成功滋味的孩子更容易拥有自信，而拥有自信的孩子更容易获得成功。如果一个孩子总是体会到失败的滋味，那么他就很容易遇事消极，不自信，成功的几率也就很低。

一个充满自信心的孩子，处事乐观进取，做事主动积极、勇于尝试，乐于面对挑战；相反的，一个孩子如果缺乏自信心，那么他所表现出来的行为态度，往往是退缩、畏怯、悲观、被动，不善与人交际，不敢尝试新鲜事物，凡事依赖、犹豫不决。可见自信心对孩子的心智成长和人格发展有很大的影响。

很多父母常常以学业成绩来衡量孩子的成就，如果孩子的成绩达不到父母的理想，不是责备就是埋怨，甚至打骂。这样一来，往往造成孩子内心严重的受挫，渐渐地会心灰意冷，甚至丧失自信心。因此，如何协助孩子建立自信心，实在是为人父母者不可逃避的责任。

如何让留守孩子在失败中成长，在建立自信心的基础之上慢慢体会成功的滋味呢？

下列几种方法和原则可供家长们作为参考：

(1)让孩子品尝成功的滋味

父母如果能够经常安排一些比较简单的事情让孩子做，一有成就，就给予褒奖、赞美，那么孩子的自信心自然容易建立。

(2)过程重于结果

孩子在运动竞赛中得名次虽然值得高兴,但是鼓励孩子从比赛当中培养夺冠精神和团队合作的态度,并且建立完成任务的信心才是最重要的。

(3)以鼓励代替责备

孩子遭到挫折的时候,更需要父母的安慰和鼓励。父母应适时地帮助孩子从失败和挫折中总结经验吸取教训,在哪里跌倒就从哪里爬起来。这样才能使孩子重拾信心,振作精神。责备只会降低孩子的信心,于事无补。

(4)给孩子合理的期望

"望子成龙"是人之常情,但是父母的期望和要求如果超过孩子的能力,对孩子来说反而是一种压力和负担。但是期望太低又会降低孩子的抱负水准。所以依孩子的能力、志向、兴趣做合理的期望,才能建立孩子的自信心。

(5)父母示范

凡事信心十足的父母,必能培育出对未来充满希望的孩子;一向缺乏信心的父母可能造就不出充满自信的下一代。

有些父母教孩子做家事或做功课,当孩子的表现达不到父母的要求时,父母常常会不经意地脱口而出:"你真笨!"父母的本意是要激励孩子,但是万万没想到这一句"你真笨!"已经严重地伤害了孩子的自尊心和自信心。因此,要使孩子树立自信心,千万不要用不当的负面的言辞做错误的引导,否则可能产生"自我应验"的暗示作用。

(6)宽容而温暖地包容孩子

就算孩子犯了错,也要用宽容的心原谅他,用温暖的话包容他。孩子确信得到父母的承认和爱时,才会对自己有信心,运气才会发芽。

(7)拥有具有信念的教育哲学

害怕孩子落在别人后面,强迫孩子学习不愿学的知识,会削弱孩子的意志。

寻找适合孩子的教育方法最重要,找到了就要坚持下去。

(8)帮助孩子拥有梦想

父母要帮助孩子拥有具体的未来梦想。孩子拥有了梦想,要引导他们相信这个梦想能实现,这种行动就会赋予孩子进行自我开发的积极“动机”。

(9)信任孩子

不管孩子拥有怎样的梦想,都要暂时相信孩子能实现这个梦想,在父母不断鼓励孩子的过程中,孩子就会被成长的好运气包围。

(10)引导孩子拥有具体的梦想

有了梦想,就帮助他们对这个梦想做一个具体的勾画,围绕这个梦想启发他的具体行动。

不要给孩子留下强迫的印象。

(11)父母是学习的辅助者

如果想让孩子走运,父母首先要以身作则,与孩子一同读书,拥有可以与孩子共享的经验。

(12)忍耐是最基本的内容

不要唠叨,让孩子做这个做那个,要为孩子创造能够自觉变化的环境,开心地等待他的变化。

就算偶尔孩子做一些不合自己心意的事,也不妨放任他一次。

(13)做话语祝福的传达者

父母要成为给孩子传达祝福的人。接受“话语祝福”长大的孩子会拥有比别人更多的机会。

机会往往与运气联系在一起。

(14)让孩子有目的地旅行

旅行是很好的教育方式。通过旅行能培养孩子自立能力、忍耐力和挑战精神。

(15)让孩子独自判断

让孩子独自判断眼前面对的情况是最好的训练,就算无法赞同,也要认可孩子自己的决定并鼓励他们。

(16)让孩子承受一定的痛苦

孩子感到痛苦时,想去扶他们的父母的心情都是一样的,但是父母不能代替孩子走他们的人生路。

告诉孩子人生是独自决定的。

(17)眼界放开

树立远大的梦想,让孩子通过梦想独自成长,抓住最好运气。

(18)不要把父母的梦想强加给孩子

父母不要混淆贪心和梦想。不要忘了父母只是孩子实现梦想的辅助者。

(19)培养孩子的社会性

靠一个人的力量,决不能得到幸福获得成功。缺乏社会性的孩子既不能取得成功也不会得到幸福。

(20)有时让孩子以失败为目的挑战

即使孩子失败了,也要告诉他们这只是失误而不是失败,孩子会通过失败进一步拓展自身的视野。

(21)懂得享受的人才能成功

为了实现梦想必须经历痛苦,从痛苦中寻找快乐。成功的关键在于怎样享受和忍受困难。

(22)训练让孩子区分优先顺序的方法

定下行动顺序是在训练判断力。从小开始让孩子自己选择玩或学习。

(23)鼓励比赞扬更重要

赞扬只是评价孩子所做的事情的结果,但是鼓励会增加孩子更好地做事的意志。

(24)让孩子很坦然地接受失败

如果已经尽了最大的努力,即使失败,也要让孩子满足。

(25)鼓起勇气拿起笔

拿起笔以信的方式把想对孩子说的话告诉他,不管是书信还是邮件都没关系。

金玉良言

障碍与失败，是通往成功最稳靠的踏脚石，肯研究、利用它们，便能从失败中培养出成功。

第五章　平衡留守儿童的情绪跷跷板

留守儿童中大约有三分之一存在这样或那样的心理问题。留守儿童心理极易出现偏差，由于长期和父母分离，使他们在心理和生理上的需要得不到满足，情绪消极，孤僻任性、自私冷漠，极易产生叛逆、厌世情绪。这类心理问题一般隐藏得比较深，在日常生活中能够体现出来的是一些情绪方面的问题，留守儿童常见的情绪问题主要涉及4个方面：强烈的孤独感、委屈伴有难过、敏感自卑以及忧虑情绪。其中，孤独感是留守儿童在各种调查报告出现最多的情绪体验，委屈难过和敏感自卑也是留守儿童群体中比较有“代表性”的情绪感受，而这种忧虑情绪主要发生在初中留守儿童群体中。

好的情绪在生活中能够带动一个孩子积极健康向上，坏的情绪在生活中潜藏着巨大的破坏力，一日复一日的会对孩子的未来产生深远的影响。留守儿童拥有坏的情绪这种情况比较普遍。

比如，留守儿童在遇到挫折时有4.7%的孩子觉得生活没有意思，有0.5%的留守儿童更产生过自杀念头。由于正常的家庭教育的缺失，留守儿童身心发展，尤其是在品德、心理健康成长等方面存在的问题日益突出，儿童中抽烟、喝酒、赌博、斗殴，甚至偷盗抢劫的事情越来越多，当然，造成这种局面的原因是多方面的，但当我们把这些留守儿童的整体情况进行分析后，还是很容易得到这样的结果：留守儿童转化成问题儿童的情况是非常严重的。这种防止转化的工作需要我们家长细心耐心的付出。

大部分留守儿童认为他们最大的苦恼就是孤独。

比如，留守儿童平时想跟父母说句心里话都没机会“有一肚子委屈无人倾诉”是留守儿童面临的最大困难。其实，对父母的依赖是小孩子的本能。这种基本需要在得不到满足时，孩子容易陷入悲观、自卑等消极情绪。他们需要给予倾诉的时间和空间，同时给予他们适当的安慰和鼓励，有时给他们出出小主意，来帮助和化解他们在人际交往中出现的

尴尬。

很多时候，留守孩子们只能从电话或者汇款中，感觉父亲的存在，回味母爱的余温。其实，作为父母非常希望时刻了解孩子的情况，可是学生寄宿在校，只有周末才能回去。到周末能通过电话联系了，除了问学生学习和生活情况外，就不知道说什么了，孩子也往往就只有“好”或“好的”这些简单的言辞，家长常常处在一种电话尴尬当中。定期让学生与他们的父母进行交流是很有必要的。家长也应该经常和孩子保持密切地联系，让孩子感受到关爱，这对于孩子的情感发展非常有帮助。我们还鼓励学生经常给父母写写信，把自己的喜怒哀乐告诉父母，同时也要求父母对孩子信中所提的一定要给予回应。虽然不能够见面，但是电话和书信是非常必要的交流方式。

温馨提醒

在留守儿童出现情绪问题时，留守儿童和父母的联络是很重要的。父母们要在第一时间体察到留守儿童情绪的变化，给予他们帮助和关心，让他们有力量。

1. 怎样帮助孩子对消极情绪说“不”？

寻根寻源

在经济日益发达、父母双双外出淘金的今天，留守儿童已成为社会生活中一个不容忽视的社会问题。

据有关部门统计，目前，在全国农村留守儿童约5800万人，其中14周岁以下的农村留守儿童约4000多万。80％以上的留守儿童是由祖父母隔代监护或亲友临时监护，而年事已高、文化素质较低的祖辈监护人基本没有能力辅导和监督孩子学习。农村学校受办学条件、师资力量、教学理念的局限与制约，针对留守儿童的需求提供特殊有效的教育和关爱力不从心，学校与家庭之间缺乏沟通。家庭和学校监护不力，导致相当数量的留守儿童产生厌学、逃学、辍学的现象。留守儿童学习成绩低于正常家庭儿童。因此，关注这一特殊群体，关爱留守儿童也越来越成为人们广泛共识。

有教育专家曾经说过，没有亲情的教育是一种残缺的教育。而父母的关爱是其他任何亲情无法替代的。

父母外出务工的残酷现实，使得留守儿童内心充满了种种无奈和惆怅。留守儿童不仅与外出打工的父母缺少相处的时间，而且就连平时通话的机会也比较少，大部分情况下是外出打工的父母主动打电话回家，而家里除非有什么急事，才会给外面的父母打电话，现实的状况限制了这些孩子与父母之间的情感和语言沟通。留守儿童心理问题长期得不到与家长的正面沟通，情绪得不到释放，以致内心的问题越来越多，积压在心头，很容易爆发，造成扭曲人格。

此外，留守儿童的监护人不管是祖辈，还是其他亲朋好友，都将其临时监护责任理解为让孩子们吃饱穿暖、不出事。而忽视了儿童心理健康和情绪平稳的教育。而在留守儿童的监护类型中，以隔代监护者居多。他们的监护人大多年龄在 60 岁以上，大部分是文盲、半文盲，基本无暇关心留守儿童的内心情绪。

他们对留守儿童的监管往往是心有余而力不足，大部分还存在着溺爱的现象。留守儿童也觉得他们思想老化，极少与隔代长辈之间进行思想的交流和沟通，当留守儿童出现心理和情绪方面的问题时，祖辈们难以及时察觉，更别说是良好的沟通了。所以作为家长，一定要和留守儿童之间“零障碍”沟通，及时校正留守儿童的不良情绪。

学校方面是肩负有培养人这一特殊使命的场所，当然也是留守儿童的教养主体，理应全面承担起孩子教育与管理的责任。但是，从目前的情况来看，一方面许多学校为了追求升学率，错误的重智育，轻心育。学校教育现在仍是应试教育占主流，素质教育流于形式。特别是农村中小学大班教学，每班人数多，老师本身很难做到因材施教，对留守儿童特别的心理、感情需求更无法顾及。另一方面，在学校里对于留守儿童进行较好管护的措施是实行寄宿制，即将他们统一安排在学校住读，由学校进行统一管理。

学校寄宿的集体生活，可以在一定程度上消解留守儿童的心理和情绪问题，提高他们生活自理能力和与人合作的能力，对于他们的成长无疑具有积极的作用。但是，据调查，大部分学校缺乏寄宿条件，即使是住校，条件一般都较差。而且住校生的管理基本上是由班主任负责，没有额外的津贴补助。这也在一定程度上失去了对留守儿童心理和情绪上的关注和关爱，导致这些家庭教育残缺的孩子无法在学校教育中得到弥补。

面对以上的种种现状，在外务工的家长朋友们更要时时关注留守儿童的心理与情绪健康问题，为留守儿童的健康成长保驾护航。

一个人能飞多高，并非由人的其他因素，而是由他自己的心态所制约。我们的心态在很大程度上决定了我们人生的成败。

前车之鉴

消极的情绪在留守儿童内心积压久了就会造成消极的心态，看什么东西都是消极的，而在积极的心态主导下的孩子做事情更容易成功。我们通过阅读以下几个有关不同心态造成不同效果的小故事，来看一看，消极心态和积极心态背后的巨大魔力。在日常的交流和沟通中，家长们可以讲给留守儿童听，潜移默化中指引孩子保持积极乐观的情绪，对消极的情绪说“不”！

故事一：

瓦伦达心态心理学上有一种“瓦伦达心态”。

瓦伦达是美国一个著名的高空走钢丝表演者，在一次重大的表演中，不幸失足身亡。他的妻子事后说，我知道这次一定要出事，因为他上场前总是不停地说：“这次太重要了，不能失败，绝不能失败。”以前每次成功的表演，他只想着走钢丝这件事本身，而不去管这件事可能带来的一切。后来，人们就把专心致志做事本身而不去管这件事的意义，不患得患失的心态，叫做“瓦伦达心态”。美国斯坦福大学的一项研究也表明，人大脑里的某一图像会像实际情况那样刺激人的神经系统。比如当一个高尔夫球手击球前一再告诉自己“不要把球打进水里”时，他的大脑里往往就会出现“球掉进水里”的情景，而结果往往事与愿违，这时间球大多都会掉进水里。这项研究从反面证实了瓦伦达心态。

小启示：事物的法则就是这样，如果太注重成功或失败，结果往往会失败。只要你注重事物本身的特点及规律，专心致志地做好它，你就会收到意想不到的效果，所以，我们常说：“心态最重要。”

温馨提醒

积极行动会导致积极思维，而积极思维会导致积极的人生态度。从开始就积极行动起来，努力去成为你想成为的人，心态自然也跟着积极起来。

故事二：

有一天某个农夫的一头驴子，不小心掉进一口枯井里，农夫绞尽脑汁想办法救出驴子，但几个小时过去了，驴子还在井里痛苦地哀嚎着。最后，这位农夫决定放弃，他想这头驴子年纪大了，不值得大费周章去把它救出来，不过无论如何，这口井还是得填起来。于是，农夫便请来左邻右舍帮忙一起将井中的驴子埋了，以免除它的痛苦。农夫的邻居们人手一把铲子，开始将泥土铲进枯井中。当这头驴子了解到自己的处境时，刚开始哭得很凄惨。但出人意料的是，一会儿之后这头驴子就安静下来了。农夫好奇地探头往井底一看，出现在眼前的景象令他大吃一惊：当铲进井里的泥土落在驴子的背部时，驴子的反应令人称奇——它将泥土抖落在一旁，然后站到铲进的泥土堆上面！就这样，驴子将大家铲到在它身上的泥土全数抖落在井底，然后再站上去。很快地，这头驴子便得意地上升到井口，然后在众人惊讶的表情中快步地跑开了。就如驴子的情况，在生命的旅程中，有时候我们难免会陷入"枯井"里，会被各式各样的"泥沙"倾倒在我们身上，而想要从这些"枯井"脱困的秘诀就是：将"泥沙"抖落掉，然后站到上面去！

事实上，我们在生活中所遭遇的种种困难挫折就是加诸在我们身上的"泥沙"；然而，换个角度看，它们也是一块块的垫脚石，只要我们锲而不舍地将它们抖落掉，然后站上去，那么即使是掉落到最深的井，我们也能安然地脱困。本来看似要活埋驴子的举动，由于驴子处理厄境的态度不同，实际上却帮助了它，这也是改变命运的要素之一。如果我们以肯定、沉着稳重的态度面对困境，助力往往就潜藏在困境中。一切都取决于我们自己，学习放下一切得失，勇往直前，迈向理想。

我们应该不断地建立信心，增加希望和无条件的爱，这些都是帮助我们从生命中的枯井脱困并找到自己的工具。

故事三：

扛船赶路：一个青年背着一个大包裹千里迢迢跑来找无际大师，他说："大师，我是那样的孤独、痛苦和寂寞，长期的跋涉使我疲倦到极点；我的鞋子破了，荆棘割破双脚；手也受伤了，流血不止；嗓子因为长久的呼喊而喑哑……为什么我还不能找到心中的阳光？"大师问："你的大包裹里装的什么？"青年说："它对我可重要了。里面是我每一次跌倒时的痛苦，每一次受伤后的哭泣，每一次孤寂时的烦恼……靠了它，我才能走到您这儿来。”于是，无际大师带青年来到河边，他们坐船过了河。上岸后，大师说：“你扛着船赶路吧！”“什么，扛着船赶路？”青年很惊讶，“它那么沉，我扛得动吗？”“是的，孩子，你扛不动它。”大师微微一笑，说：“过河时，船是有用的。但过了河，我们就要放下船赶路，否则，它会变成我们的包袱。痛苦、孤独、寂寞、灾难、眼泪，这些对人生都是有用的，它能使生命得到升华，但须臾不忘，就成了人生的包袱。放下它吧！孩子，生命不能太负重。”青年放下包袱，继续赶路，他发觉自己的步子轻松而愉悦，比以前快得多。原来，生命是可以不必如此沉重的。

在人生的征途上，如果老是扛着包袱赶路，永远也不能前行，放下包袱，轻装上路，才可能走得更远。

教子有方

如果你发现孩子已经有了消极的情绪，那么，家长们应该怎样帮助孩子进行心理调节呢？

消极情绪调整的四种方法

(1)帮助留守儿童认识问题

人的一生中不可能每个期望都达到，相反每个期望都有可能达不到，这是客观事实。在留守儿童最“不如意”的时候，你可以用这样的一句话开导他们：“人生不如意十之八九。”在那样的时刻，他们觉得这是在安慰自己而已。而在经过后冷静的思考这个问题时，他们会觉得确实如此，人人都有不如意，事事都可能不如意。即使看到某个人总是春风得意，那也只是他的不如意没有被我们看到而已，不要以为命运对自己不公平。每一个人的成长都是伴随着疼痛和泪水的。

(2)为留守儿童打好预防针

当我们在准备做一件事情的时候，要采取最稳妥的办法；最高效地去行动，但心里却要先想到会遇到哪些困难，如何克服，并在心态上接受失败的可能性。这种心态是一种惯性思维，在留守儿童中普遍存在，即使是平淡的生活中不去主动做什么，也会有与“不如意”不期而遇的时候，家长们要告诉留守儿童要有心理准备。如此，当我们已经为“不得意”做好准备的时候，“不得意”便不会使我们的理智因措手不及而显得无能为力，不会让我们的情绪因一时失控而坏了行动。

(3)心理支持法——书信

这个方法是留守儿童获得心理支持、抵制消极情绪的方法中最好的一个。相对和家长的通话而言，通信除了稍显慢一些之外，有很多优势。因为书信的语言是经过思考、过滤、浓缩过的，语言更正确且更有价值，读的时候留守儿童不仅有效率而且更能被感动；书信的语言可以很容易地保存，过后再拿出来看能起到加强印象，加深感动的效果。当留守儿童非常想念父母的时候，可以拿出父母以前写的书信来读，作为感情的寄托。好的书信、好的演讲，这些都是经过有深度的思考而得的，所以它们有时可能会成为传世的佳作，甚至能进教科书；但我们很少听说某次聊天谈心的录音或文字纪录被拿来做范文讲解吧。书信的这些特点使得他在教育人方面具有突出的优势。

父母是留守儿童最好的朋友，所以与父母通信为最佳。有一本书叫做《培养男子汉》，就是以威廉·曼斯菲尔德伯爵为培养儿子做个男子汉而写的99封信为内容的一本励志家书。在他的教育下，他的儿子一直是同龄人中的佼佼者，伙伴们羡慕的对象。我们并不需要买这本书来看，因为那毕竟是别人的父亲写给孩子的信，而且你也不能给他写信吧？我们只有与我们的父母通信，从中获得的力量会远远超过这本书能给我们的；我们的父母如果有意识地这么做，对培养孩子智商、教育孩子成才也会起到事半功倍的效果。想想当自己的留守孩子读着父母那充满温馨快乐和积极乐观的话语时，孩子将会受到多么大的感动？会不积极地面对生活吗？能不克服生活中的困难吗？

以上这些是帮助留守儿童从意识上锻炼心志克服消极情绪的方法，相当于提高免疫力的中医疗法。下面的方法将用来解决已经出现的问题，相当于针对病毒的西医疗法。

除此之外，还有哪些好方法能够帮助留守儿童对抗消极的情绪呢？

(1)为留守儿童制定心理开导法

在不得意的时候，泰而处之，正所谓“得也淡然，失也泰然”。

首先，告诉孩子要开导自己：“不得意，难免的！不该放在心上。”然后，想想对“不得意”能做什么有用的回应，是为此悲伤、颓废或愤怒？还是想想改变不得意现状的办法？或者暂时将注意力转向别处，该与哪些朋友联系一下了，是否该给同学写封信了等。在这么想的时候就已经和聪明人的想法同步了；用积极的思考方式，就注定了我们做出正确的决定；正确的决定注定了孩子将越来越成功。

这不难做到，所以保证有效。不过这里有两点需要注意。一是过分盲目的乐观是不好的，那会一事无成，具体原因在此没必要多分析，总之要记得在已经脱离消极情绪的危险时，要分析一些客观困难，自身弱点。客观的思考不但能避免错误，也能使我们更好地理解到，不得意是难免的，没必要消极反应。二是有些时候人们故意给自己找一些消极的借口，比如“今天心情不好，不想学习，去打球散散心吧！”这其实是禁不住打球的诱惑，这个问题的解决后面会讲到。

(2)绽开笑脸的积极表情法

假如孩子已经产生了消极情绪，或许正在消极中，该如何摆脱消极情绪？这时不必去打球，只需用一个很简单的方法：告诉孩子来一个积极的表情。

经证明，表情可以改变人的情绪。通常我们只知道表情是我们内心的反映，而实际上由于类似于条件反射的道理，我们的表情也会引导心理去配合表情。想想当你难过得马上就要掉眼泪，但是又不想被人看到你掉眼泪的时候你怎么做？你会瞪大眼睛，皱紧眉，这样就“又回去了”。这是因为你所做的严肃的表情，是心理配合你的表情，从而减少了难过。并且这也是有科学依据的，据卡耐基说，一位美国心理学家研究的结果证明，行动是可以引导思维的。有了这个方法，当产生消极情绪的时候，就马上做出一个积极的表情，以改变消极的情绪。比如灿烂地舒展一

笑，一定会让你我的心窗瞬间打开，看到窗外尽是美丽的景色，原本不美的也会变美。我们甚至不需要发自内心才笑出来，哪怕仅仅是机械地做这个运动，心情都会变好。所以家长们可以让留守儿童多笑一笑，平时练习好自己的美丽笑容。再比如当留守儿童感到害怕时，做出一个电影里看到的那种小英雄的无畏的表情，相信他的心情便真的会变得镇定。这就是表情的作用。

(3)适当的宣泄、宽慰、安抚法

当孩子感觉委屈时，父母可以让孩子适当地哭一场，让孩子发泄心中的情绪，等孩子哭累的时候，父母要用温和的语言，让孩子慢慢平静下来，并说出心里话，然后激励孩子，让孩子振作精神，勇敢地面对发生的事。

如果孩子一时不愿意说出自己的心里话，父母可以与孩子随便聊聊，或是建议孩子去找好朋友聊聊天，让孩子及时地把积郁在心里的消极情绪发泄出来，然后再和孩子谈心，讲述自己曾经面对的挑战，告诉孩子自己当时是怎么处理的，让孩子汲取一些经验教训。

当父母发现孩子心理压力非常大时，不妨主动带孩子去唱歌或者锻炼身体，这样可以缓解孩子紧张的情绪，也可以使孩子低落的心情慢慢地振作起来。

当孩子有消极情绪时，父母不应该急着追问孩子："到底怎么回事？谁欺负你了？老师怎么说？"而是应该心平气和地等待孩子倾诉。在孩子的倾诉过程中，不要打断孩子发表关于自己的评论，因为孩子叙述的过程也是一个自我分析的过程。听孩子讲述完后，父母可以再帮孩子分析，做出正确的判断，然后对孩子加以宽慰。

父母一定要重视对孩子消极情绪的安抚。当孩子受了委屈时，能够将不快宣泄出来是件好事，可以让孩子适度哭闹，来宣泄自己的情绪，等他平静下来之后，再和他好好聊聊，设法让他说出发生了什么事。只有让孩子心情舒展开了，他才会有信心和勇气面对学习、生活。

金玉良言

谁想收获成功的人生，谁就要当个好农民。我们决不能仅仅播下几粒积极乐观的种子，然后指望不劳而获，我们必须不断给这些种子浇水，给幼苗培土施肥。要是疏忽这些，消极心态的野草就会丛生，夺去土壤的养分，直至庄稼枯死。

2. 怎样帮助孩子克服抑郁心理？

寻根寻源

农村留守儿童存在种种心理问题，究其原因是多方面的。归纳起来，主要有以下几个方面的原因：

(1)家庭教育的严重缺失

家庭是儿童生活与成长的温馨港湾，家庭教育的成功与否直接关系儿童今后的发展。留守儿童因为缺失家庭的温暖、缺少父母的家庭教育，就很容易导致他们社会化进程缓慢。

埃里克森把人格发展分为信任与不信任、自主与羞怯疑虑、主动性与内疚、勤奋与自卑、自我同一性和角色混乱、亲密和孤独、创造力与自我关注、完善与绝望八个阶段。其中前五个阶段都是在儿童期完成的，与家庭和家庭教育有关，留守儿童缺失家庭温暖，他们就难以形成对周围人的信任感，因而性格容易变得孤僻。

留守儿童与他们自己的父母亲交流沟通比较少，这使得他们的心灵在流浪，甚至还可能受到外部一些不健康的社会因素影响。这时，如果父母亲不能很好地与留守在家的子女维系亲情、沟通思想、鼓励他们上进，以为给留守孩子买几件衣服，交清学杂费，寄回充足的生活费，就是自己关爱孩子的全部，不注意孩子在想什么，需要什么等，就会让一些留守儿童在心底对父母失望，认为父母的关爱是遥不可及的。而另一方面，由于一些留守儿童是由爷爷奶奶或外公外婆担任临时监护人。那些临时监护人由于体力、素质等多方面的原因，大多局限于让孩子吃饱穿暖之类的浅层关怀，而无法尽到对孩子全面的教育责任。而且隔代的老人大多对留守儿童溺爱放纵，留守儿童几乎生活在无约束状态下。由于缺乏正常的积极的管教与引导，极易导致他们心理失衡。也有不少监护人碍于情面，接受留守儿童家长的委托，对待孩子的态度有的迁就放任，有的十分冷淡；有的监护人仅把监护责任视为受顾行为，漠视与留守儿童交流、沟通；有的对待孩子粗暴，对他们的过失采取谩骂、体罚等手段，致使留守儿童缺乏正常的家庭生活氛围和必要的家庭教育氛围。

(2)学校教育对留守儿童关爱的缺失

我们应该相信这样一个事实，那就是：我们现在的学校教育功利化思想过于严重。当然，责任并不在学校，且无论是学校管理者还是教师，当前无法超越这种功利化的现实。但由此造成的一个严重后果是：功利思想严重的学校教育将造成对留守儿童关爱的缺失。有的学校侧重于在校时段的教学管理，却无力顾及到留守儿童校外的管理；有的学校注重对学习成绩好的学生的“关心”，而对成绩差或一般的学生管理冷淡；有的学校在教育无效时干脆放任不管，一推了之，对留守儿童也没有格外的关心与关注。还有一些学校将留守儿童的教育工作安排给专职人员，由他们专门照顾留守儿童，但这些专职人员并不能够完全关注留守儿童这个特殊的群体，他们对留守儿童可能产生的学习障碍、情绪障碍、社会交际障碍等诸多障碍并未能完全了解并解决。尽管早已有研究表明，存在大量留守儿童的学校需要配备专业的心理咨询人员，可是至今，很少有学校配备专业的心理咨询人员，甚至没有开设心理健康教育课。学生的心理本就处于发育阶段，心理发展快，自我意识强，自我发展的需求增长和社会竞争过早介入导致他们产生各种成长困惑，他们自己又不会进行自我心理调节，这些障碍就长久地累积起来，形成心中块垒。如果不能及时排除，他们的心理缺陷得不到及时矫正，长期下去，就会形成不健康的心理品质和不健康的人格。

(3)落后的文化与狭窄的交际给留守儿童预留了“崎岖”的道路

农村文体设施缺乏，文化资源不足，很多农村留守儿童只能通过电视来了解外面的世界。而单一的文化媒介不能满足孩子们强烈的探求心理，所以只要一有文化活动，即使是迷信的、低俗的，他们也会不加辨析地全盘接受。网络的出现，的确能迎合他们的求知需求，但是农村的网络疏于管理，留守儿童一旦进入，就很容易沉迷其中而难以自拔。由于文化活动太少，一些喜新好动的留守儿童一旦闲着就会觉得无事可做，无聊之时便邀约成群，寻衅滋事，导致畸形心理进一步恶化。年龄大一些的留守儿童，他们渴望独立，渴望无人管束的自由，期望和社会接触，但他们辨别能力差，缺乏选择和判断能力，而校外正好有那么一批年龄和他们相仿的“三不少年”(不上学、不就业、不做事)，如果一旦联系上，时间一久，那些问题少年就会影响在校的同龄人。而受了影响的学生，成绩和品行都不可避免地下滑，从而在试考的竞争中被淘汰下来，被淘汰下来的这些孩子也成了“三不少年”，进而又影响其他的在校学生，特别是留守儿童。

温馨提醒

在以上几个方面的影响下，留守儿童的心理问题日益凸显出来，而在留守儿童的心理问题中，抑郁心理又尤为突出，久而久之，家长如果漠视不理，就会发展成抑郁症。这对留守儿童的未来发展有极其不利的影响。

前车之鉴

下面是一个小测试。

这个自我诊断表可帮助你快速诊断出自己是否有抑郁症。家长们可以和孩子一起做这个测试，请在符合孩子情绪的项上打分。

（没有 0，轻度 1，中度 2，严重 3）

小测试

1. 悲伤：你是否一直感到伤心或悲哀？

2. 泄气：你是否感到自己的前景渺茫？

3. 缺乏自尊：你是否觉得自己没有价值或自以为是一个失败者？

4. 自卑：你是否觉得力不从心或自叹比不上别人？

5. 内疚：你是否对任何事都自责？

6. 犹豫：你是否在做决定时犹豫不决？

7. 焦躁不安：这段时间你是否一直处于愤怒和不满状态？

8. 对生活丧失兴趣：你对学业、家庭、爱好和朋友是否丧失了兴趣？

9. 丧失动机：你是否感到一蹶不振做事毫无动力？

10. 自我印象可怜：你是否以为自己很丑或没有魅力？

11. 食欲变化：你是否感到食欲不振或情不自禁地暴饮暴食？

12. 睡眠变化：你是否患有失眠症或整天感到体力不支昏昏欲睡？

13. 臆想症：你是否经常担心自己的健康？

14. 自杀冲动：你是否认为生活没有价值，或生不如死？

测试结果评判标准：

得分结果：

0～4 分，没有抑郁症

5～10 分，偶尔有抑郁情绪

11～20 分，有轻度抑郁症

21～30 分，有中度抑郁症

31～45 分，有严重抑郁症

作为人或多或少都有抑郁的情绪，这是无法避免的，如果发现你的孩子有抑郁的情绪，在生活中除了耐心开导以外还可以用饮食的办法去调节抑郁的情绪。

那么，如何用饮食调节呢？应该督促留守儿童多吃哪些抗抑郁的食物呢？

代表食物:苹果

在所有红色的果蔬当中,名声最好的莫过于苹果。西方有“One apple a day,keeps the doctors away”的说法,因为苹果性情温和,含有各种维生素和微量元素,是所有水果中最接近完美的一个。另外,红色食物如西红柿、红辣椒、西瓜等还是改善焦虑情绪的天然药物,因为红色食品中含有丰富的β—胡萝卜素和番茄红素。除此之外,红色蔬果在视觉上也能给人刺激,让人胃口大开,精神振奋,所以,红色食物也是抑郁症患者的首选。

橙色食物食疗作用:最常见的橙色色素胡萝卜素,是强力的抗氧化物质,减少空气污染对人体造成的伤害,并有抗衰老功效。由于橙色接近光谱中红色的一端,所以橙色食物也有振奋作用。

黄色食物的食疗作用:黄色的食物能帮助培养正面开朗的心情,增加幽默感,更可以强化消化系统与肝脏,清除血液中的毒素,令皮肤也变得细滑幼嫩。代表食物:玉米、香蕉。黄色食物如玉米和香蕉等还是很好的垃圾清理剂,因为玉米和香蕉有强化消化系统与肝脏的功能,同时还能清除血液中的毒素。而且,黄色食物能让人精神集中,所以,建议在精神涣散的夜晚,喝一杯甘菊茶就能让思维重新进入状态。

金玉良言

不要挑剔,不要对他人期望过高,应看到别人的优点,不应过于挑剔他人行为。世上没有完美,可能缺少公正,因而要告诉自己:我努力了,能好最好,好不了也不是自己的错。

教子有方

帮助留守儿童调整抑郁心理的方法:

(1)父母要与孩子做亲情上的沟通

父母要意识到自己外出务工，不能在身边陪伴孩子对孩子的成长肯定会有影响，应该将这种影响尽量缩小化。比如，为孩子寻找一个认真负责且有爱心的监护人，同时，要注意与孩子做亲情上的沟通，经常打电话跟孩子沟通，和孩子谈谈知心话，不要一开口就是"学习成绩怎么样"让孩子感受到父母不在身边，依然对他（她）的关爱。一旦孩子放假，就应该将孩子接到身边，让他（她）感受到父母的亲情，以弥补孩子的情感缺失。

（2）如何与孩子相处与沟通

对孩子的管教宽严要适度，既是他们的长辈，也要成为他们的朋友。家长们要加强学习教育孩子的方法，消除隔阂，消除误解。让孩子感到温暖，远离孤独。因为孤独是容易产生抑郁的土壤。

（3）学校可以为留守儿童建立档案

学校应记载好学生父母外出打工的地址及联系电话、家庭成员情况和学生临时监护人姓名及联系方法等。班主任主动电话联系留守学生父母，让家长尽量做到定时与子女通电话沟通感情、与班主任联系了解学生在校情况。

（4）开展丰富多彩并且有益于留守儿童身心健康的活动

家长要为留守学生创设良好的学习和成长环境。开展丰富多彩的活动，在活动中让他们学会团结协作、互帮互助，学会与人相处、与人交往。从各种活动的交流和沟通中寻找温暖和友谊。心理学家研究发现，参加体力劳动、体育运动，不但可以消耗青春期因精力过甚造成的麻烦和躁郁，起到清洁心灵的的作用；还可以缓解学习压力，调节情绪，清新大脑，培养孩子的智力。因为在劳动中能培养动手能力，锻炼灵活机智地处理问题的思维，发现一个新的更强大的自我；同时还能改善人的体质，充沛精力，培养爱劳动的习惯。

（5）鼓励留守儿童多交朋友

鼓励留守儿童与爱学习、守纪律、行为习惯良好的学生交朋友，有心里话可以向朋友倾诉，从而缓解因缺少家庭温暖而出现的孤僻心理。

（6）学校可以建立留守儿童俱乐部

组织他们参加生动活泼的文体活动，阅读优秀人物传记，了解名人成长的经历。给他们搭建相互交流、相互了解、相互学习、相互帮助的平台，使他们在相互鼓励相互搀扶中摆脱烦恼，愉悦精神。

(7)学校聘请专职或兼职的心理辅导教师

学校要定期对留守儿童进行心理疏导，排除他们的心理障碍，使他们树立正确的人生观、价值观。教给他们自我发泄、自我安慰、自我调节的方法，使他们充满自信、保持乐观积极的精神面貌。老师要用具体事例引导留守儿童学会自我控制调节心理情绪的方法。遇到烦恼、感到胸闷乏力、恐惧害怕、产生幻觉时，可以通过自我发泄，比如在无人的地方大喊大叫，对着假想的敌人拳打脚踢等。遇到不顺心的事多往好处想，用积极的心态面对烦恼，始终保持积极向上乐观的情绪。

留有余地。不要企图处处争先，强求自己时刻都以一个完美形象出现，生活不需如此，你给别人留有余地，自己也往往更加从容。告诉孩子要学会说“不”。

3. 怎样帮助孩子克服考试焦虑情绪？

寻根寻源

导致留守孩子产生考试焦虑的原因是多方面的，总结起来不外乎是内因和外因相互作用的结果。外因指来自于客观环境即学校、家庭和社会对孩子所造成的影响，内因则主要与孩子的个性、经历、认知水平和心理承受能力等有关。导致孩子考试焦虑情绪产生的原因如下：

(1)遗传及身体状况的原因

从遗传学来看，体质类型有胆汁质、多血质、黏液质和抑郁质，前两种神经类型属于强型，后两种神经类型属于弱型。神经类型属于弱类型的人，性格比较内向，对环境刺激比较敏感，考试焦虑水平也较高。而身体素质差、健康状况不良的考生，因为精力不够，又处于人体生物规律的低潮期，也容易产生焦虑反应。

人体的生物规律，即每个人自身的体力、情绪和智力都存在着由强到弱，再由弱到强的周期性变化。德国医生菲利斯和奥地利心理学家瓦斯波达发现，人的体力周期为23天，情绪周期为28天，而智力周期为33天。人体生物规律对人的体力、情绪和智力都有影响。

(2)认知偏差

焦虑症患者认为考上大学是唯一的出路，不敢去面对考不上的事实，越紧张，就越有压力。这一点在留守儿童身上体现最明显，他们由于家庭环境的压力，很容易把命运全部压在大学这条路上，认为只有这样才能改变自己和家庭的命运，因此，压力特别大。

(3)求胜动机过强

有些孩子给自己定的目标太大，自己跟自己过不去，也是部分学生焦虑水平过高的一个原因。孩子对考试的反应所带来的压力，即对考试所认定的意义、对成绩的期待、对自己表现的评价等过于看重。孩子过于看重考试结果，认为考试成绩不好，就是自己无能，会被老师、同学看不起，这样的心态使孩子极易对考试产生过度焦虑。孩子错误地夸大考试与个人成败、前途的关系，因而造成自己情绪过分紧张。这样的孩子不能正确对待考试，考试时背负着巨大的心理压力，担心考试结果不理想会影响自己的前途。

(4)走不出考试失败经历的阴影

有些孩子一向成绩较好，对自己的成绩始终有着过高的要求，但如过在某次考试中失误，难免就会在心理上出现自责、自卑和难以服气的精神压力。于是每当考试时就会不自觉地希望能够一雪前耻，担心再次失败，背上沉重而又紧张的思想包袱。

(5)家长、教师以及社会对学生的过高要求这也造成了他们无形的压力。片面追求考试成绩，是家庭和社会施加给孩子的压力，长年置身于这种压力下，孩子在考试时就会产生微妙而又复杂的心理变化。但有的孩子无意中会夸大心理所承受的压力，担心一旦发挥不好，自己的前途也就完了。这样的压力让孩子很难承受。

(6)考试本身的压力，即考试的方式、考题的难度等

如果考试题的难度大，类型新，而自己准备的不够充分，孩子就容易产生焦虑。

(7)知识准备和应试经验不足

通常情况下，孩子考试会有一定的紧张和焦虑情绪，以至于影响发挥，这种焦虑情绪主要可以从以下几个方面影响孩子的考试：

分散和阻断注意过程，使得儿童的注意力难以集中，即使强制性坐下来考试，患儿的注意力也难以集中在考试上。

干扰回忆过程：使孩子脑子里有一片空白的感觉，对过去所学的知识难以识记。使思维过程受到影响，分析问题困难。使神经过度紧张，导致大脑疲劳，肢体衰弱，发抖等。使交感神经兴奋，血压升高，心跳加快等。影响消化功能，长期可以导致胃炎、胃溃疡等疾病。其原因主要是焦虑紧张，大脑需氧量增加而减少了胃肠的血液供应，加上植物神经功能紊乱所致。严重者可致胃溃疡急性发作，影响呼吸系统，使呼吸急促，胸闷。引起内分泌功能紊乱等，如血糖不稳，口干口渴等。

导致考试紧张焦虑的原因主要是对考试成绩过分担忧。这与家庭、学校过分强调考试成绩，盲目追求分数有关，也受孩子自身心理素质的影响。

金玉良言

要善于把自己的痛苦和烦恼倾吐出来，把消极情绪释放出来，这是一种很好的缓解压力的办法。

前车之鉴

考试焦虑总体来说是孩子内心素质不强的表现，对于有这种情况的留守儿童来说，考试焦虑会造成哪些后果和影响呢？

(1)在考试过程中，孩子会出现严重的恐惧、紧张甚至恐怖心理，担心失败或自觉考试难度太大，无法胜任。孩子有时会出现肌肉紧张、心跳加快，血压升高、坐立不安、出汗、心慌，胸闷、头痛、头晕、双手发抖、口干、视力模糊、呕吐、担忧、胆怯、无法集中注意力、思维阻滞、自我否定等症状，以致产生逃避考试的行为。

(2)孩子无法控制自己焦虑紧张的情绪，记忆力困难，头脑一片空白，注意力涣散，思维无法集中。记忆力明显抑制，平时背熟的课文知识，常用的公式、定律，记牢的外语单词，熟悉的解析方法，竟然无法回忆、理解和灵活运用。越急越想不出来，头脑模糊不清晰，思维异常迟钝不灵，严重时感到头脑一片空白，茫然不知所措。

(3)孩子在考试前出现失眠、睡眠不足或噩梦、早醒等情形，无法自行调节睡眠。全身疲惫感、精力不足、衰弱感。思维效能和学习效率逐渐下降，注意力难以集中，记忆困难。

患上考试焦虑症的孩子常有一种预感不祥的失败之兆，对周围事物无法清晰感知，思考问题变得简单刻板。少数孩子在考试时东张西望、惶惶不安、心烦意乱、如坐针毡。在考卷上不时出错涂改，无法继续解题。他们明知这些情况会影响自己的考试成绩，便努力要自我镇定或强打起精神来，但却无法自控。

如何判断自己的留守孩子是否已经陷入考试焦虑中？以下三种异常行为症状可以作为依据参考。

(1)心理异常：紧张、担心、恐惧、忧虑、注意力差、记忆力减退，学习效率下降，情绪抑郁、缺乏自信和学习热情，过度夸大失败后果，常有大难临头之感。

(2)行为异常：拖延时间、逃避考试、坐立不安、怕光怕声，考试时思维混乱、手抖出汗、视力模糊、常草草作答，匆匆离开考场。

(3)躯体异常：失眠多梦、头晕头痛、恶心呕吐、面色苍白、四肢发凉、胸闷气短、食欲减退、肠胃不适、频繁小便等。

如果你的孩子有以上症状，请及时地帮助孩子减压。

金玉良言

许多时候我们所忧虑的并没有发生，有人统计一个人所忧虑的，80%并没有发生。

教子有方

那么，针对留守孩子出现的考试焦虑，家长们应该采取怎样的方法帮助他们减压呢？

(1)饮食减压法

饮食疗法包括两个方面。一方面，是指科学合理的饮食可以保证考生生理健康，为考生超强度的脑力劳动提供足够的物质基础。这是考生减轻心理压力的生理保证。另一方面，研究表明有些食物有直接减轻心理压力的作用，可以提高接受能力和工作效率，使思维敏捷、精力集中。如草莓、洋葱头、菠菜、水果等富含维生素 C 的食品；胡萝卜有助于提高记忆力；海产品可使人长时间保持精力集中。

(2)运动减压法

科学地安排生活，劳逸结合有助于减轻压力，及时消除疲劳。课余时间考生可以伸伸腰、踢踢腿、做做深呼吸等小活动。从考生的实际情况看，傍晚锻炼比早晨锻炼更有利于消除疲劳。

(3)转移减压法

有意识地转移注意力是减轻心理压力的有效途径。针对精神高度紧张的状况，家长应帮考生学会自我调适，及时放松自己，如参加各种体育活动，放学后泡热水澡，与家长、朋友聊天双休日抽出一些时间出游等。

(4)环境减压法

对于考生来说，在学校的学习氛围已经够压抑和紧张了，所以在家庭环境方面，家长应营造一个良好而宽松的生活与学习氛围，积极地进行亲子沟通，如倾听孩子的倾诉、与孩子多聊天、尊重孩子的意愿、多鼓励孩子而不能以打击或施压等方式鞭策其努力学习。

(5)睡眠减压法

充足的睡眠是保证考生精力充沛、心理宽舒与平衡的前提，所以保证考生有足够的睡眠是减轻其心理压力，提高学习效率的必要条件。如何改善考生的睡眠呢？首先家庭应为孩子营造一个安静的休息环境，其次针对考前睡眠时间少、身心过度疲劳，考生应进行多时段的睡眠。

(6)过渡减压法

通常学校与家庭都让考生在考前进行一周以上时间的休息与调整，使考生有充沛的精力应试。所以，许多考生停止学习后，往往会产生抑郁不安、失落、心慌等不适的心理现象。对此，一些考生和家长都认为是因过度紧张的学习造成的，而不知是“急刹车”惹的祸。所以考生在考前一个月前就应该慢慢减小学习强度、减少学习时间，采取过渡调节方式来缓解压力。

(7)目标转移法

把注意力从不良心境中引开，对消除焦虑是有帮助的。目标转移法可以这样运作：其一是体力上分配，当你紧张焦虑的时候，不妨适当做些体育活动；其二是转移注意方向，从事一种自己最有兴趣的活动，如听听音乐、读一本自己喜欢的书等。

(8)坦然面对法

其实，考前有些焦虑，是机体固有的、具有保护和适应功能的防卫反应。适度紧张有利于个体潜力的充分发挥。只要不过度，大可不必忧心忡忡。

(9)系统学习法

把所学知识按一定的逻辑关系形成一个系统，每晚像放电影一样在脑海里过一遍。这样,你就会对所学知识感到心中有数,即使上考场也不会心慌。

(10)心理暗示法

如考前可在家中大声诵读"我这次一定能考好""我对自己充满信心",以鼓舞斗志,发挥水平。

(11)自然放松法

自然放松法即调整姿势、呼吸、意念,先用力深吸气,尽力屏气至能忍耐限度为止,再用力呼气,并放松全身肌肉,从而达到神经和躯体的放松状态,寻找乐趣。当情绪极度差时,比如,回家情不自禁要哭,可以采取放松疗法、音乐疗法,使其转移注意,与父母一起散散步、打打羽毛球,达到放松身心,减缓压力的目的。

温馨提醒

日常的深呼吸能将感觉到的压力水平减半:挺直后背,两肩放松,由鼻将空气深深地吸入肺部,集中精力感受空气渗透到每个细胞,然后全力将空气呼出,想象体内的压力也随着气流一起排到体外。

下面是一些孩子自我放松的小方法,简单实用,家长可以让自己的留守孩子试一试。

自我放松简单的小方法:

①深呼吸法:考前找一个比较安静的地方,站立,眼微闭,全身放松,深呼吸,同时默念"1—2—3",心想:放松、放松。这样可以使血液循环减慢、心神安定下来,全身有一种轻松感。

②扮怪脸法:找一稍偏僻的地方扮怪脸,歪嘴扭唇、抬鼻斜眼,放松面部肌肉。如能面对小镜子看到自己的古怪神态,一定会忍俊不禁地发出笑声,一切牵肠挂肚的念头都消失了。

③精神胜利法:心里想,我一定能成功,一定能发挥超常,考出好成

绩。我考不好，别人也不怎么样，反而会降低压力，保持平常心。

④临场活动法：由于正常的紧张情绪也会使体内产生大量的热能，所以可以在考试前稍稍活动活动，使热量散发。可走动、小跑、摇摆、踢腿；可以双手握紧再放开，让全身肌肉缩紧再放松；可在考试过程中用力拧一下身体的某一部位。这样紧张情绪会渐渐消失。

⑤闭目养神法：闭目，舌抵上腭，经鼻吸气，安定神情。可以设想一个人走在幽静的森林里，恬然自得。

⑥凝视法：确定一个距离较远的明朗的物体，凝神并细心地去分析、琢磨其颜色与远近。

不要总是懊悔昨天发生的事，也不要老是惦念明天的事。遗憾、悔恨、内疚和难过并不能改变过去；忧虑未来，只是杞人忧天，徒劳无益。应把精神集中在今天，集中在自己力所能及的事情上。

4. 怎样帮助孩子走出自卑阴影？

寻根寻源

随着信息社会的到来，物质生活和精神生活的极大丰富，留守儿童在身体早熟的同时，心理也趋于早熟，不同渠道信息的输入和刺激，使他们更早地融入到社会中。经验的不足和心理承受力相对较差使留守儿童在现实面前往往会出现更多的心理上的困惑和自卑现象。

自卑，是对自身评价过低、缺乏信心，由此产生出一种消极待事的情绪。

自卑者很少有成功的体验，对生活不抱希望。他们的内心深处，塞满了失败的感受，使得他们的思绪更多地转向过去，无暇顾及和面对未来。自卑者自己瞧不起自己，也怕被别人瞧不起，而他们的做法和对待人生的态度，恰恰无法让人看得起。留守孩子自卑感的产生，不外乎以下两个原因：一是由于目标定得过高，连遭挫折的打击；二是与他人相比在某些方面存在劣势，以致造成不良的自我暗示等。自卑心理是人的自我意识的一种表现。自卑是个很可怕的东西，它可以一口一口地吃掉人对生活的信心和力量。有自卑心理的人往往对自己的能力缺乏信心，处处感到自己不如别人，无所作为，悲观失望，甚至对那些稍加努力就可以完成的任务，也往往因自叹不如而轻易放弃。自卑心理是留守孩子前进路上的一块绊脚石，对孩子的心理健康危害极大 。

自卑的表现多种多样，沮丧、忧郁、焦虑、孤僻、敏感多疑、胆小怕事、意志力薄弱等都是自卑的表现。

自卑的孩子胆子特别小，不敢正视，不敢大声发表自己的意见，语言表达困难，遭受小小的失败和挫折，往往就否定自我，产生惶恐和逃避心理。这些不良的心理因素，会为孩子的将来埋下极大的隐患 。

留守儿童形成自卑心理的原因很多，分析其自卑行为的形成主要有以下七个原因：

(1)身心的缺陷或不足

很多留守儿童由于身体上的残疾或缺陷，如肢体残缺、聋哑、口吃、过于肥胖、过于矮小、身体虚弱等或智力发育不及他人，如绘画或数学学习不如别人等，在多次经历失败或遭遇他人嘲笑后，他们都可能会怀疑自己，认为自己不如他人，产生深切的自卑感。

(2)不良的家庭环境

家庭经济条件不好的留守儿童，由于家境贫寒，在吃、穿、用等各个方面都不及其他小朋友，很可能由此产生自卑感。然而，即使家庭条件不错，但如果父母关系不和或离异，留守儿童也可能因为无法得到父母更多的关爱和照顾，或因为与其他小朋友的幸福家庭相比，自己家庭缺少和睦或缺少父亲、母亲，而产生自卑心理。

(3)他人对自己的消极评价

留守儿童还不能客观地对自己进行评价，此期的留守儿童更多是通过他人的态度和评价来认识自己的，尤其是父母的评价。因而他人的态度和评价对于留守儿童自卑心理的产生具有重要的诱发和强化作用。因身心缺陷或家庭因素而招致他人的歧视或嘲笑，很容易激发留守儿童的自卑心理。另外，父母对留守儿童不恰当的教养方式，如在留守儿童学着独自解决某问题时，父母或催促儿童或嫌弃他们做事拖拉；再如当他们成功地完成某项任务，父母将成功的原因归于机遇、巧合或任务难度低，而贬低他们的能力等，这些做法都有可能使留守儿童产生自卑。

(4)因贫困而形成自卑

在我国市场经济条件下，拜金主义、享乐主义等西方腐朽的思想也不可避免地侵入校园。从小学生上学的交通工具、穿戴、零用钱、学习用具的不同到父母的就业、住房的好坏的差别都反映到学生的学习和生活中。生活富裕孩子的顺利和满足与贫困生的窘迫和艰辛，以及学生之间盲目的物质攀比，往往使贫困生在人生的起点上就蒙上阴影，继而形成自卑。一些留守儿童不想别人知道自己父母是外出务工人员，自己住的是 30 平方米的破房子，甚至不想让穿着破烂的父母到学校里来。因贫困而自卑是自卑生中比例最多、最值得教育工作者关注的一个现象。

(5)因挫折而形成的自卑

年纪小的留守儿童因为其生理、心理上的相对不成熟而容易在学习和生活中遭受挫折，这本是学生成长的必经历程，但因为在挫折面前没有很好的自我调适能力，也没有引成家长、教师的重视，适时帮其度过挫折期，造成部分学生在挫折面前，缺乏面对的勇气，有意回避一些必须面临的现实问题，逐渐产生自卑。如班上小李同学，因为在表演唱歌时，没唱好又忘词了，全班同学都笑了，而觉得抬不起头，从此再也不敢在公共场合唱歌，形成了心灵上的阴影。

(6)因苛求而形成自卑

一是自身的原因。部分留守儿童对自我认识不足，定位不准，眼高手低，出现现实与目标的差距，对自我产生怀疑，因而会逐渐产生自卑。

二是家长的苛求。过分的“望子成龙”、“望女成凤”的思想，家长往往提出超越孩子自身能力所能承受的要求。同时家长间的攀比也加剧对孩子的苛求，有些同学已经尽力了，也取得了成绩，但家长并不满足，眼睛盯着“第一名”的学生，让一些学生不能体会到成功的喜悦，继而产生自卑。

(7)因自我封闭而形成自卑

造成留守儿童自我封闭的因素很多：有因为长期缺少父母的陪伴；有的是单亲家庭缺乏温暖形成的、有父母不善于与孩子沟通而缺乏交流形成的，有家长、老师的过于严厉，加上小孩胆小内向而形成的。自我封闭造成留守儿童交际能力差，表述困难，独来独往。久而久之，形成自卑，而自卑又加剧自我封闭，造成恶性循环。

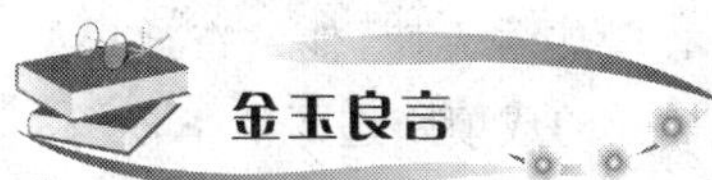

金玉良言

你若说服自己，告诉自己可以办到某件事，假使这事是可能的，你便办得到，不论它有多艰难。相反的，你若认为连最简单的事也无能为力，你就不可能办得到，而鼹鼠丘对你而言，也变成不可攀的高山。

——艾蜜莉·顾埃

前车之鉴

请家长朋友们仔细阅读下面两则小故事，体会当自己的留守孩子遭遇自卑时应该如何开导他们，让他们重获自信心。

故事一：

有一个名叫“壮壮”的小男孩，一点也不健壮，他非常自卑，因为在与他同龄的孩子中，他比所有人都要矮一大截。

他讨厌上学，特别是讨厌学校集合，他总是排在队列的第一个。同学们有意无意地常常以此取笑他，喊他“矮冬瓜”、“小不点”，弄得他打心眼里感到自卑透顶。

妈妈看见他放学回家一副失魂落魄的模样，就来到壮壮的房间，对他说："妈妈给你讲一个故事，好吗？"

"妈妈，我不想听故事，为什么我就这么矮呢？而且老是长不高？"

"妈妈给你说，每一个孩子都是天使变成的。有的天使性子急，宝宝还没有长好，就急忙来到人间，所以个子矮小，老是不长高。"

"妈妈，这是真的吗？我以前是个急性子的天使吗？"

"是的，孩子。但是这个秘密你一定要守住，不然的话，天使就会愤怒的。"然后，妈妈又挨家挨户走访壮壮的同学家长，希望他们配合一下，把这个故事说给自己孩子听。

此后，这个矮个子壮壮不再自卑了，他心里住着天使，他发奋地搞好学习，最后考上了本县重点高中，而后又以优异的成绩踏进了清华校门。

当孩子因为自身的一些原因而丧失自信的时候，家长一定要耐心地帮助孩子重拾自信，因为只有孩子有了自信，才不会自卑。

心理学认为，自卑心理是一种消极自我评价或自我意识，即个体认为自己在某些方面不如他人而产生的消极情感。一般情况下有自卑感的人有以下表现：总认为自己事事不如人；对一切丧失信心；由于自卑造成了聪明才智难以发挥。

心理学认为，自卑的形成虽然与环境要素有关，但其最终形成还是要受到个体的身体状况、能力、性格等个人因素的影响。

弗洛伊德认为，人的童年经历虽然会随着时光流逝而逐渐淡忘，甚至在意识中消失，但仍将顽固地保存在潜意识中，对人的一生产生持久的影响。童年经历不幸的人更易产生自卑感。所以，我们不能让自卑的种子在留守儿童的心里生根。

故事二：

小芳起初很喜欢和小朋友一起玩，后来当妈妈说要带着小芳去找小朋友的时候，小芳不爱出去了。妈妈觉得很奇怪，一向喜欢热闹的孩子，怎么不出门了呢？在妈妈的追问下，小芳才吞吞吐吐地说："妈妈老是说我不如别的小朋友认字多，会背的唐诗少，所以，我不想找他们玩。"

小芳通过妈妈对自己的评价而自我认识偏低并且逐渐失去了自信，觉得自己什么都不如别的小朋友，什么都做不好，于是产生了自卑的心理，并且由于小芳年纪小，不知道如何弥补自己的不足，索性就不跟小朋友玩了。此时，小芳妈妈应该改变自己的教育方式，多多地表扬孩子，即便是孩子微小的进步，都要及时地给予肯定。

这两个故事充分地告诉我们应该多给予孩子一些鼓励和肯定，才不会让孩子陷入自卑的苦恼中。

(1)告诉孩子"世界上没有十全十美的人"

父母要引导以及教育孩子正确地认识自己，不能用自己的短处去和别的小朋友的长处比较。告诉孩子，即便是父母都不是完美的人，但是父母愿意去学习，愿意去缩短自己与别人之间的差距。不要因为自己不够完美，就怨天尤人。

有的孩子对自己的能力往往是认识不足的，有可能在做一些事情的时候由于力所不及，导致了失败，由此产生了自卑的心理。父母要引导孩子量力而行，这样才能促进孩子内心的成长。

(2)降低对孩子的要求，多鼓励孩子

有的孩子之所以自卑，最主要的原因就是父母对孩子要求过高了，当孩子的所作所为不能达到父母要求的时候，打骂和批评也随之而来，长此以往，孩子在做任何一件事情的时候，都会在潜意识里觉得自己不能完成，给自己下否定的结论。所以，家长不要一开始就要求孩子做得如何好，只要孩子能努力地去做，并且能做出值得肯定的成绩，那么家长就不要吝啬对孩子的赞美。这样孩子的自信心才能大增。

(3)家长多给孩子创造成功的机会，让孩子增加自信

生活中，父母可以给孩子多创造一些成功的机会，这样孩子的自信心就会增强。所谓成功的机会，就是选择一些孩子力所能及的事情，或者是孩子已经会的知识，这样通过父母的鼓励以及孩子的努力，孩子的自信心增强，就不会觉得成功距离自己是那么遥远了。

(4)告诉孩子"接受批评才能让自己变得更好"

让孩子明白，"生活中不是一切都以自己为中心的，家庭成员可以迁就你，但是在学校以及社会上，不是所有的人都能迁就你的。可能有的人对你的评价是客观的，而有的人则不一定是正确的。所以，要甄别批评的性质，要辩证分析吸取接受。不要因为别人的批评变得自卑，因为，能接受批评的孩子，才能让自己变得更优秀"。

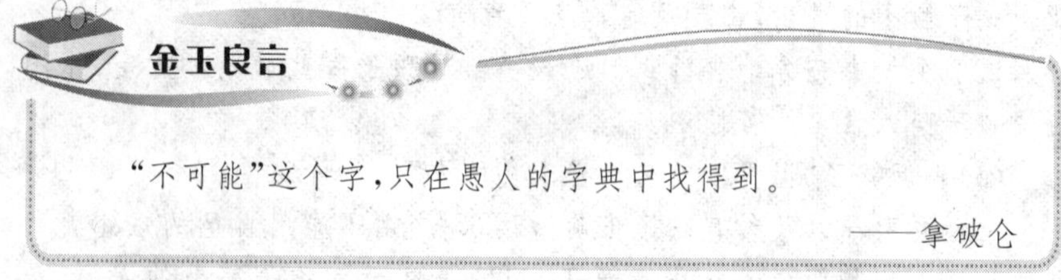

"不可能"这个字，只在愚人的字典中找得到。

——拿破仑

教子有方

当你的留守孩子遇到困难时，应引导他冷静分析，鼓励他去勇敢尝试。不要包办代替，也不要训斥或讽刺、挖苦。这样会导致孩子低估自己的能力，变得胆小，自卑或依赖他人，最终将一事无成。如果孩子试图

解决一个问题请求帮助，应以建议的形式提出看法，“如果……你认为将会发生什么？”“你考虑过……吗？”“我认为这对……会很有帮助。”

当孩子有失误时，应及时提醒他，耐心予以指导。如果孩子已经充分意识到自己的差错，父母就没有必要再去指责、训斥。许多家长往往以为帮助孩子进步的方法就是追究他们的缺点，实际上，这只能引起相反的效果，使孩子丧失信心。

要帮助孩子克服自卑心理，很重要的方面是家长自己要克服“恨铁不成钢”的自卑心理，不能常为自己孩子的“不争气”“没出息”感到失望，更不能据此丧失对孩子抱有的信心。一位学者曾经呼吁：“哪怕天下所有的人都看不起你的孩子，做父母的都应欣赏他、拥抱他、赞美他。”

自卑并非一朝一夕形成的，克服它，也应有个过程。家长应有耐心、信心和恒心，坚持不懈地努力，定能帮助留守儿童走出自卑的阴影。

如果你的孩子正处于自卑中，对于这样自卑的留守儿童，以下一些方法将有助于他们走出自卑阴影。

(一)帮助留守儿童纠正错误的认识

要使孩子对自己有一个正确认识，懂得自卑感非一日所成，但通过种种努力，还是可以摆脱的。应该让他看到每个人都有长处和短处，会成功也会失败，不要总想到自己的不足，夸大自己的弱点；还应该看到自己的长处和优点，不要总拿自己的短处去与别人的长处比，要善于发扬自己的长处，勇敢地与人交往。现实生活中每个人都会有自卑感，关键在于能否将自卑的情绪转化为动力，成为通向成功不可或缺的要素。比如，有人因没考上理想的大学或被大企业拒之门外而感到自卑，但如果能把这种自卑巧妙地转变为动力，努力创业，结果就会获得成功；有些回城知青的孩子，由于所受教育的差异造成一时的学习困难，因此造成心理的自卑，于是“笨鸟先飞”，以勤补拙，最后成为学习上的佼佼者。所以，从某种意义上说，有自卑感总比没有的好。如今我们看到的许多成就卓著的人，大半都是夹带着自卑感一路奋斗过来的。因此，自卑感本身并不是变态的，每个人身上或多或少有容易引起自卑的地方，但不是每个人都体验着自卑，真正的自卑是自我评价过低。可见，克服自卑的关键就在于把自己过低的自我评价调整到恰当的位置。

（二）对留守孩子的要求要恰当

帮助孩子走出自卑的阴影，家长的要求要恰当，不能苛求，要符合孩子的实际能力和现有水平。留守儿童的学习环境不如一般的学生，生活中的压力也大，作为家长不要一味地要求自己的留守孩子努力再努力而忽视孩子的内心感受。

成绩不佳，是致使留守孩子产生自卑心理的一大因素，家长往往自觉不自觉地冷淡或责备那些成绩差的孩子，使他们感到抬不起头来。事实上，冷淡与责备是于事无补的。家长的责任就是帮助他们找出学习上的薄弱环节，指导他们掌握科学的学习方法，帮助孩子分析失败的原因，总结经验教训，制定改进措施。家长可提出先争取1～2门功课及格，如果达到要求，及时鼓励。然后再提出争取能使其他几门功课也及格，一步一步来。在这个过程中，可能会有反复，会有倒退，家长应沉着，有耐心。既要帮助孩子分析原因，又要鼓励孩子赶上去。让孩子看到自己的进步，增强自信，克服自卑。因此，家长要把对孩子的期望和评价调整到正确的水平，根据孩子原有的基础和水平及其发展变化，作出实事求是的评价，对孩子取得的点滴成绩，及时给予肯定和表扬，帮助孩子逐步恢复和发展自信。

（三）多给予孩子鼓励和帮助

心理学家艾里克森的自我发展观认为，学龄期应是一个人学会勤奋而避免自卑感的时期。在这个时期，如果一个人的学习等活动取得成就，得到同伴与成人的肯定，其进取心和勤奋感就会得到健康发展；相反，如果一个人的活动得不到积极的支持、帮助、肯定和赞扬，反而受到种种否定和压抑，就会产生受挫折感和自卑感。因此，一般来说，如果家长经常说自己的孩子“聪明”“能干”，他就会认为自己很不错，每件事做起来都很有信心。如果家长经常说自己的孩子是“笨蛋”“傻瓜”，他就会认为自己“很差”“不行”，做起事来信心不足。

（四）运用积极的自我暗示

当遇到某些情况感到信心不足时，不妨运用语言暗示：“别人行，我也能行。”“别人能成功，我也能成功。”从而增强自己改变现状的信心。

（五）学会正确地归因

不能因一次失败，就认为自己能力不行。殊不知这次失败的原因很可能是多方面的，不一定是能力不足造成的。

（六）提高自信心

当你在干一件事之前，首先应有勇气，坚信自己能干好。但在具体施行时，应考虑可能遇到的困难。这样即使你失败了，也会由于事先在心理上做了准备而不致造成心理上的大起大落，导致心理失调。

鼓励是家庭教育中比较重要的方法之一，每个孩子都需要不断的鼓励才能获得自信、勇气和上进心，这就像植物必须每天浇水才能生存一样。

（七）体验成功

经常回忆因自己努力而成功了的事，或合理想象将要取得的成功，以此激发自信心。

（八）全面、辩证地看待自己，正确地认识、评价自己

不仅要如实地看到自己的短处，也要恰如其分地看到自己的长处，切不可因自己的某些不如人之处而看不到自己的过人之处。

（九）建立新的兴奋点

当你处于劣势或面对自己的弱项时，可以通过有意转移话题或改做别的事情来分散自己的注意力。如可将注意力转移到自己感兴趣的也是最能体现自己才能的活动中去，以淡化和缩小弱项在心理上造成的自卑阴影，缓解压力和紧张。

（十）选准参照系

在与别人比较时，为了避免自卑心理的产生，我们应该选择与自己各方面相类似的人、事比较，否则与自己悬殊太大；或者拿自己的弱点与

别人的优点相比，总免不了自卑感。与人比较时要讲究“可比性”——选择适当的参照系，否则只有“人比人，气死人”。

（十一）正确地补偿自己

为了克服自卑心理，我们可以进行两方面的补偿：一是以勤补拙。知道自己在哪些方面有缺陷，不背思想包袱，以最大的决心和顽强的毅力去克服这些缺陷。二是扬长避短。例如苏格拉底其貌不扬，于是在思想上痛下工夫，最后在哲学领域大放异彩。日常生活中，我们应注意自我调节，“失之东隅，收之桑榆”，扬长避短，克服自卑。

（十二）注意自我激励

自卑的人一般都比较敏感脆弱，经不起挫折的打击。因此应当注意，要善于自我满足，知足常乐。在学习上，目标不要定得太高。适宜的目标，可以使你获得成功，这对自己来说是一种最好的激励，有利于提高自己的自信心。之后，可以适当调整目标，争取第二次、第三次成功。在不断成功的激励中，不断增强自信心。

严重的自卑感会造成人的心理变态，对孩子的学习、生活都有很大的危害。但自卑心理并不是不可改变的，家长可尝试采取以上几种适当措施来消除孩子的自卑心理。

5. 怎样帮助孩子越挫越勇？

寻根寻源

挫折是一个人在生活中遇到的困难和问题的代名词。留守儿童由于生活条件比较艰苦，遇到的问题要比同龄人多，遭受的挫折也比同龄

人多,体现在生活、学习、人际关系、自我管理等各个方面。造成的原因也是多种多样的,总结起来,有以下几种:

一、监护不力,遭遇教育挫折

据统计,80%以上的留守儿童是由祖父母隔代监护和亲友临时监护,年事已高、文化素质较低的祖辈监护人基本没有能力辅导和监督孩子学习。农村学校受办学条件、师资力量、教学理念的局限与制约,针对留守儿童的需求提供特殊有效的教育和关爱力不从心,学校与家庭之间缺乏沟通。家庭和学校监护不力,导致相当数量的留守儿童产生厌学、逃学、辍学现象。留守儿童学习成绩及初中教育的在学率都低于正常家庭儿童,中国人民大学人口与发展研究中心的研究显示,进入初中阶段以后,留守儿童的在校率大幅度下降,14 周岁留守儿童的在校率仅为 88%。

二、缺乏抚慰,遭遇身心健康挫折

据西部某劳务输出大省在一县域内的调查显示:70%的父母年均回家不足 3 次,有的甚至几年才回家 1 次;近 30%的留守儿童与父母通话、通信频率月均不足 1 次。由于父母长期外出,留守儿童的情感需求得不到满足,遇到心理问题得不到正常疏导,极大地影响了其身心健康,埋下了人格扭曲的隐患,导致一部分儿童行为习惯较差,并且极易产生心理失衡、道德失范、行为失控甚至犯罪的倾向。南方沿海某省一项调查显示,19.6%的留守儿童觉得自己不如他人,11.4%觉得自己受歧视,9.5%有过被遗弃的感觉。北方某省的一项调查显示,在青少年犯罪中留守儿童所占比例已高达 20%。

三、疏于照顾,遭遇安全挫折

监护责任不落实,监护人缺乏防范意识,儿童防护能力弱,农村留守儿童容易受到意外伤害,甚至成为不法分子侵害的对象。公安部门统计数据显示,被拐卖儿童群体中,第一位是流动儿童,第二位是留守儿童。女孩受到性侵害又不能及时得到父母帮助,极易酿成严重后果。

四、性格柔弱内向，遭遇心理挫折

留守儿童年龄幼小就离开父母，父母关爱严重缺失，尽管有些是爷爷奶奶或亲朋监管，但毕竟是与父母亲疏不同，遇到一些麻烦就会感觉柔弱无助，久而久之变得不愿与人交流，性格内向。在调查中发现，有21.1%的外出务工父母一个星期左右和孩子联系一次，34.1%的一个月联系一次或很少联系。很多父母半年以上回家一次，有的甚至几年不回家，这种长期的与父母分离导致孩子自卑封闭，逆反心理严重。

五、自卑心理挫折

儿童大都具有攀比心理，具有强烈的自豪感，而父母不在身边他们就好像失去了坚强的依靠和保护，因此和有父母在身边的孩子相比更容易产生自卑的心理障碍，有的甚至自暴自弃，丧失信心，学习上不求上进。据调查，仅有15%的孩子能够自觉学习，大多数孩子需要在督促下学习。还有不少孩子上网成瘾，荒废学业，义务教育没有完成就流落社会。

六、寂寞无聊，心理空虚挫折

父母的外出使孩子在家里感到空落，感到寂寞，进而产生心理骚动和抑郁等问题。一位初三的女生在日记中这样写道："妈妈，你知道吗？自从你和爸爸还有弟弟走后，我一个人在家里有多么的寂寞，多么的伤心。自从你们走了以后，我几乎没有笑过，多么怀念以前我们在一起的时光。"这种寂寞的心理必然导致精神上的空虚，进而导致行为上的出格。

七、反抗和逆反，人际关系挫折

留守儿童因为缺乏保护而总觉得别人会欺负他，一点小事就会计较当真，与人交流时充满警惕甚至是敌意。对老师，临时监护人的管教有比较强的逆反心理。调查显示，54%的留守儿童和他们的临时监护人有矛盾，其中15%经常有矛盾，53%的留守儿童表示学习上遇到困难感到无助，39%的留守儿童表示曾经受到同学的欺负。

八、怨恨父母,家庭关系挫折

少数孩子不理解父母,认为家里穷,父母没有能耐,才外出打工,由此产生怨恨情绪,有的孩子在父母回家后疏远父母,和父母产生情感隔膜,甚至怨恨父母无情。

巴尔扎克说过:“苦难对于一个天才是一块垫脚石,对于能干的人是一笔财富,对于弱者却是一个万丈深渊。”

前车之鉴

下面是一个家长对孩子挫折感的发现和解决方法,家长们可以学习和借鉴一下,用心阅读,发掘其中的教育秘诀。

小故事:

这段时间我发现川川很爱发脾气,也很爱哭。刚开始我有点百思不得其解,川川一向是很少乱发脾气,也很少哭闹的,怎么最近这么烦躁呢?后来每次他哭的时候,我就仔细观察和寻找原因,才发现,原来川川的哭和发脾气来源于他的挫折感。

有一次,我和川川正兴冲冲地堆积木。我堆到了第三层,川川也要来堆,我便把机会给他。他开心地把手一按,结果积木不但没有堆上去,反而倒了。于是小家伙特别生气,用手把积木扔开,还狠狠地用脚一踢,脾气之大,是我以前所没有见到过的。

我试图去安慰他或是拥抱鼓励他,可是我忽略了他正处于愤怒期,任何的语言和行动在这一刻都是无效的。所以当我试图拥抱他的时候,他反而推开我,一个人趴在地上伤心地哭起来。

于是我冷静下来,默默地坐在原地看着他。我知道此时他的内心是挫折感非常强的,他恼怒为什么堆不上积木。他的这种情绪是正常的,我必须等待他把这种恼怒的情绪发泄完。在他发泄的时候,我也在想,或许从一开始我就错了,我应该堆到第二层的时候就让他堆,可能他就堆上去了,也就不会产生这种挫折感了。

我一边静静地等待着他发泄完毕,一边在一旁默默地又堆起积木。川川发泄完了以后,看见我又在堆,早已经忘了之前的挫折,迅速地爬到我身边,又跃跃欲试地要来堆。

我笑了,此刻我知道是帮他重新树立信心的时候:"宝宝,咱们重新再来堆一下,好不好?"

川川疑惑地看着我,也许刚才的失败还有点让他不敢再堆,怕又会倒下来,他把积木捡起来一个一个递到我的手上,看着我堆,他自己就是不堆。我也不着急,因为我知道他的心理调整是有个过程的。我每堆好一堆,就问川川:"妈妈棒不棒?"川川就会拍起他的小手掌。

经过几轮以后,我看时机差不多了,再次鼓励川川:"你也来试一下,好吗?川川也是最棒的哦!"

有了第一次的经验,这次我只堆了两层,就把积木递给川川,川川从我手上拿过积木,还是用巴掌一把按在下面两层积木上(其实我早就知道这是他的方法不正确,可是我并不想直接告诉他,我想让他自己去尝试什么样的方法最好,说不定他还能比我做得更好),这一次,积木没有倒。那一刻,我看到川川的眼里是放着兴奋和骄傲的光芒。

我赶紧拍起了手,川川真棒。我没有让川川再往上堆,而是推倒了这个积木,让他重新再堆。因为如果再往上堆,可能又会再次引起他的挫折感,而推倒重新再来就可以让他多累积一点信心,然后再进行更高层的堆积,这样即便是他堆不上去,也不会有第一次那么强烈的挫折感了。

果然,堆了几次以后,我看他自信心已经恢复得差不多了,就不再推倒积木,而是让他继续堆第四层。失败第二次的时候川川和第一次一样,也是大发脾气,也接着哭,可是这一次的时间比第一次短了很多。他迅速地又开始进行第三次。第三次他又堆倒了,但他没有哭,只是把积木扔得远远的,然后又去捡回来再堆。到第四次失败的时候,他已经能平静地面对，把积木拿过来重新开始堆了。

这时候我是真心地笑了，对于一个1岁多的孩子来说，心理调整如此快是我感到欣慰的。我也庆幸他有了这样的挫折事件，才能让他去体验怎么面对挫折。也许在面对以后的挫折中，他仍然会哭泣，仍然会发脾气，但他也会懂得重新再来。

其实很多父母会担心如果孩子遇到了挫折，对他的自信心是否会有影响？要知道，人的一生不可能是一帆风顺的，孩子的挫折是他成长过程中所必经的。孩子是需要鼓励，可是如果鼓励过头就没有动力了，这不就是物极必反了吗？所以我一般不回避孩子的挫折，而是教会孩子或者让孩子去体验如何面对生活的挫折。

其实在川川成长的过程中，挫折是很多的，比如满1岁刚开始自己吃饭的时候，勺子总是喂不到嘴里，但是我们没有因此而阻止他自己吃饭，而是让他自己去探索。虽然在初期他会掉很多饭粒在衣服上、地上，甚至有时候因为勺子送进嘴里的方法不正确，而把碗给扔了，但是慢慢的，他就会自己吃了，不需要我们帮他，他也能很好地把勺子送进嘴里。

孩子自己体验到的比我们大人手把手教给他的可能要宝贵得多，但我们要注意保护好孩子的自信，挫折不能太多，适当就可以了。如果挫折过多，孩子就真的变成没有自信了。

教子有方

既然对于留守儿童来说挫折无法避免，那么，家长们就要培养他们耐挫折的能力。孩子的耐挫力是可以在日常生活中慢慢培养的，下面是一些比较实用的方法，家长们可以教给你的孩子。

第一，让孩子从小就学会坚强去面对困难。

在孩子上幼儿园之前，特意为孩子准备一些“难题”，让他们解决，有意识地培养他们克服困难、解决问题的能力。比如家里很乱，请孩子帮忙收拾；妈妈买的东西太多拎不动，让孩子帮忙拿一点；又或者常常组织同龄的孩子们一起玩，进行一些小比赛，让孩子明白输赢的真正意义。

第二，让孩子体验适当劳累。

充分利用各种机会让他们做力所能及的事情，锻炼他们的意志。如孩子起床后，让他们自己穿衣、穿鞋、叠被子等，以及让孩子做一些简单的家务劳动，如洗手帕、收拾玩具、擦桌子、扫地等。

第三，让孩子适当受一些批评是培养孩子耐挫力的重要环节。

必要的批评可使孩子在悔悟之中锻炼自己的承受力和养成良好的习惯，因此，应把握时机对孩子进行心理承受力的锻炼，以免孩子受不得任何批评。

第四，让孩子体验一下失败的滋味。

体验受挫折的感受，可培养孩子克服困难的勇气，帮助他们总结解决困难的经验，从而提高他们的抗挫折能力。

在孩子成长的过程中，没有挫折不行，挫折过多、过大也不行。家长应正确引导孩子正视挫折，让孩子在遭受挫折时不仅能保持心理平衡，而且能够战胜挫折。

第五，别过多干涉孩子的生活。

越来越多的家长注重孩子的“挫折教育”，以培养孩子抗挫折能力，帮助孩子越挫越勇。但这个良好的初衷往往都会在父母们对孩子过分溺爱的教育方式下胎死腹中。许多父母总是害怕孩子受到伤害，怕孩子会有挫折感，在这种想法的诱导下，开始过多地干涉孩子的生活，动摇孩子的决心。在这样的教育状态下，孩子永远不会独立地面对挫折。

第六，要从认知上对孩子进行教育。

只有正确地认识挫折，才能学会抵抗挫折，才能越挫越勇，战胜挫折。父母要让孩子明白，现实生活中不遭受挫折是不可能的，关键是对待挫折的态度，要学会在挫折中学到知识，并将此当做走向成熟的一种有效途径。通过一些户外活动等实践能够让孩子勇敢面对挫折，克服因挫折产生的恐惧感，但最重要的是，父母要放手让孩子去体验，父母要做的只是在必要的时候给孩子们一些建议和引导，要尽可能少地“包办”他们的生活。

第七，让孩子学会坚持。

没有一个人随随便便就能成功，家长要让孩子明白，如果想要成功，就必须付出一定的代价，付出辛勤的努力。当孩子在挫折面前要打退堂鼓的时候，父母不妨告诉你的孩子“坚持，坚持，再坚持”。让孩子学会忍耐和坚持，便是为孩子的成功增加了一个砝码。

第八，培养孩子的耐挫力。

现在的家长为了培养孩子坚强的品格，有意识地对孩子进行“挫折教育”，比如人为地制造挫折，让孩子参加“吃苦夏令营”，故意让孩子挨饿受冻，希望孩子在挫折中改变以往的养尊处优的习气。这样的“挫折教育”让孩子已经有心理准备，但是，生活中的许多挫折都出现在不经意当中，如学习环境的变迁、家庭的变故等，父母应当着重抓住这些时机，在孩子没有心理准备的情况下培养孩子的耐挫力，鼓励孩子正确面对挫折，克服困难，战胜挫折，越挫越勇。

温馨提醒

挫折教育就像妈妈烧的一道菜肴，主料、配菜和佐料都选择恰当、分量适宜的话，就能让孩子开心又健康。正确适度的挫折教育既能够培养孩子健康向上的人格，还能够让孩子体会到战胜困难和挫折的喜悦，树立自信心。

6. 怎样帮助孩子做快乐的花朵？

寻根寻源

现在，留守孩子的压力很大，很容易产生压抑感，不快乐。

“郁闷”，这个本属于成人心理感受的词汇竟然成为越来越多小学生的口头禅。近日公布的一项少儿心理调查显示，有高达 78％的孩子感到不快乐。调查人员认为，学习压力过大及父母不正确的教育方式是孩子郁闷的主要原因。

调查显示，留守孩子们不快乐的主要原因是外在压力增大。41％的孩子认为压力来自老师，31％的孩子认为来自父母，还有 28％的孩子会自我施压。孩子们在问卷中写下的不快乐原因五花八门，其中包括：作业多、老师批评、上课没劲、数学题目不会做、父母不让看电视动画片、被迫做自己不喜欢的事情、丢东西等。

在父母给孩子提供越来越丰富的物质条件、越来越大的生活空间的今天，孩子们从父母那里获得的快乐却越来越少，有话不跟父母讲，有问题不向父母请教。这是因为 79％的孩子认为父母对自己的学习成绩和名次有着严格的要求。对于低年级组孩子来说，令其快乐的前 4 个因素由高到低依次为：有好朋友、玩、考得好、放假；令其不快乐的前 4 个因素依次为：没考好、被批评、没朋友、作业多。中、高年级孩子，令其快乐的前 4 个因素由高到低依次为：考得好、有好朋友、受表扬、放假或收到礼物；令其不快乐的前 4 个因素则是：没考好、被批评、爸妈吵架、没朋友。从中不难看出，考试、朋友、受表扬、被批评、家庭矛盾等这几个因素在留守孩子童年的成长经历中占据重要地位。

a. 考试——快不快乐先看考试“脸色”

从以上数据我们不难发现，不论是低年级、中年级还是高年级的孩子，考试在他们心目中的重要性。考试成绩显然是一张心情晴雨表，孩子的快乐与不快乐完全受制于一次考试。且随着年级的升高，考得好与差对孩子的影响日益明显，正负作用均呈逐步上升趋势，越到高年级越发成为敏感的情绪测试。

“没考好”占留守孩子消极情绪的决定地位，一直排在第1位，很大程度上是因为考试成绩也成了学生、父母、老师评判其素质优劣的“合理”标准。

b. 评价——精神鼓励需求随年龄上升

统计中，我们发现越是到高年级，随着竞争意识的增强，孩子从心理上越渴望得到来自朋友、父母、老师的精神鼓励。可这次调查的结果表明：随着年级的上升，老师给予学生的精神上的奖励越来越“吝啬”，80.9%的低年级学生表示老师经常会表扬他们，74.1%的中年级学生表示常得到老师的表扬，到了高年级，只有48%的学生表示常得到老师的表扬。而来自爸妈的责备也呈增加态势。

c. 家庭——父母吵架让孩子伤神

父母不和在孩子的心灵上罩了一层灰色。父母吵架在中、高年级孩子心中，均居孩子不快乐因素的第3位，仅次于没考好、被批评。调查表明：父母吵架在47.6%的低年级孩子脑海中留下伤心记录，70.7%的中年级孩子对父母吵架印象深刻，70%的高年级学生会因父母吵架而产生情绪波动。

d. 朋友——友情在孩子心中越来越重

随着年龄的增长，朋友在孩子心目中所占的份额越来越重，放假时，喜欢和朋友聚在一起的比例由最初的26.2%上升至57%。同时我们应该注意到，好朋友的概念正在被深化。随着年龄的增长，孩子对朋友的真正意义认识越来越深，自认为有很多好朋友的比例有所下降，由最初的85.7%降至62%。

e. 特长教育——一样的选择不一样的心情

特长教育在校园里，甚至在整个社会上，绝对是个点击率极高的时髦词汇。虽然在这项调查中，特长教育既没挤进快乐因素的前列，也未排在不快乐因素的前列，但调查显示，绝大部分孩子在童年都有过特长

教育的经历。参加了特长教育，参加两项以上认为是开心的事。快乐因素排名

低年级组：88.1%；66.7%；23.8%末位

中年级组：96.6%；79.3%；36.2%末二位

高年级组：75%；56%；30%末位

孩子走上特长教育之路的原因不尽相同，有的是孩子兴趣使然，自愿的选择；有的是父母望子成龙、望女成凤的个人期盼使然，父母的强加；有的则是受他人影响，无奈地随波逐流。

f. 快乐——呼唤孩子天性的回归

玩本来是孩子的天性，为什么有那么些孩子会将“玩”置于快乐因素的最末位？为什么有些孩子小小年纪会产生“我希望一天到晚能读英语，将来能出国”的快乐梦想？这些是谁赋予他们的呢？

其实，孩子对快乐的追求是强烈的，孩子对快乐的要求是低廉的，看会儿电视、和父母同逛公园、去趟麦当劳、有段自己支配的时间……然而，在这次调查中，约75%的孩子将快乐寄托于考试。考得好，究竟是谁的快乐源泉？拥有了这个，难道真的拥有了快乐？可记者分明看到，更多老师夸、父母赞的孩子发出了这样的呼喊：可不可以让我多玩一下！

前车之鉴

让我们一起来欣赏卢勤总结的一个快乐人生的三句话：

第一句话：“太好了”

改变了心情就是改变了世界，这种心态将决定孩子一生是否幸福和快乐。但是快乐是爸爸妈妈给的，那么怎样培养孩子的快乐心态呢？这可是有讲究的。

第一，喜欢自己。对自己说太好了，喜欢自己的什么呢：长相，喜欢自己能够给一个人带来一生的自信，我们要透过现象看本质，善于发现一个人好的一面。要让孩子觉得他是独一无二的，最美的。要他明白一个道理，人类因为不同而美丽，世界因为不同而精彩。

因为心态好的人越长越漂亮，反之越长越难看，有一个好的心态将有一个美丽的面孔在等待你。

第二，要善待别人。要对别人说声太好了，在我们的家庭生活中，要相互善待，男人要善待女人，女人要善待男人，男人要对女人说声太好了，女人要对男人说声太好了。女人喜欢微笑和赞美。一个成功的男人需要从妻子那里得到鼓励，最不爱听的是抱怨。

另外，要让孩子对困难说声太好了，孩子生活中会有很多的困难、挫折、失效，这有什么呢？这就是人生的一种体验，当孩子垂头丧气地回来，你说什么？假如你说："又没考好吧，让你复习不复习"，孩子的大门一下子关闭了。你说"太好了，今天成功她妈回来了。每个人没有失败哪有成功啊，不经风雨哪见彩虹啊"，这时孩子觉得没有阳光爸爸脸上也灿烂。他就会兴奋起来，孩子忽然觉得妈妈不是关注他的成绩，是孩子本身。孩子在艰苦的环境中，潜能都很大，从太糟了变太好了这是一个重大的变化 ，改变了心情就改变了世界，所以改变别人不容易，改变环境不容易，改变心情是容易的。

第二句话："我能行"

改变态度就是改变了命运，"我能行"是成功者的心态，我不行是失败者的心态，我们今天教育孩子，让孩子能够骄傲地说声，"我能行"。我能行不是我跟你比，是自己跟自己比，做最好的自己就是我能行，那如何能让孩子喊出我能行？我能行与我不行，这是有环境的，在我不行的环境中长大的孩子没有自信。在我能行的环境中长大的孩子充满了自信。我们在高喊我能行的时候，是对自我的信任，是对潜能的发现，是对未来的信心呐喊，千万不要对孩子说"你不行"，态度改变命运，命运不在别人的手里，而在自己手里。

第三句话："你有困难吗？我来帮助你"

改变情感就改变了生活，爱是什么？爱是一个大口袋，往里装是满足感，往外拿是成就感和幸福感，你要让孩子一生快乐和幸福，就要让他学会关爱别人。当你帮助了别人，为什么快乐呢？因为体现了你的价值，你会觉得你很有用。所以一个人最大的快乐是关爱别人，那么今天在社会生活中谁最需要关爱——老年人。老年人是家里的功臣，没有老年人哪有这个家，懂得老人要懂个词“牵挂”，有个词叫常回家看看，老人是看一次少一次，没有老人哪有我们。最好让你的孩子去给老人寄钱，让他知道什么叫儿子、什么叫儿媳妇、什么叫妈妈，当他明白了这些道理，你的家就有了亲情，有了幸福和温暖。在今天的社会中，还有一些贫困山区的孩子们，那些孩子不是他们不努力，是因为贫穷，同一片蓝天下生存状态是不同的，富裕起来的人有责任帮助他们，当你帮助一个人的时候，等于是帮助了一个家庭。我们要多开展了手拉手的活动，让孩子们去感受谁需要帮助，当一个孩子找到了帮助人的位置，突然他就长大了，他就觉得他有用了，他就有了价值观。所以走过人生的历程时候，会觉得生命最珍贵、真情友谊最珍贵。当你没有能力的时候别人也会帮助你，帮助人一点也不吃亏，当你把爱心驻在孩子的心中的时候，他将成为一个特别有爱心的孩子，这时你就特别欣慰。所以把孩子变成财富不是一句空话，人生最有价值的不是金钱是人，当把爱心埋在孩子心中，把能力交给孩子，把机会让给孩子的时候，孩子面对这个世界，遇到什么事情能够乐观地说声“太好了”，遇到各种机会能说声“我能行”，当别人遇到困难时能够热情地说声“你有困难吗？我来帮助你”。我想谁不希望这样的孩子在身边，哪个岗位不需要这样的孩子？在你的单位，他变成了财富，他将创造更新的财富，这就是我们爸爸妈妈最大的欣慰了。我真的希望所有的孩子变成“我能行”的孩子，所有的父母变成一个宽宏大量能对孩子说声“你真棒”的父母！

快乐是一种奢侈。若要品尝它，绝不可缺的条件是心无不安。心若不安——即使稍受威胁，快乐也会立刻烟消云散。

教子有方

人是情绪化的动物，当我们背对太阳的时候，我们生活在自己的影子里，想想我们不快乐，不是别人造成的，而是我们自己与自己斗争的结果，放松身心，走出阴影，面向太阳，你就生活在阳光里，相信一句话："希望的阳光，永远照射快乐的人。"如何来舒解这些压力，从而让我们获得快乐，下面教给孩子几种舒解压力活得快乐的方法：

(1)放松自己，解脱自我

A. 阅读

在普希金的《如果生活欺骗了你》中这样说道："一切都是暂时的，一切都会消逝的，让失去的变为可爱。"通过阅读这样激励的书籍来放松我们的身心，从而获得自我解脱的快乐。

在《培根文集》中也曾谈到："阅读使人充实，会谈使人敏捷，写作与笔记使人精确……史鉴使人明智，诗歌使人巧慧，数学使人精细，博物使人深沉，伦理之学使人庄重，逻辑与修辞使人善辩。"

爱因斯坦也曾说过："在所阅读的书本中找出可以把自己引到深处的东西把其他一切统统抛掉，就是抛掉使头脑负担过重和会把自己诱离要点的一切。"

推荐几本适合儿童读的书籍：

《汤姆·索耶历险记》《百万英镑》《鲁滨孙漂流记》《羊脂球》《田野里的守望者》《少年维特之烦恼》《钢铁是怎样炼成的》《汤姆叔叔的小屋》《老人与海》《童年》《靠自己去成功》

B. 听音乐

可以听钢琴曲，也可以听的士高，想想月色朦胧的时候，那位盲人姑娘弹的"月光曲"，作为健全的我们还有什么放不下。做自己想做的事，把注意力从自己消极的情绪中转移到有意义的事上，只有学会给自己不好的心境作出合理的解释，抵制过分激动，才能保持心情开朗。

罗杰·诺斯曾经说过："音乐之目的有二，一是以纯净之和声愉悦人的感官，二是令人感动或激发人的热情。”

弗德雷里克·柏辽兹也曾说过：“音乐是心灵的迸发。它不像化学那样能进行实验分析。对伟大的音乐来说只有一种真正的特性，那就是感情。”

所以当我们不高兴不快乐时，我们可以听听欢快的音乐来缓解一下自己，因为音乐可以让人在无形中得到快乐。

推荐几首好听的歌：

郑智化的《水手》

张杰的《年轻的战场》《我的舞台》

范玮琪的《最初的梦想》《我的未来不是梦》

许美静的《阳光总在风雨后》

汪峰的《飞得更高》《怒放的生命》

张韶涵的《隐形的翅膀》

BY2 的《勇敢》

Beyond 或信乐团的《海阔天空》

(2)正确制定目标

A. 调整期望值

人总是有某些个性上的盲点，因此经常反省，从不同角度去认识自己，是情商的一个重要因素，给自己一个正确的定位，使自己永远保持对生活的美好认识和执著！踏踏实实做事，让整个心灵沉浸在悠闲无虑的宁静里，快乐也就会接踵而来。

B. 正视目标和环境

每个人都有所长，在不同的环境里，造就不同的人，每个人的个性，所接受的社会教育是不同的，拿自己和别人比，不就中了俗话所说的“人比人，气死人”的老话。少一些自我折磨，就会多一些人生机会。人生就如“万花筒”迷离，变化多端。要想有一个良好的心态，还要有以下的心理素质。

(3) 宽广的胸襟，再接触的勇气

我们要对自己充满信心，没有过不去的坎，只有你不想过的坎，清醒地把握住每一次机会,不断自我激励,学会为自己喝彩。

(4)淡忘伤痛肯定现在

一个人应该学会主动地遗忘那些生活中曾有的不幸和痛苦,清除心灵的创伤,相信存在就是合理的,不要把生活的不快都拾进自己人生的行囊,学会放下,就会快乐。

(5)凝聚意志力,改善期望值

不断地提醒自我凝聚意志力,有计划地做事,做计划内的事,相信快乐永远属于你。

让留守孩子从小快乐成长是最重要的,只有留守孩子快乐了,留守家庭才会快乐,这个社会才会和谐!

第六章 开启留守儿童的智慧大门

近几年随着经济社会的持续发展,城市化进程的不断加快,在广大农村,劳务输出已成为农民致富图发展的重要途径,越来越多的农村青壮年外出打工,他们留守在家的子女即留守儿童已经引起了社会的广泛关注。由于父母长期在外工作,只有过年的时候才能短暂地陪在孩子身边,导致留守儿童亲情缺失,家庭监护缺位,享受不到应有的正常的家庭教育。如何保证留守儿童的学业顺利进行,除了学校的努力之外,留守家庭也要给予格外的关注,寻找方法去开启留守儿童的智慧大门,做好留守儿童的家庭基础教育保障。

1. 怎样做好孩子的家庭辅导?

寻根寻源

家庭辅导在一个人的成长过程中起着极为重要的作用。留守儿童的父母长期在外打工,孩子跟随爷爷、奶奶、外公、外婆等其他亲朋同住。这是一群特殊的监护人,他们往往文化程度不高,能照顾孩子的生活已属不易,而对于孩子的学习给予的关注度不高,或者力不从心,使得一部分留守儿童由于家庭辅导的长期缺失,导致成绩下降、亲情失落、心理失衡、家教失力等令人担忧的现象,严重影响了留守儿童的健康成长。因此,改善留守儿童的家庭辅导缺失问题,帮助他们建立良好的亲情关系、营造良好的家庭教育氛围,对于培养留守儿童学习的主动性和自觉性,增强自控力和自信心,促进他们健康成长有着十分重要的作用。

有调查显示,留守儿童的学习成绩普遍偏低,这与其家庭辅导中存在的问题息息相关。

(1)家庭有效监督不力

家庭是孩子出生后的第一所学校，父母是孩子的第一位老师，家庭教育对孩子将来的发展起着至关重要的作用，老师布置的家庭作业和其他任务，需要父母给予必要的监督，但外出务工的父母一年到头只有春节或农忙季节回家，无法对孩子的学习进行有效的监督，临时监护人（爷爷奶奶、外公外婆）对孙辈一味溺爱，无法对孩子的学习进行有效监督。

（2）临时监护人教育方式不当

当前，多数留守儿童家庭教育存在以下几种方式：一是溺爱型，由于孩子平时缺少父爱母爱，祖辈想在物质方面给予补偿，孩子要什么就给什么，百依百顺，溺爱放纵；二是严厉型，祖辈怕孩子学习搞不好，不好和孩子父母交代，所以孩子学习成绩一旦落后，就是批评，甚至打骂，严重伤害了孩子的自尊心；三是放任型，祖辈认为只要能认识几个字，能算账就行了，不管学历高低，将来都是打工，认为读书无用，对学习采取不闻不问的态度。

（3）临时监护人文化程度不高

父母的长期外出务工让农村留守儿童在学习上缺少了重要的辅导者，临时监护人多数是祖辈，由于他们文化程度偏低，难以给孩子们的学习带来帮助，教育观念的落后使他们从来不主动与孩子的老师联系，缺少沟通，不能及时了解孩子在学校的表现，很多孩子因为父母离开成绩下降，继而对学习失去信心，甚至逃课，破罐子破摔，经常三五成群沉湎于网吧、游戏厅，荒废学业。

（4）临时监护人和留守儿童的"代沟"

老人和孩子之间由于年龄的差距和成长背景的区别，造成沟通方面存在障碍，虽然在一起生活，但想不到一块，说不到一块，一旦孩子学习遇到困难或成绩下降，却没有进一步去沟通和教育，孩子的学习无疑会受到影响。

此外，留守儿童因长期不能与父母生活在一起，再加上与临时监护人沟通不畅，当遇到困难、烦心事所产生的苦闷、矛盾、孤独等不良情绪无法排解，可能会促使孩子在人格发育及行为上产生影响，进一步影响孩子在学业上的表现。

前车之鉴

留守儿童的家庭辅导对其健康成长产生重要的影响。留守儿童的家庭辅导不当或缺失,对其学业的影响表现在以下具体几个方面:

(1)学习动机不明确或不端正

留守儿童的学习动机是比较复杂的,有的为了父母学习,有的为了日后能挣大钱学习,有的为了混个毕业证学习,有的为了物质奖励学习,有的为了更多的知识学习,孩子的学习动机往往难以持久,又因缺少父母的监督指导,往往因为贪玩或畏惧学习困难而失去学习的动机、信心和兴趣。

(2)学习习惯差

著名教育家叶圣陶说"凡是好的态度和好的方法都要使之化为习惯,只有熟练得成了习惯,好态度才能随时随地地表现,好的方法才能随时随地地应用,好像出于本能,一辈子享受不尽"。良好的学习习惯的养成对孩子能否很好地完成学习任务是至关重要的,而且培养得越早越好,但由于父母外出务工较早,缺少对孩子良好学习习惯的培养,在学校里,虽然老师也对其进行良好学习习惯的培养,但他们在学校习得的良好学习习惯在家中得不到强化。此外,留守儿童在课堂上不专心听讲,课后不完成作业的现象也时有发生。

(3)学习成绩落后

由于父母长期外出务工,临时监护人多数是祖父母或外祖父母,这些老人文化水平低,没有能力辅导孩子的学习,重养轻教使对孩子的教育走向放任自流,加之大多数留守儿童在学习上缺乏主动性和自觉性,迟到、早退、旷课是常事,长此以往,学习成绩普遍落后。

(4)学习环境差

父母外出务工对留守儿童学习环境的影响是很大的,有的留守儿童自己要洗衣服、做饭,甚至干少量农活,学习时间减少了,有的因为临时监护人监护力度不够,又因留守儿童是非分辨能力不强,容易受社会上

不良环境影响，参加一些不良活动，从而影响学习，比如：经常出入网吧、游戏厅、录像厅等场所。

(5)社会环境的影响

当今时代是一个开放的时代，社会变化快，信息灵通，留守儿童看到自己的一些亲戚朋友在外边打工，每年都能挣不少钱，有些还成了大老板，从他们的言谈看，不少学生对此羡慕不已。这种社会大环境的影响较深，使其不安心在学校学习。

教子有方

家庭教育是一个人不可缺少的教育，是启蒙教育，健全的家庭结构和有效的家庭教育是一个人健康成长的必要保证。如何做好留守儿童的家庭辅导，下面给出一些建议：

(1)父母尽量不要双双外出打工。对留守儿童的教育只靠学校老师和临时监护人是不够的，最重要的还是留守儿童的父母。处于义务教育阶段的孩子至少应有一位家长留守，这对于孩子的人格的培养和学业成绩都是有益的。因此，父母最好不要双双外出打工；其次充分考虑临时监护人的教育能力，不能选择一个只能照顾孩子衣食住行的老人，假如老人确实没有教育能力，就留下一方照顾孩子。

(2)帮助临时监护人转变教育观念。临时监护人的观念会直接影响孩子的学习动机和兴趣，因此，临时监护人应树立科学的教育观：首先，不要溺爱孩子，不能因为孩子小，父母不在身边，而对他们加倍地溺爱，而要更多跟他们沟通，消除误会，防止产生“代沟”；其次，在学习上遇到困难，如果监护人不能解决的，可以鼓励孩子通过电话请教老师或他人。

(3)家长与留守儿童要加强联系。父母即使打工在外，也要努力创设条件弥补家庭教育的缺失对其子女造成的不良影响，可通过打电话或写信，条件比较好的，也可通过互联网发电子邮件或 QQ 等形式，了解孩子在家中或学校的学习、生活情况，把握孩子的动态过程，及时给予指导、教育。“家庭是初级社会群体的典型，它最重要的特征就是面对面的富有感情的交往”。所以尽可能利用利用节假日回老家看看或接孩子到务工所在地短期居住，关心他们的学习，使留守儿童心理上产生安全感、归属感。

2. 文化程度不高怎么辅导孩子学习？

很多家长或孩子的临时监护人，在对孩子进行家庭辅导时由于自身的能力所限会产生力不从心的感觉。因为留守儿童的临时监护人大部分是农村老人，他们的文化程度本不高，因此在指导孩子学习方面，会感觉无从下手，无可奈何。虽然文化程度不高是事实，但这并不意味着就不能做好家庭辅导。成功的家庭辅导与孩子的家庭环境和从小所接受的家庭教育都有着密不可分的关系。

寻根寻源

家庭是人成长的摇篮，父母是人生成长的第一启蒙教师。一个人从出生到走上社会，其间大约有三分之二的时间在家里度过，家庭成员尤其是父母的言行举止会给孩子留下深刻的影响，对子女健全人格和良好社会适应能力的形成产生重要影响。家庭教育是一切教育的基础。前苏联著名教育学家苏霍姆林斯基曾把儿童比作一块大理石，他说，把这块大理石塑造成一座雕像需要六位雕塑家：(1)家庭；(2)学校；(3)儿童所在的集体；(4)儿童本人；(5)书籍；(6)偶然出现的因素。从排列顺序上看，家庭被列在首位，可以看得出家庭在塑造儿童的过程中起到很重要的作用，在这位教育学家心中占据相当的地位。为此家长了解家庭教育的重要性是十分必要的。家庭教育相对于其他教育的优势体现在：

(1)家庭教育的早期性。家庭是儿童生命的摇篮，是人出生后接受教育的第一个场所，即人生的第一个课堂；家长是儿童的第一任教师，即启蒙之师。所以家长对儿童所施的教育具有早期性。

(2)家庭教育的连续性。孩子出生后，从小到大，几乎 2/3 的时间生活在家庭之中,朝朝暮暮,都在接受着家长的教育。这种教育是在有意和无意、计划和无计划、自觉和不自觉之中进行的,不管是以什么方式、在什么时间进行教育,都是家长以其自身的言行随时随地地教育影响着子女。这种教育对孩子的生活习惯、道德品行、谈吐举止等都在不停地给予影响和示范,其潜移默化的作用相当大,伴随着人的一生,可以说是活到老学到老,所以有些教育家又把家长称为终身教师。这种终身性的教育往往反映了一个家庭的家风,家风的好坏往往要延续几代人,甚至于十几代、几十代,而且这种家风往往与家庭成员从事的职业有关。

(3)家庭教育的权威性。这是指父母长辈在孩子身上所体现出的权力和威力。家庭的存在,确定了父母子女间的血缘关系、抚养关系、情感关系,子女在伦理道德和物质生活的需求方面对父母长辈有很大的依赖性,家庭成员的根本利益的一致性,都决定了父母对子女有较大的制约作用。父母的教育易于被孩子接受和服从,家长合理地使用这一特点,对孩子良好品德和行为习惯的形成是有益处的。孩子与父母的关系,是孩子最先面临的一种重要的社会关系。在这种关系中,几乎体现了社会人伦道德的各个方面,如果这种关系中形成裂痕和缺陷,孩子将来走向社会,在各种人际关系中就会反映出来。父母教育的效果如何,就看父母权威树立的程度,父母权威的树立必须建立在尊重孩子人格的基础上,而不是封建的家长制上,明智的家长很懂得权威树立的重要性,更懂得权威的树立不是靠压制,强求、主观臆断,而是采用刚柔相济的方法。父母双方在教育子女的态度上首先协调一致,并相互配合,应宽则宽,应严则严,在孩子面前树立起一个慈祥而威严的形象,使孩子容易接受父母的教育。

(4)家庭教育的感染性。家长与孩子之间的血缘关系和亲缘关系的天然性和密切性,使家长的喜怒哀乐对孩子有强烈的感染作用。孩子对家长的言行举止往往能心领神会,以情通情。在处理发生在周围身边的人与事的关系和问题时,孩子对家长所持的态度很容易引起共鸣。在家长高兴时,孩子也会参与欢乐,在家长表现出烦躁不安和闷闷不乐时,孩子的情绪也容易受影响,即使是幼儿也是如此。如果家长缺乏理智而感情用事，脾气暴躁，都会使孩子盲目地吸收其弱点。家长在处理一些突发事件时，如果表现出惊恐不安、措手不及，对子女的影响也不好；如果家长处变不惊、沉稳坚定，也会使子女遇事沉着冷静，这样对孩子心理品质的培养也会起到积极的作用。

(5)家庭教育的及时性。家庭教育的过程，是父母长辈在家庭中对孩子进行的个别教育行为，比幼儿园、学校教育要及时。常言道：知子莫若父，知女莫若母。家长与孩子朝夕相处，对他们的情况可以说是了如指掌，孩子身上稍有什么变化，即使是一个眼神、一个微笑都能使父母心领神会，因此作为父母通过孩子的一举一动、一言一行能及时掌握此时此刻他们的心理状态，发现孩子身上存在的问题，及时教育，及时纠偏，不让问题过夜，使不良行为习惯消灭在萌芽状态之中。

留守儿童由于其最亲密的家庭成员的长期缺失，以及代理监护人的文化素养的高低都将使其所接受的家庭教育的优势未必能够发挥应有的效果，这些问题所带来的后果会在孩子的生活和学习中有所呈现。如一些留守儿童由于缺少父母之爱，缺少有力的监管，行为习惯比较差，学习目的不明确，努力程度不够，学业成绩一般都不理想。他们身上暴露出的问题，不仅会危及这些孩子的健康成长，而且会给教育以及社会发展带来较大的负面影响，解决好这一问题意义重大，而这个问题的解决必须依赖于家庭、学校、社会、政府多方面的共同努力和合作。

前车之鉴

可以说，留守儿童是一群特殊的弱势群体，一旦他们缺少父母的关爱，缺少亲情的温暖，就会逐渐变得孤僻、偏执、情感冷漠。留守儿童的临时监护人通常承担着管理家庭和抚养孩子的双重任务，时间的不充裕，及自身文化水平的有限，让他们常常对孩子的学业辅导无所适从，甚至是并未给予过多地关注。正是由于这些特殊的因素，使得一些留守儿童在学习和生活中存在一些问题，其主要表现在以下几个方面：

(1)学习成绩不理想。大多数留守儿童在学习上欠缺主动性、自觉性，学习目的不明确，没有养成良好的学习习惯。具体表现在有迟到、早退、上课提不起精神、注意力不集中、不能较好地完成家庭作业，甚至旷课、中途辍学等现象，其直接的结果就是学习成绩较班级平均水平低，较自己以往成绩低。

(2)行为习惯不良。有些留守儿童因为自幼与父母分离，没有得到父母良好的管教，而其代理家长比如爷爷奶奶过于溺爱孩子，或者由于家庭负担重而疏于管教孩子，使其没有得到良好的家庭教育，养成很多不良的行为习惯。如在学校表现得散漫，不遵守纪律，不尊敬师长，我行我素，常有迟到、早退、打架斗殴的现象。在家里不懂得尊老爱幼，不会做力所能及的家务，对监护人不礼貌。没有养成良好的卫生习惯，早晚不爱洗漱刷牙，不愿洗澡理发等。易于沉迷，整天沉迷网络游戏中；易于模仿，模仿成年人抽烟喝酒，模仿武侠小说拉帮结派，结拜师兄师弟。

(3)人格发展不健全。由于长期缺乏父母的关爱，留守儿童内心封闭，情感淡漠，缺乏安全感，心理承受力差，情绪消极，孤独，言语少，不合群，不愿意也不善于同他人交往，存在抑郁自卑，乃至愤世嫉俗的心理。

教子有方

上面的分析，我们已经认识到营造良好的家庭氛围对留守儿童的学习和生活都有重要意义。家长们都很重视孩子的学习，留守儿童的家长也不例外。但在辅导孩子学习的过程中，很多孩子的家长或临时监护人由于自身文化程度不高，不知该如何辅导孩子，甚至对于孩子的家庭辅导由于信心的不足而不抱任何希望或不知如何做起。

文化程度不高的家长，辅导孩子学习的确有一定困难，但这绝不是说，这些家长就不能辅导孩子学习了。文化程度不高的家长，在辅导孩子学习方面应该做哪些事呢？我们可以看看下面给出的建议：

(1)家长可以以表率的作用促进孩子学习。培养孩子好学上进的品质，激起孩子对学习的热爱，很大程度上取决于家长本人的表率作用。孩子感到家长对工作、对生活、对自己满腔热情、意气风发，就容易形成热爱生活、好学上进的思想品质,由此形成自觉学习、勤奋学习的思想基础。所以,家长必须时时处处严格要求自己,在工作和生活中认真学习,加强自身修养,用自己的模范言行去影响孩子,做孩子的表率。

(2)家长可以从学习习惯的培养上来督促孩子学习。良好的学习习惯是搞好学习的重要基础之一。文化程度低的家长,虽然不能在学习的具体内容上对孩子进行指导,但培养孩子的学习习惯是有能力的。一是不允许孩子边做作业边看电视。教育孩子做作业时,要集中精力,专时专用,不要三心二意。二是要了解学校的作息时间,督促孩子按时回家,不允许孩子在外打闹、游逛,避免形成不良习惯,使孩子的学习、生活都有规律。这样,孩子才能有充沛的精力,也才能够提高学习效率,取得更大的进步。

(3)家长可以通过给孩子创造良好的学习环境促进孩子学习。良好的学习环境,可以使孩子安心学习。因此,家长要给孩子创造一个良好的学习环境。一是尽量给孩子一个单独学习的地方,以减少干扰。二是在孩子学习时,家长不应为做家务而搞得家里响声不断,电视机声音要开小,以免分散孩子的注意力。三是要让孩子在学习时有良好的情绪。家长不要在孩子学习时,一会儿指责这,一会儿批评那,唠唠叨叨。这样会影响孩子的情绪,从而影响孩子的学习效率。若要指出孩子存在的问题,应尽量在学习前或学习完以后,这样既不影响孩子的学习,又能收到一定效果。如果是必须中断孩子的学习而马上指出某个问题,家长的态度一定要和蔼恳切,让孩子能够接受,用商量的口气比较好。

(4)家长可以通过与孩子交流思想感情的方式促进孩子学习。家长和孩子之间的关系如何,直接影响孩子的学习积极性。所以,无论是留守家长还是在外务工的家长,都要经常关心孩子,主动询问情况,与孩子交流情感。在与孩子进行思想交流时要有耐心,做到平等相待,使孩子感到家庭的温暖和来自亲人的关爱。于是孩子就会有良好的心境学习,就会亲近家长、信任家长,愿意将自己的思想和学校里发生的事告诉家长。这样,家长不仅可以了解孩子在校的表现,而且可以了解孩子的内心世界,有助于家长有针对性地做好孩子的思想工作,调动孩子的学习积极性。

(5)家长可以通过与老师配合共同督促孩子学习。孩子的学习主要是在学校进行,在老师的指导下完成的。孩子在学校的表现情况,学习成绩的好与差,家长应该掌握,以便配合老师对孩子及时进行教育。若长期不与老师联系,等问题成堆,老师找到家长时,就增加了教育的难度。孩子成绩差的家长更应经常与老师联系。

(6)家长不要吝啬赞美和表扬。任何一个孩子都是需要表扬和鼓励的。在生活中,如果家长特别是代理家长能时刻以一双善于发现美的眼睛来观察孩子,当孩子学习取得进步时,及时地给予表扬称赞,这会极大地增强孩子的自信心,有利于培养孩子主动学习的乐趣和积极性。当孩子成绩下降时,也能很好的控制情绪,引导孩子勇于面对问题,学会理性思考,总结经验教训,及时地鼓励孩子不要失去信心,和孩子一起找到改善的方法和制订今后的计划,孩子会从家长的鼓励和信任中获取力量,这对他今后的学习生活都有着重要的影响。

所以,家长千万别妄自菲薄,认为自己没有教育好孩子的能力。即便自身文化程度不高,但一样可以做好孩子的家庭辅导。不过,在生活中,家长的文化水平不高仍然是搞好家庭教育的一大障碍,家长千万不能掉以轻心。为了家庭的幸福,为了孩子的健康成长,一切有进取心、有责任心的家长都应该做到:努力学习,不断提高自己的文化水平与个人修养,不断提高自己的家庭教育能力,把孩子教育得更好!

3. 怎么让孩子掌握有效的学习方法?

寻根寻源

从前有一位很有本领的道人,只要他用手一指,面前的乱石立即会变成黄金。一天,他让徒弟们坐在他四周,自己用手指点着地下一堆石块,石块立刻都变成了黄澄澄、亮闪闪的大小不等的金块。徒弟们看了又惊又喜，个个拍手叫好。道人对徒弟们说："你们每人选一块金子，拿去买点吃用的吧！"徒弟们纷纷扑到黄金堆里去翻拣，有的要选一块色泽最黄的，有的要拣一块亮光最足的，有的想找一块最大的，大家东翻西找忙个不停。这时却有一个徒弟没有去拿金块，而是静静地站在道人旁边，两只眼睛睁得大大的紧盯着师傅点石成金的手指看，边看边思考。道人问他："你为什么不去挑选一块金子呢？"徒弟回答说："金子虽好，但总会用完的，我看中了师傅那个点石成金的指头。"相信大家都看出来了，这个故事说的是授人以鱼，不如授人以渔的道理。学习的道理也是一样。与学习文化知识相比，让孩子学会有效的学习方法显然更为重要。

联合国教科文组织有两个明确的观点：今天教育的内容 80％以上都应该是方法，方法比事实更重要。未来的文盲就是那些没有学会怎样学习的人。《学会生存》一书中指出：未来的文盲不是目不识丁的人，而是没有学会怎样学习的人。学习方法指导是培养跨世纪的一代创造型人才的需要。我们正处在科技迅速发展的时代，知识的更新日新月异。人们只有具备获取新知识和新能力的自学能力，不断更新自己的知识结构，才不至于落后，才能为社会的发展做一份贡献。因此，世界各国为了培养开拓型、创造型的人才，都在进行教育改革，都非常注重培养学生的学习能力。科学家和教育家都预言：未来的文盲将不是目不识丁的人，而是那些没有掌握学习方法，不会学习的人。"教会孩子学习"已成为当今世界流行的口号。

掌握有效的学习方法对正在求学的留守儿童尤为重要。

首先，这是年龄阶段的需要。随着孩子的不断成长，在其求学阶段，孩子的注意力、记忆力和思维能力都发展到了一个新的阶段，这是长身体、长知识的重要时期。谁在这个阶段掌握了有效、科学的学习方法，谁的智力就会得到充分的开发，谁的学习就会积极主动，谁就奠定了学习的基础。现在的孩子学习负担很重，在学校同时要学多门课程；其次，这是学生学习特点的需要。我们知道，随着学习的不断深入，学习科目越来越多，学习难度越来越大。每门科目都有一定的难度，都要消耗一定的时间和精力，因此，只有掌握了有效的学习方法才会在学习中得心应手，如鱼得水。

再者，这是国民素质教育的需要。联合国教科文组织指出，未来的文盲不是不识字的人，而是不会学习的人。留守儿童的教育问题尤其受到关注。他们一旦掌握了有效的学习方法，今后无论是升学还是就业，由于解决了"会学"的问题，就能够积极主动地去摄取知识和更新知识，就能在科教兴国中作出应有的贡献。

前车之鉴

什么样的学习方法才最有效率？适合自己的方法，就是最有效率的方法。就是说，孩子需要先了解别人的学习方法，但不是照搬，而是在别人方法的启发下，总结探索出适合自己的方法，才会产生最大的效应。

的确，如果你注意观察的话，也许你会发现，在我们身边的学生之中，有不少孩子学习是非常勤奋的。他们除了白天学习外，晚上还要加班加点到深夜，有的学生甚至课间的十分钟也要用于学习，可是却成绩平平；同时，你还会发现，另外一些学生学习并不十分紧张，除了上课和自习课外，其余时间很少用于学习，可是学习成绩却很好。如果排除智商的因素，是什么让这二者的付出与回报不成比例呢？

举世闻名的科学家爱因斯坦认为，成功＝刻苦努力＋方法正确＋少说废话。从这个大家公认的公式，我们可以知道，正确有效的方法是成功的三要素之一，如果只有刻苦努力的精神和脚踏实地的作风，而没有正确的方法，是不能取得成功的。法国的物理学家朗之万在总结读书的经验与教训时深有体会地说："方法的得当与否往往会主宰整个读书过程，它能将你托到成功的彼岸，也能将你拉入失败的深谷。"

情景回放：

东东是四年级的孩子，平时学习很用功，但成绩却一直不太好，东东的父母很纳闷。一天，爸爸专门观察东东的学习。发现东东先是写数学作业，大约过了20分钟，他遇到了难题，只见他眯着眼睛，一直思考着，5

分钟过去了，他还是没有动笔。

爸爸看见东东这样，告诉他此时应该放一放，先做语文作业。东东很不情愿地掏出了语文作业本，语文作业刚好也有两道题不会做，他又开始思考起来，爸爸看了看表，语文作业做了30分钟，但思考那两道题的时间占去了10分钟，最后还是没有结果。东东的爸爸此时才知道儿子如此用功，而成绩却不好的原因。

如果孩子没有掌握正确的学习方法，纵然拥有满腔的学习热情，有自觉主动的学习精神，也只会蛮学苦学，对提升学习成绩无益，于提高学习效率无补。相反，低下的学习效率会使孩子逐渐失去学习的兴趣，从而放弃自觉主动的学习。

调查表明，优等生都非常重视采用正确的学习方法。他们善于总结自己的学习经验，分析自己的学习特点，经过不断调整，最终形成一套适合自身条件并行之有效的学习方法。这正是他们学习成功的秘诀。

如果留守儿童能够掌握科学高效的学习方法，就会使其养成自觉学习的习惯，将各种事情处理得井井有条，避免出现丢三落四、慌忙混乱的状况。

教子有方

在教会孩子掌握有效的学习方法时，留守家长可以把握住三个要素：

(1)要让孩子劳逸结合

学习时间长并不等于效果好，要提高学习效率，就要了解孩子的学习心理规律，处理好学与玩的关系。很多父母抱着望子成龙的心理，送孩子去上各种各样的学习班，或者请家教，孩子几乎没有时间休息。这无疑是“强按着牛头让牛喝水”。

实际上，过重的学习负担不仅不会提高孩子的学习成绩，反而会造成孩子的心理障碍，影响孩子的学习。让孩子劳逸结合，才能提高孩子的学习效率，使孩子感受到学习的乐趣。

(2)专心致志,发挥学习潜能

研究表明,人类所获取的90%以上的信息都是通过潜意识来实现的。心理学家认为,人类的潜意识决定了人类的进步。所以,在孩子的学习过程中,要让孩子相信自己的潜能与实力,要教会孩子通过集中精神发挥出潜能来提高学习效率。

(3)让孩子从实践中学习

孩子对实践中获得的知识更能牢记在心,为应付考试而死记硬背的信息,很快就会忘得一干二净。因为临时抱佛脚得来的知识,是一种感性的知识,只能暂时留在记忆中,随着时间的推移,会呈现一种先快后慢直至最终遗失的规律,而只有经过理性思考所得来的知识才有可能保持得更长久。在掌握有效的学习方法中,留守家长可以帮助孩子养成如下学习习惯:

·要让孩子清楚自己要做的事情和所拥有的时间,科学合理安排时间,选定合适的、固定的时间用于自主学习,同时必须留出足够的时间来完成正常的阅读和课后作业。当然,学习不应该占据全部的空闲时间,要给休息、业余爱好、娱乐留出位置,这一点也很重要。

·连续长时间的学习很容易使孩子产生厌烦情绪,这时可以让其把功课分成若干个部分,把每一部分限定时间,例如一小时内完成这份练习、八点以前做完那份测试等,这样不仅有助于提高效率,还不会产生疲劳感。如果可能的话,逐步缩短所用的时间,不久孩子就会高兴地发现,以前一小时都完不成的作业,现在四十分钟就完成了。

·不要让孩子长时间都学习同一门功课。

用一个较长的时间段来学习或复习一门学科,实践证明,这样做非但容易疲劳,而且效果也很差。学会用学习文科来消除学习理科的疲劳,用学习艺术去启迪学习科学的智慧。

·不要让孩子在学习的同时干或想其他事。

一心不能二用的道理谁都明白,可还是有许多孩子在边学习边听音乐。或许听音乐是放松神经的好办法,那么尽可以让孩子专心地学习一小时后全身放松地听一刻钟音乐,这样比边戴着耳机听音乐边做功课的效果好多了。

·教导孩子学会做简要的笔记。

好记性不如烂笔头，教导孩子养成不动笔墨不读书的习惯和记录课堂笔记的习惯。同时，要让孩子了解记笔记的注意事项，比如笔记切忌面面俱到，如果课堂上忙于记笔记，就会影响听课的效率。课堂上所做的主要工作应当是把老师的讲课消化吸收，适当做一些简要的有助于加深记忆的系统理解的笔记。

·让孩子养成课前预习的习惯，充分利用课堂时间。

教导孩子养成良好的预习习惯。预则立，不预则废。告诉孩子在认真投入学习之前，先把要学习的内容快速浏览一遍，了解学习的大致内容及结构，以便能及时理解和消化学习内容。当然，要注意轻重详略，在不太重要的地方可以让孩子花少点时间，在重要的地方，可以让孩子标记号以待课上重点听讲。

学习成绩好的孩子很大程度上得益于在课堂上充分利用时间，这也意味着在课后少花些功夫。课堂上要及时配合老师，做好笔记来帮助自己记住老师讲授的内容，尤其重要的是要积极地独立思考，跟得上老师的思维。

·让孩子知道学习要有合理的规律。

课堂上做的笔记孩子要在课后及时复习，不仅要复习老师在课堂上讲授的重要内容，还要复习那些孩子仍感模糊的知识。在认真复习后再去完成作业，效果最好。同时，如果孩子能坚持定期复习笔记和课本，并做一些相关的习题，定能更深刻地理解这些内容，他的记忆也会保持更久。此外，定期复习能有效地提高孩子的测验成绩。

·调动多种感官参与学习活动。

多感官学习法是著名教育家蒙台梭利提出的一种有效的学习方法，她认为孩子在动手实践时，充分调动他们全身感官的参与，学习的效果将会更好。多感官学习法要求父母要在学习的过程中帮助孩子调动各种感官，如触觉、听觉、视觉、嗅觉、味觉等，让孩子的各种感官充分活跃起来。如果孩子不喜欢学习，学习时注意力不集中，父母可以鼓励孩子使用多重感官来学习，集中他们学习的注意力，提高学习自主性。

以上列举了多种学习方法，但是否有效这是因人而异的。这就需要让孩子懂得结合自身特点，在实践中总结探索出适合自己的有效的学习方法。

4. 提高学习效率有妙招

留守儿童的教育是家长与学校的共同责任，孩子在校自主学习的时间是有限的，放学以后、节假日有大量的时间是在家里度过的。因此，如何帮助留守儿童巩固在校学习成果，提高学习效率，是留守家长需要面临的问题，也是其需要承担的责任。对于大部分留守儿童的家长而言，在知识上指导孩子是比较困难的事情，孩子学习主要是靠自觉，但是了解和掌握一些针对孩子在各求学阶段学习的指导方法，教给孩子一些有效的学习方法，帮助孩子提高学习效率，这些对孩子的学习都会起到很大的辅助作用。

寻根寻源

著名教育家班杰明曾经接到一个年轻人的求助电话，并与那个向往成功、渴望指点的年轻人约好了见面的时间和地点。

等那个年轻人如约而至时，班杰明的房门大敞着，眼前的景象令年轻人颇感意外——班杰明的房间里乱七八糟、狼藉一片。

没等年轻人开口，班杰明就招呼道："你看我这房间，太不整洁了，请你在门外等候一分钟，我收拾一下，你再进来吧。"他一边说着，一边轻轻地关上了房门。

不到一分钟的时间，班杰明就打开了房门，热情地把年轻人让进客厅。这时，年轻人的眼前展现出另一番景象——房间内的一切已变得井然有序，而且有两杯刚刚倒好的红酒，在淡淡的香郁气息里还漾着微波。

可是，还没等年轻人把满腹的有关人生和事业的疑难问题向班杰明提出来，班杰明就非常客气地说道："干杯！你可以走了。"

年轻人愣住了，既尴尬又非常遗憾地说："可是，我……我还没向您请教呢……"

"这些……难道还不够吗？"班杰明一边微笑着，一边扫视着自己的房间，轻言细语地说："你进来又有一分钟了。"

"一分钟……一分钟……"年轻人若有所思地说，"我懂了，您让我明白了一分钟时间可以做许多事情、可以改变许多的深刻道理。"

班杰明笑了。年轻人把杯里的红酒一饮而尽，向班杰明道谢后，开心地走了。

班杰明在故事中用实际行动告诉我们，短短的一分钟也可以做很多事情，高效率的做事是向往成功的年轻人应该具备的素质。同样，如果想要让孩子在学业上有所成就，那么学习效率的高低将直接影响到孩子的学业成绩。

生活中，不少留守家长会困惑：孩子学习一直很努力，每天预习、复习、做作业，时间安排得很紧张，但成绩却始终不理想。这是什么原因呢？有调查显示，留守儿童出现这种情况主要还是学习效率和学习方法上存在问题。决定孩子成绩的因素是多方面的，并非学习时间的累积和先天智力优势就一定能带来好成绩。造成留守儿童学习效率低的原因有很多，较低的学习兴趣、不良的学习习惯，身体的疾病，情绪状态等都能影响学习效率。因此，家长在寻找解决办法之前先要明确留守儿童学习问题的症结所在，才能对症下药，解决问题。

(1)认知能力的个体差异。

正如人的身高和肤色存在差异一样，大脑加工和处理信息方面也存在着差异。有的人擅长用视觉进行学习，有的人对声音特别敏感，有的人则喜欢一边动一边学习。每个孩子都有自己最擅长的学习模式，没有找到适合自己的学习模式，学习效率自然就低。比如，擅长边动边学习的人，要求他们一堂课 40 分钟一丝不苟地端坐着听讲，这样的方式对他们而言可能就不会有理想的学习效果。

(2)学习动力不足。

学习动力与学习效率成正比。对小学生来说，学习动力很大部分来自学习兴趣，对学的东西感兴趣，学习就积极主动；不喜欢则千方百计地逃避，即使被家长“看押”着学习，也是敷衍了事，成绩当然不会好。对此类孩子，家长要在激发其学习兴趣，提高责任心上下工夫。

(3)学习习惯不好。

良好的习惯受益终身。国内外教学研究统计资料表明，对于绝大多数学生来说，学习的好坏，20%与智力因素相关，80%与非智力因素相关。而在信心、意志、习惯、兴趣、性格等非智力因素中，习惯又占有重要位置。古今中外在学术上有所建树者，无一不具有良好的学习习惯。著名教育家叶圣陶先生说：“什么是教育，简单一句话，就是要培养良好的习惯。”一个孩子如果上课不听讲，一边学习一边玩，总是写字潦草，做题马虎……这个孩子的学习成绩一定不会好。培养孩子良好的学习习惯应从一年级开始，如果已经过了这个阶段，就应该加强弥补工作，力求帮助孩子改掉不良的学习习惯。

(4)学习方法不当。

一只小虫碰到网上，中央的蜘蛛马上就知道了。知识也一样，如果学习方法得当，就能融会贯通，举一反三；如果死记硬背，抓不住重点和难点，不能形成知识结构，最后肯定学不好，一点效率都没有。对这类留守儿童，留守家长应加强学习方法的指导。

(5)学习环境不良。

有些留守儿童的学习问题是学习环境造成的。例如父母不顾孩子的特点把孩子送进重点班，孩子明显无法跟上班级进度；父母无法提供一个有利于学习的空间与时间，父母离异造成孩子很多心理困扰等，都会造成孩子学习的低效率。而对于留守儿童来说，因为其生活背景的特殊性，使得这些孩子的学习环境也会出现各种问题，如学习场所的不固定性，学习场所简陋，学习环境嘈杂，代理监护人对孩子学习的不闻不问或过于重视……这些都会对孩子的学习效率产生影响。

(6)学习能力有缺陷。

即学习障碍，与智力无关。表现为儿童在听、说、读、写、算等方面出现明显的困难。目前,被诊断为学习障碍的儿童人数虽然有逐年上升趋势(约占在校生的5%～10%),但总数仍很少。而且,除个别发现有大脑损伤外,绝大部分孩子没有这种情况。对存在学习障碍的孩子,应当针对孩子特殊的学习能力不足进行专门培训。

此外,多动症、身体不适等也可能造成孩子学习效率低。家长应及时找出其根本原因,进行有针对性的指导。

前车之鉴

家长在关注留守儿童的学习时,往往注重表面的一些东西,比如学习时间的长短,而忽略了孩子良好学习习惯和守时、高效观念的养成。有些家长,为了弥补自己曾经对孩子教育的疏忽,采取了一些矫枉过正的方法,比如陪读、监控等。随着留守儿童的成长和升入高中后学习内容、方式的改变,家长的某些做法必然频频亮起红灯。孩子为了应付,表面上把大量时间花在学习上,可并没有达到家长所期待的学习效果,还导致亲子关系紧张,这对孩子的成长和家庭关系都是极为不利的。往往是事与愿违,反而帮了倒忙。

误区一:用外在条件刺激孩子学习

小调查:孩子考得好,你就给奖励吗?

一位美国老太太在家中休养,她需要安静的环境。但附近住着一些喜欢踢足球的孩子,最近天天到她家的草坪上踢球,他们天天互相追逐打闹,吵闹声使老人无法好好休息。为此,老人没有去直接禁止,而是用了一个办法:一天,她来到草坪上,对孩子们说:“我很喜欢你们踢足球,我决定给你们奖励。”于是她给每个孩子一些钱,孩子们有了意外的收获,踢得更卖力气了。

第二天,第三天,孩子们得到的钱和第一天一样多。

第四天,老人对孩子们说:“对不起,我最近经济有些困难,必须减少给你们的奖励。”钱少了,但总算还有,孩子们没有那么热烈了。

一周后,老人一分钱也不给了。结果,孩子们认为受到的待遇越来越不公正，“不给钱了谁还给你踢”，他们再也不到老人所住的房子附近的草坪上踢足球了。

这是一个成功地将内部动机转化为外部动机的故事。小孩喜欢运动、喜欢游戏、喜欢踢足球，这是他们的天性，是他们的内部动机；老人告诉他们，踢足球可以获得奖励并给他们奖励，这时孩子们踢足球开始有了追求“获得奖励”的外部动机，当孩子们习惯于获取奖励的时候，这时踢足球的动机已经转移到“获得奖励”了，当老人一分钱也不给了的时候，孩子放弃了本来是自己喜爱的运动。

老人阻止孩子踢足球的故事告诉我们：行为如果只用外在理由来解释，那么，一旦外在理由不再存在，这种行为也将趋于终止，因此，如果我们希望某种行为得以保持，就不要给它过多的外部理由。

同样道理，本来孩子对学习是有兴趣的，但家长的行为将孩子的内在兴趣转化成了外在刺激，并不断强化这些刺激，使孩子逐渐形成了为外在刺激而学习的心理。随着年龄的增长和被刺激次数的增多，孩子对这种刺激的反应自然越来越低，学习缺乏动力，学习效率也就越来越低了。

误区二：用时间衡量孩子学习

小调查：下班回家，看到孩子不在学习，你心里怎样想？

有的家长每次回家看到孩子在学习，他就满心欢喜，仿佛读书的不是孩子而是自己；如果看到孩子在玩，心里就不舒服，觉得孩子不用功。

其实很多家庭都有这种情形：孩子半个小时做完了作业，想出去玩，家长说不行，一个早上才做半小时的作业，再做 10 道题。不一会儿，孩子又做完了，家长说再加写一篇文章。结果一个早上孩子都在做作业。第二天，作业量还是一样多，但孩子一个早上都在做作业，因为他知道，即使早做完了也仍然不能玩，还会被多加作业量，不如慢慢做。

学习不是搬砖头，不是说时间长了，总能多搬几块的，学习讲究的是效率。家长的这种做法，反映出家长自身缺乏“效率”观念，延长了孩子的学习时间，却降低了学习效率，导致孩子养成拖拉、“磨洋工”的不良习惯。学习是人的一种本能，每一个孩子都是天生的成功学习者，是不当的教育方式摧残了这种本能。

误区三:孩子学得越多、开始得越早越好。

美国心理学家格塞尔曾经做过一个著名的实验:让一对同卵双胞胎练习爬楼梯。其中一个为实验对象(代号为 T)在他出生后的第 46 周开始练习,每天练习 10 分钟。另外一个(代号为 C)在他出生后的第 53 周开始接受同样的训练。两个孩子都练习到他们满 54 周的时候,T 练了 8 周,C 只练了 2 周。

这两个小孩哪个爬楼梯的水平高一些呢?大多数人肯定认为应该是练了 8 周的 T 比只练了 2 周的 C 好。但是,实验结果出人意料——只练了两周的 C 其爬楼梯的水平比练了 8 周的 T 好——C 在 10 秒钟内爬上特制的五级楼梯的最高层,T 则需要 20 秒钟才能完成。

格塞尔分析说,其实 46 周就开始练习爬楼梯,为时尚早,孩子没有做好成熟的准备,所以训练只能取得事倍功半的效果;53 周开始爬楼梯,这个时间就非常恰当,孩子做好了成熟的准备,所以训练就能达到事半功倍的效果。

这个实验给我们的启示是:人是有其成长和发展的规律的。教育要尊重孩子的实际水平,在孩子尚未成熟之前,要耐心地等待,不要违背孩子发展的自然规律,不要违背孩子发展的内在“时间表”,人为地通过训练加速孩子的发展。

知识和技能的学习也一样。有的孩子 1 岁开始认字,3 岁能够读报、背诗,5 岁就能解答简单的算术题了。家长花费时间和金钱,为孩子的教育提前推波助澜,有时并不能真正让孩子变得更加聪明。不少孩子在接受学校课堂教育前,已经在课外接触过这些知识了,等到学校再学习这些知识的时候,孩子们就会觉得索然无味而不愿专心听讲。而实际上,他们却又一知半解。过早的学和过多的学,即使家长的初衷是好的,但却让孩子吃上了教育的“夹生饭”,不但不能提高孩子的学习效率,还容易导致孩子产生厌学情绪,对孩子的成长不利。

误区四:别人会的,我的孩子也要学会

留守儿童的父母出门在外打工,为的就是给孩子提供一个好的学习

和生活条件，因为不能长期陪伴在孩子身边，无法及时地进行情感交流使得他们更关注孩子的学习和生活质量。于是，其他孩子参加的课外班，或者学校办得各种课外班，他们可能都会让孩子参加，希望孩子不要落于人后。繁杂的课外学习班，会占用孩子更多的精力，容易让孩子产生疲劳感，甚至大大降低学习的兴趣。

留守儿童父母的这种希望儿女成龙成凤的心情可以理解，但是，每个孩子都有不同的兴趣爱好和发展潜力。在接受不适合的教育时，孩子在心理上普遍趋向于被动和应付，并不能真正理解或对所学的知识感兴趣，这会导致孩子在学习时表现出焦虑、退缩、畏惧等情绪。学习效率很低，非但不经济，有时还会导致孩子养成注意力不集中、粗心大意、做事磨蹭等不良习惯。尤其留守儿童，父母长期不在身边，孩子内心的想法无法及时与父母沟通，情绪不能得到及时宣泄，这种不良情绪的积压直接会导致孩子对学习的厌烦和排斥。

教子有方

星期天，李同学起床前就订好了一天的计划：9 点开始做数学和英语，之后写一篇议论文，然后用一小时上网浏览一下本周球坛情况。下午提早回校出板报。9 点钟他准时坐在书桌前，看到凌乱的桌面，心想不如先收拾整理，为今天的学习提供干净舒适的环境。半小时后书桌变整洁了，虽然未能按原定时间开始学习，但他丝毫不后悔，因为 30 分钟的清理工作很有成效，他满意地到客厅喝水稍作休息。

无意间发现报纸上的彩图十分醒目诱人，便情不自禁拿起来看，看了一则又一则新闻。看了一张又一张，不知不觉已经 10 点多了。他为没履行计划而略感不自在，不过转念想想看报纸也是学习呀，心也就安了。

好不容易做作业了，可不一会儿，好同学来电话与他无边无际地聊了约 30 分钟。挂上电话，见弟弟在一旁玩游戏，便与弟弟一块儿玩起来，毕竟一个星期没与弟弟玩了……很快就到了 12 点，他心想写作文是颇费脑筋的，没有比较完整的时间是难以写好的，倒不如下午再好好做，于是安心吃饭了。

午饭后，他马上就回房间，满以为可以开始专心做作业了。但不一会儿，眼皮就开始打架，他想平常这时候也正是午睡时间，今天反正是星期天就好好休息吧，养好精神可提高学习效率。于是，放心睡了。

一觉醒来已是下午 3 点多，他果然感到精神充足，打开电脑上网。关机时已快 5 点，他想剩下的时间不可能完成所计划的事情了，就先做晚上要交的作业，作文下周三才交就明天再做打算了。

由上述文字，我们可以看出李同学的星期天学习效率是极为低下的。找一找李同学学习效率低下的原因，这些原因就是我们要在今后帮助孩子提高学习效率时需要注意的地方。

那么，如何做才能提高留守儿童的学习效率呢？留守家长虽然在孩子的学习内容上不能给予孩子专业的辅导，但是在其他方面却有很多可以操作的方法来帮助孩子养成良好的学习习惯从而提高孩子的学习效率。

(1)和孩子一起制定每一学科各个阶段的学习目标和学习计划，目标的激励可以转化为孩子学习的动力，详细的学习计划让孩子知道每一个时间段应该做哪些事情，从而提高学习效率。

在目标制定时要注意引导孩子制定有效的目标，即目标应该是具体的，可操作的，可以实现的，并且是可以测量监督的。这里建议和孩子协商制定一个具体而明确的目标，这个目标最好具有一定的挑战性，但以孩子的能力是可以达到的，即我们所说的“跳一跳就能够得着”的目标。比如，在原来考试总成绩的基础上增加 30～50 分，然后把这个增加的分数根据他自己各学科学习的实际情况分配到各学科之中去，这样一来他就对自己各学科的学习有了一个具体而明确的目标。

在制订学习计划环节时，可以与孩子一起协商制订出一个切实可行的学习计划，同时这个计划的时间是有限制的。比如，制订一份放学回家的学习计划，英语书面作业每天必须在学校利用自习或课余时间完成，晚上回家做口头练习或读课文四十分钟，中间休息十分钟；然后做四十分钟的数学作业，中间休息十分钟；然后用四十分钟的时间完成语文作业，等等。这样不仅有助于提高效率，还不会产生疲劳感。如果可能的话你还可以和孩子协商逐步缩短所用的时间，不久你就会发现孩子以前一小时都完不成的作业，现在半个小时就完成了。

(2)保持孩子良好的情绪状态。孩子有了良好的情绪，学习效率就会提高。留守儿童因其特殊的家庭环境和生活背景，使得他们经常会产生各种不良情绪，这就要求留守家长们更加要关注留守儿童的内心世界，有意识地保护好孩子的情绪和心态。"怎么这么笨""怎么不认真点"等批评性话语会伤害到孩子的自尊，留守家长更要少说，不说。留守家长可以通过营造温馨轻松的家庭氛围，号召家庭成员间彼此关心、加强交流、相互尊重等来满足留守儿童多方面的情感需要，保持留守儿童乐观向上的情绪，培养学习责任感和学习兴趣，促进留守儿童学习效率的提高。对于孩子暂时的落后，留守家长应耐心等待，多用"你进步了"来增强孩子的自信，调整孩子的状态。要知道经常对孩子微笑，孩子就会有更多的笑容，反之，经常对孩子发怒，孩子容易感到郁闷和暴躁，学习效率又如何提高？此外，外出打工的父母也要通过各种方式经常与留守儿童交流沟通，适时鼓励孩子，满足孩子对父母的情感需求，孩子带着积极、快乐的情绪去学习，有助于学习效率的提高。

(3)要加强对孩子进行学法指导，使孩子遵循学习的规律，做到会学、善学。我们知道，学习取得成效的最基本的步骤是预习(5～10 分钟)→听课→复习→作业→小结。因此，在辅导孩子学习时，要在这五个环节上做好文章，预习弄清难点，听课领会关键，复习扫除疑点，作业全面巩固，小结形成系统。要引导孩子学会将知识归纳比较，找出异同点，从而掌握举一反三的学习策略。在这一点上我们让孩子自己动手，这样既可以锻炼孩子学习的自觉心，同时还可以通过总结或摘要达到学习的目的以及成就感的获得。

作为留守儿童的家长，还要注意观察并让孩子知道自己什么时候学习状态最佳，偏爱何种学习方法，对哪类知识最感兴趣，学习习惯上的优劣在哪里，然后，在学习的过程中，引导孩子掌握、运用一些学习策略如归纳、比较、自我反馈等，扬长避短，以便他们在学习中表现出最佳状态。

(4)引导孩子有效利用时间。同样一份作业，三心二意，心不在焉，效率当然就低；专心致志，心无杂念，效率才可能会高。平时我们会看到，学生在家完成一张卷子需要二、三个小时，而在学校可能一节自习课就完成了，这就是“限时效应”，只要限定时间，效率就比平时高。为了帮助留守儿童有效利用学习时间，留守家长也可以给孩子的学习任务“限时”，或者给某段学习时间“限任务”，通过培养良好的作业习惯，促使留守儿童提高学习效率。那种要求孩子在书桌前一坐就是半天的做法要不得，期待用延长学习时间的疲劳战来提高学习成绩，往往会事与愿违。

此外，还要关注留守儿童是否能合理安排自己的作息时间，不能一味的学习，还要保证充足的睡眠时间和适当的体育锻炼时间和娱乐时间。

(5)为孩子营造良好的学习环境。留守家长要为留守儿童创造一个安静、温馨的学习氛围，固定的学习场所，简洁的学习环境，监督孩子在学习时不要在学习桌上放除了学习以外的物品，如手机、零食、玩具、课外书等，以保证孩子能全身心地学习，这有利于孩子的学习效率的提高。

5.“过目不忘”有高招

寻根寻源

我们形容一个人的记性好，常会用“过目不忘”来形容。一个人如果能过目不忘，自然就拥有了好的记忆力，好的记忆力会为学习与生活带来极大的方便，这是公认的事实。记忆是掌握知识的基本手段，是学习过程中的一个重要环节。

如何评判记忆力的好坏呢？衡量记忆力好坏有三个标准，分别是：

(1)记忆的速度性。指识记速度的快慢，一般根据一定时间内记住事物的多少来衡量。

(2)记忆的持久性。指记忆内容保持的时间的长短。

(3)记忆的准确性。指对识记材料再认和再现时有无歪曲、错漏和增减。

如果孩子在记忆内容的时候,总是表现出识记的速度快,保持的时间长,且记忆的内容在复述时准确性高,则这个孩子就拥有好的记忆力。

学习任何科学知识,都离不开记忆,而学习的最大障碍莫过于记忆力差。强记忆力能够迅速地、准确地、持久地掌握学习过的知识和技能,也能比较好理解、运用这些知识和技能。留守儿童要想在学业上取得好成绩,拥有良好的记忆力对他们而言就会变得非常重要。一些留守儿童学习很努力,但成绩总是不理想,感觉很多学过的东西都记不住,他们会羡慕别人的记忆力好,同时为自己记忆力差而烦恼,甚至感到自卑。其实记忆力的强弱并不是天生的,虽然与遗传有一定的关系,但这远不是决定因素,学习过程中好的记忆力与很多因素有关。

●是否有明确的目的

实践证明,在其他条件相同的情况下,有明确的记忆目的,则记忆力持久且强劲,反之则短暂而微弱。在一个检查记忆力的实验中,把记忆力大致相同的同学分成两组,然后观看一段录像。其中A组同学事先得到明确的提示,大都能寻找出录像中有几处错误,而B组同学并没有什么明确的目的,其记忆力明显低于A组。

●是否有浓厚的兴趣

兴趣是增强记忆力的催化剂。一个人对他所感兴趣的信息和对象,会产生高度集中的注意力与观察力,精神上更加亢奋。对地理感兴趣的同学,由于对伊拉克战争的吸引和关注,会非常熟悉伊拉克的地图,以及它的地形、地貌及周边环境。

●能否高度集中注意力

只有专心致志,聚精会神,信息和对象才会在大脑皮层中烙上深深的印迹;反之,注意力不集中,无意注意过多,会使人记忆力下降。

●是否遵循了记忆的规律,及时复习

记忆与遗忘是对立统一的,人的遗忘是有规律的,表现为最初遗忘的较快,几天后会重新想起来,以后逐渐慢慢地遗忘。因此,在遗忘到来之前,必须及时地复习,以便大大提高记忆的持久性。首先要有简练的复习提纲,依纲复习,“纲举目张”;其次要将及时复习、集中复习、分散复习相结合。

●是否拥有良好的心理状态

心理学实验证明,心情舒畅、精神饱满的人,记忆效果就好,反之则差。学习过程中,面对繁重的学习任务,部分留守儿童为了追求好的成绩会感觉到压力很大,也有些留守儿童因为在学习中遇到困难选择放弃而表现的学习动力不足或学习动机下降,这些不良的心态及产生的情绪体验都会影响记忆力的发挥。

●是否掌握了科学的记忆方法

“劈柴不照纹,累死劈柴人”。要想发挥好的记忆力,就要掌握科学的记忆方法。如果留守儿童在学习过程中仍以死记硬背为主,记忆的效果就会大打折扣。

●是否有很好的作息制度

留守儿童长期不能与父母同住,由于留守家长的忽视并未养成规律的作息时间。无论留守儿童是因为学习任务繁重,压力过大,而导致学习时间过晚,还是由于贪玩游戏,看课外书而导致入睡时间过晚,均会导致睡眠不足,严重影响,第二天的学习状态,记忆力也会随之下降。

前车之鉴

历史上不少名人经过认真地看、听、默诵、观察以及种种刻苦的磨炼,造就了非凡的记忆力。据传我国东汉时,有一位名叫贾逵的人,他五岁时还不会开口说话,他的姐姐听到隔壁私塾里传来琅琅读书声,常抱着他到篱笆旁倾听。到了贾逵 10 岁时,他姐姐发现他在暗诵五经的内容,感到十分吃惊,原来私塾里学生反反复复地念书,使贾逵耳熟能详。姐姐帮助他将庭院里桑树皮剥下来,裁成薄片,使他能边诵边写,经过几年的努力,贾逵已能够通晓五经和其他史书了。

报载美国纽约一所中学的生物教师霍华德·贝格在1990年以一分钟阅读并理解25000字的速度,被载入《吉尼斯世界纪录大全》。他接受了一家杂志的采访和测试,采访者给了他一本刚刚印刷完毕的《戴安娜传》,这是本厚达320页的书,仅仅花了5分钟便读完了这本书。然后他接受提问,结果令人咋舌:10个问题中他竟准确无误地答对9题,而唯一没有回答出的是一个次要的问题——戴安娜就读过的一所中学的校名。采访者又拿出另一本近500页的新小说《卧房》,他用12分钟读完并答对了10个问题。

据《体育生活》报道,俄罗斯棋手卡斯帕格夫具有超群的记忆力,他记下了1800多人的通信地址和450多人的电话号码,熟记了12000个棋谱。《太原日报》载文说英国伦敦举行了第四届世界记忆力大赛,经过一番角逐,决出最好的选手汉克和奥彬,在最关键的一项比赛(1小时必须记住2000位的数字,再用45分钟写下来),奥彬战胜了汉克,他记住了1140位数字,然后用45分钟写了出来。

陕西省岐山县有一个过目不忘的人,名叫张宏斌,是个医生。他陆续看过11遍《红楼梦》,能把443个主要人物的来龙去脉、相互关系,说个清清楚楚。《红楼梦》中225首诗词皆烂熟于心。1995年5月张给县中学高三学生讲授唐诗宋词,所有的诗词全是背出来的,讲稿上没有。全国各地名胜镌刻的楹联,他可背出4000多幅。金元时代的《药性歌赋》,记载着几百种药性,他在一个星期内就全部背了下来。当人们询问他有什么记忆诀窍时,他说:一是头脑高度集中;二是博学,博学引起联想,找出内部规律;三是讲究科学性。

可见,人脑有着惊人的记忆潜力。日本著名记忆专家小田晋在《记忆的科学》一书中说:"我们的一生,其实就是一条流动着的记忆链。一个人如果想不起从前的事,记不住现在的事,不能思索未来的事,那么,他的一生就是一片空白,可见记忆力对人生是何等的重要。"

遗忘和记忆是同一问题的两个方面。记忆是对信息痕迹的保留,而遗忘是信息痕迹的丢失。要想更好地记忆就必须了解遗忘的规律。

遗忘是指人们无法回忆及再认已经感知、体验、动作的对象的现象,或不可能回忆及再认的现象。简单地说，信息在大脑中提取不了或提取错了，这就是遗忘。

德国心理学家艾宾浩斯（Hermann Ebbinghaus）对遗忘现象做了系统的研究，他用无意义的音节作为记忆的材料，把实验数据绘制成一条曲线，称为艾宾浩斯遗忘曲线，也称艾宾浩斯保持曲线。曲线表明了遗忘发展的一条规律：遗忘进程是不均衡的，在识记的最初遗忘很快，以后逐渐缓慢，到了相当的时间，几乎就不再遗忘了，也就是遗忘的发展是“先快后慢”的。遗忘的进程不仅受时间因素的制约，也受其他因素的制约。学生最先遗忘的是没有重要意义的、不感兴趣、不需要的材料。不熟悉的比熟悉的遗忘的要早。记忆内容所在序列的位置会影响到记忆效果。位置在两边的容易记忆，遗忘较少，位置在中间的遗忘较多。

在学习过程中，学习的程度也会影响记忆的效果。低度学习，是指一次没有能够完全掌握学习内容，达到背诵程度的学习；过度学习，是指达到一次完全正确背诵的程度之后仍然继续学习。低度学习比过度学习更容易遗忘。过度学习不容易遗忘，但由于花费时间较多，容易造成不必要的浪费。适当的过度学习可以使学习的材料保持得更好。研究结果表明，适当限度的过度学习比刚能背诵的效果好，但如果超过这个限度，其保持效果不再增加。如学习四遍后恰能背诵，则再学习两遍效果最好，但再学习效果则适得其反。一般记住后，在 5 分钟后重复一遍，20 分钟后再重复一遍，1 小时后，12 小时后，1 天后，2 天后，5 天后，8 天后，14 天后就会记得很牢。

教子有方

记忆力的强弱并非是天生的，它可以通过训练和掌握一定的技巧、方法而提高。怎样才能提高留守儿童的记忆力，让其真正做到过目不忘呢？留守家长要在认识记忆的影响因素和了解记忆的规律基础上，帮助留守儿童学习掌握适合自己的记忆方法，从而增强孩子的记忆力。

(1)让孩子明确记忆目的，树立记忆信心

我们都有这样一种体验。无论做什么事情，如果目的明确，积极性就高，效果就好。因此，要提高记忆效果，必须要帮助孩子明确记忆的目的。如要记忆一个单词、一个概念、一个公式、一篇诗文，都要先定个目的，带着目标去识记，记忆的效果就会比较好。另外，同做其他事情一样，要经常鼓励孩子，要让孩子对自己的记忆力有信心，相信自己能做到，并下定决心去做，这是最重要的心理素质，有了这种信心，大脑细胞就会活跃，记忆才会敏捷。

(2)激发孩子记忆的兴趣

留守家长要给孩子创造出轻松的学习氛围，让孩子在心情舒畅中记忆。孩子在放松的状态下记忆，不仅记得快，而且记得牢。同时，在学习时要尽量找到能吸引人、有趣味的内容，或把所学内容同有趣的东西联系起来。例如，有人对流行歌曲感兴趣，就可以把要背诵的古诗文谱上熟悉的曲调，这样的记忆效果会非常好。

(3)帮助孩子发现最佳记忆时间

记忆的特点是因人而异的。人的记忆时间有四个最高峰：早晨起床后、上午 8 点到 10 点、下午 18 点到 20 点、晚上睡觉前。这四个时间段，脑神经处于高度兴奋状态，思维灵敏，记忆效率高。除了父母，留守家长是和孩子最为亲近、最了解孩子的人。家长要细心观察孩子，找出孩子的最佳记忆时间，让孩子在最佳状态中记忆知识，以达到理想的记忆效果。

高林今年上初三了，明年要参加中考，课业压力很大。以前他每晚 10 点前一定会上床休息，现在每天晚上 10 点以后，他都要再多学习一段时间。妈妈发现后，觉得这样下去对孩子的身体不好，可高林告诉妈妈，每晚这个时候，他都觉得自己的记忆力特别好，平时记不住的东西也会轻松记住。妈妈认识到这是孩子的最佳记忆时间，于是不再干涉孩子的学习时间，只是叮嘱孩子要合理安排自己的时间。

早晨起床后，大脑经过一夜的休息，消除了疲劳，记忆的效率最高，适合记忆一些比较难记的内容；上午 8 点到 10 点，大脑极易兴奋，适宜学习需要很强思考力的内容；18 点到 20 点，是归纳和整理知识的最佳时间;晚上睡觉前,适合回顾复习全天学习的知识,重点记忆难记的知识。留守家长可以将孩子的学习时间划分为几个不同的阶段,然后分析孩子的状态在哪个阶段最好,最适合在哪个时间段记忆,从而找到最佳记忆时间,让孩子在这个时间里去识记、背诵、理解知识点,不断重复直至记牢。

(4)教给孩子几种有趣的记忆方法

每一个孩子的大脑潜力都是巨大的,留守儿童也一样。留守家长如果有意识地教给孩子一些科学有趣的记忆方法,会使孩子达到事半功倍的记忆效果。可以对孩子采用以下几种方法来有效培养和发展孩子的记忆力:

·组块记忆法

研究发现,人的记忆是以“组块”为单位的。多数人能记住一行中的七个数字,七种开头或其他任何七个项目。因此,记忆时把要记忆的内容分成组块方便记忆。如记忆身份证号正常有18位数字,如果按照一个一个数字来记,超过了短时记忆的容量,即便最后记住了,但持久性也会很差。而事实上,大多数人都会牢牢记住自己的身份证号,这是因为无意中我们都应用了组块记忆法。依据身份证号的特点,通常前1～6位,代表我们出生户口所在地的行政区代码,7～14位是我们自己的出生年月日,最后四位即15～18位,则是分配给我们的顺序代码,这样分块记忆,记忆的效果就比较好。

·谐音记忆法

谐音记忆法是以声音相似的有意义语句来代替被记材料,以强化记忆。

举例一:唐末五代:梁、唐、晋、汉、周。可用谐音“良糖浸好酒”这句话来记。

举例二:八国联军。八国联军是指1900年(庚子年)以军事行动进入中国的英、法、德、俄、美、日、意、奥的八国联合军队,总人数约3万人。可用谐音记为“饿的话每日熬一鹰”。

举例三:1409可记为(伊斯兰教),6518可记为(拉我一把)。

电功的公式 $W=UIT$（大不了，又挨踢）。电流强度公式 $I=Q/T$（爱神丘比特）

·口诀记忆法

把要记的内容编成口诀或顺口溜来记。

举例一：与中国接壤的 15 个国家名称。

越南、俄罗斯、缅甸、蒙古、不丹、哈萨克斯坦、塔吉克斯坦、吉尔吉斯斯坦、印度、老挝、锡金、尼泊尔、朝鲜、巴基斯坦、阿富汗。

可用口诀记为：月娥姑娘（越南、俄罗斯）很腼腆（缅甸），蒙着布单披仨毯（蒙古、不丹、哈萨克、塔吉克、吉尔吉斯斯坦），度过稀泥（印度、老挝、锡金、尼泊尔）去朝鲜，吧唧吧唧一身汗（巴基斯坦、阿富汗）。

举例二：点头 yes，摇头 no，来是 come，去是 go，初次见面 how do you do，熟人你就喊 hello 。

·对比记忆法

对比记忆，是将所要记忆的内容通过对比的方法加以记忆。

举例一：戌 戍 戊（横 XU，点 SHU，空心念 WU）。

举例二：春分——3 月 21 日前后，夏至——6 月 22 日，秋分——9 月 23 日，冬至——12 月 22 日前后（从春分算起，月份分别为 3，6，9，12，均为 3 的倍数，日期分别为 21，22，23，22）。

·形象记忆法

将枯燥抽象的记忆材料转化为熟悉易记的直观形象，就能大大加强记忆的效果。

举例：在教留守儿童看地图时，我们可以启发他们，比如湖南可以看成是一个人头，山西可以看成是一个平行四边形，黑龙江可以看成是一只天鹅。相信有了这种形象的比喻，孩子下次很快就会记住了。

·串联记忆法

串联记忆，是将所记忆的几项内容根据其各自的特征和相互联系串起来记忆。

举例一：第一次鸦片战争以后，1842 年 8 月清政府被迫同英国侵略者签订了中国近代史上第一个不平等条约中英《南京条约》。条约的主要内容是开放宁波等五个通商口岸并割地香港 。五个通商口岸：宁波、上海、广州、福州、厦门，每割地香港。可化简记作：宁上广州，不下香港。

举例二：汉字的造字法有象形、会意、形声、指事、假借、转注六种。

可以记为：向(象形)贾(假借)指(指事)挥(会意)行(形声)注(转注)目礼。

留守家长可以多鼓励留守儿童在需要记忆时，对记忆的材料尝试应用上述记忆的方法，这样既增加了留守儿童学习和识记的兴趣，同时也会使记忆的效果比较持久。

此外，教导孩子在理解的基础上识记，多种感官协同记忆，以及善于对记忆材料分类归纳记忆等都可以帮助留守儿童更好的识记。

(5)保证营养，让孩子养成健康饮食的习惯

留守儿童的饮食方面，留守家长要保证孩子摄入足够的蛋白质，它是脑神经细胞间传递信息的桥梁，对增强孩子的记忆力大有裨益，主要存在于蛋黄、瘦肉、海鲜、黄豆等中。还要让孩子常吃胡萝卜，这有助于保证孩子大脑的新陈代谢。此外，还要合理搭配蔬菜、水果，如菠萝，里面含有丰富的维生素C和微量元素，热量小，有助于提高孩子的记忆力。留守家长还要合理控制孩子的饮水量。科学研究显示，当孩子大量饮水时，血液中的水分就会增多，渗透压下降，血容量增加，使下丘脑合成及神经垂体释放抗利尿激素减少，这对孩子的记忆力是不利的。

根据科学研究表明，人脑中含有大量乙酰胆碱，记忆力减退的人大脑中乙酰胆碱的含量明显减少，老年人更是如此。补充乙酰胆碱是改善记忆力的有效方法之一，鱼、瘦肉、鸡蛋(特别是蛋黄)等都含有丰富的胆碱。此外，补充卵磷脂。卵磷脂能增强脑部活力，蛋黄、豆制品、核桃、鱼脑等含有丰富的卵磷脂，不妨适量进食，卵磷脂是大脑营养素，能提高记忆力和思维能力。蛋黄卵磷脂的吸收利用率较其他卵磷脂高好几倍；ω—3多不饱和脂肪酸可延缓大脑衰老，提高记忆力。

此外还有其他增强记忆的五种食物，可以让留守儿童经常食用。

卷心菜：卷心菜中富含维生素B，能有效地预防大脑疲劳，从而起到增强记忆力的作用。

大豆：含有蛋黄素和丰富的蛋白质，每天食用适量的大豆或豆制品，可增强记忆力。

牛奶：富含蛋白质和钙质，可提供大脑所需的各种氨基酸，每天饮用可增强大脑活力。

鲜鱼：富含蛋白质和钙质，特别是含有不饱和脂肪酸，可分解胆固醇。

蛋黄：蛋黄中含有蛋黄素、蛋钙等脑细胞所必需的营养物质，可增强大脑活力。

此外，留守家长还要尽力给留守儿童提供好的学习环境，包括安静的学习氛围，整洁的学习场所；关注留守儿童的心态变化，帮助其调节不良情绪；监督留守儿童的作息时间，保证其有充足的睡眠时间和良好的睡眠质量，这些都会对留守儿童的记忆力产生影响。

6. 有效阅读让留守儿童不孤单

寻根寻源

莎士比亚说："生活里没有书籍，就好像天空没有阳光；智慧里没有书籍，就好像鸟儿没有翅膀。"也有人说："腹有诗书气自华。"可见，阅读的好处无处不在。一个热爱读书的人不会寂寞，一个爱读书的孩子不会变坏，书会告诉他做人的道理，书会给他生命的思考和启迪。所以说，阅读是留守儿童德、智、体、美诸方面获得全面发展的一个良好途径。有效的阅读对留守儿童能开阔视野，丰富知识，发展思维，积累语言，陶冶情操，使留守儿童受到爱国主义等思想教育，对树立正确的人生观有着不可替代的作用。

那么，留守儿童的阅读现状是怎样的呢？留守儿童因为远离父母，家庭教育以隔代教育和寄养教育为主，他们的祖辈或受托照顾他们的成人一般文化程度偏低，有的甚至是文盲，对于他们的教育，以吃饱、安全为主，很少关心他们的学业，更谈不上关心他们的课外阅读。他们的课外阅读相比其他儿童来说，不仅时间少量小、且层次浅。具体来说，留守儿童的阅读存在以下问题：

（1）阅读内容浅显，知识性不强

有调查发现，留守儿童的课外阅读与城市孩子或正常家庭的孩子相比，存在着阅读时间少，所读之物思想性不强、知识含量低的情况。他们喜欢阅读内容比较浅显，娱乐性较强的书籍，往往只对卡通图画书感兴趣，一些娱乐性强、对孩子成长没有任何促进作用类的书被他们反复、多次翻阅，内涵高一点的书籍则无人问津。有着这样阅读特点的孩子一般都是与姨、叔或哥、姐生活在一起，这些年轻人的业余文化生活主要以娱乐为主，在他们的带动下，孩子们接触到的也是网络游戏、听歌等以娱乐为主要目的的享乐型的生活方式，这种广义上的“阅读”，思想性不强，知识性也不强，且以成年人的娱乐内容为主。在年轻长者的影响下，这类孩子对于课外阅读的趋势则是娱乐、游戏、追星，这样一类的孩子们，他们平时的课外阅读不外乎娱乐、网络。

（2）阅读方向无人指引，放任自流

有些孩子在留守期间是和年迈的祖父母、外祖父母或其他亲友生活在一起的，这些老人年龄普遍偏大，身体不好，文化程度不高，不但在学习上无法给留守儿童切实有效的帮助和辅导，而且由于年龄一般相隔近50岁，与留守儿童思想观念差异极大，存在明显的沟通障碍。加之他们还要承担家务劳动和田间农活，根本没有时间和精力去关注孩子的学习。于是，这样的留守儿童的课外阅读无人问津，产生跟着感觉走，放任自流的现象。课外阅读时，无人指导，基本是由孩子“独立”“独自”去选取读物，所以，孩子自律意识差，容易受外界思想影响，社会上一些不好的习性在他们之中流行甚快。社会上流行什么，他们就学什么，读什么，对于书的好坏，没有一个准确的是非观。这样孩子的课外阅读，基本与流行、刺激有关。一旦流行趋势使他们厌倦，他们又会去寻找新的、能满足他们一时兴趣的东西。长此以往，便使他们的阅读处于放任自流的

状态。

(3)阅读环境缺少监管,容易迷失

留守儿童在农村,没有很好的阅读环境。普遍没有家用电脑,学校里的电脑一般不让孩子在课余时间上网,孩子们的电子阅览经常是"地下"的。市场经济条件下,有些部门对一些娱乐场所不能有效管理,在互联网、电视、电影、录像、影碟、书刊等文化传播媒体中,有的为了追逐市场卖点,牟取暴利,渗入不少庸俗、低劣、暴力、色情等腐蚀精神的内容,这对缺少亲情关爱、性格孤僻、苦闷无聊的留守儿童具有腐蚀性和诱惑力,也使一些留守儿童沉迷其中而不能自拔。他们的阅读活动,没有人监管,所以,处在低俗化、格调不高的状态。一些"留守儿童"课余甚至逃学,光顾电子游戏室,痴迷电游,看碟片,那些不加限制的媒体如凶杀、淫秽等镜头将会极大地影响他们人格的健康发展。受这些不健康读物的影响,有的留守儿童行为失范,有的甚至徘徊在犯罪的边缘。这些现象无不在提醒留守家长,对孩子阅读的监管与指引刻不容缓!

那么,造成留守儿童阅读的不利状况的原因是什么呢?分析如下:

·留守综合征

由于留守儿童长期不能与父母沟通,缺乏有效的监管,大部分留守儿童的道德品质及行为习惯会存在一定问题。"无人管教自我放弃""情感缺失冷漠内向""四处奔波学学停停""读书无用打工有理""伤害事故防不胜防"等情况,在留守儿童中或多或少地存在着,已成为由祖辈和亲戚朋友照料生活的农村孩子的"留守综合征"。这种综合征,导致他们或形成骄横、天不怕地不怕的性格,在学校不遵守纪律、自由散漫、看黄色录像、搞帮派、谈恋爱;或者孤僻、不合群,遇事缺乏自信。

·学校教育不力

农村基础教育比较薄弱,教育资源匮乏,由于学生多,教学任务重,应试观念比较重,教师对留守儿童的心理关爱难以顾及,很难为留守儿童提供个性化、针对性的教育。每周一至周五,学生在校可由学校或老师管理,但是一到双休日,老师就鞭长莫及。留守儿童的学习成绩大多不理想,对学习缺乏热情和进取心,甚至有的厌学、辍学,是老师眼中的

“问题学生”。

· 基础文化设施缺乏

由于现阶段农村经济相对落后，文化设施普遍缺乏，乡镇文化站很少有图书室，使得留守儿童的阅读条件和资源极其有限。而学校图书馆也存在不少问题。许多农村中小学，他们的图书馆普遍现象为馆舍里空空荡荡，藏书甚少，有书的学校图书馆里收藏的都是旧书，几乎没有新书。并且，笔者通过对这些农村中小学的藏书进行分析发现，大部分馆的藏书以考试辅导书为主，多年来，学校在采购图书时只考虑到为学生的考试服务，而没有兼顾到学生对其他方面知识的需求，使藏书体系存在严重缺陷。学生到图书馆借不到课外阅读书籍。且图书馆开放时间少，学生阅览少，利用率不高。更有甚者，图书室不对学生开放，常年大门紧锁。一些学校的负责人似乎总能找到充足的理由：有的说，学校建一个图书室不容易，向学生开放或开放次数太多担心图书被弄坏、弄丢、弄脏；还有的说，现在学生的学习任务很重，空闲时间少，学生没时间读课外书。留守儿童的课外阅读由于这样的环境，要想健康地进行，确实没有开展的条件。

前车之鉴

随着社会经济发展的需要，越来越多的农村劳动力向城市输入，与此同时也有越来越多儿童由于父母的离开，成为留守儿童。据统计全国现有农村留守儿童约 2000 万。留守儿童的教育问题日渐突出，许多孩子由于家庭教育严重失衡，孩子们在家里缺乏亲情关爱、缺乏正确的引领，闲暇的时间更多接触的是电视、电脑、游戏机、看成人打牌等，过多地接受此类信息容易造成思维的单一和惰性，使许多留守儿童进入小学、初中后，学习被动厌学、沉迷于网上游戏、甚至走上犯罪的道路。

如何预防、杜绝这一现象，丰富留守儿童的家庭文化生活，帮助留守儿童养成阅读的良好习惯，让孩子们从小乐于阅读，从书籍中学习文化知识、学会做人、了解世界、树立正确的人生观世界观显得极其重要。良好的阅读习惯的培养,能让更多的孩子喜欢阅读,喜欢上阅览室、图书馆、和书籍交朋友、吸纳广博的知识,能让沉迷于网络游戏、沉醉在电视的孩子们走出困扰。就像高尔基说的:"一本好书就像阶梯,每攀登一级,我就脱离动物走向人——走到更美好的生活理想,达到对于这种生活的渴望。"由此可见,阅读对于人们成长的重要性。

20 世纪末的美国,再没有比父母和他们的孩子一起看书的场景更让人感动的了。美国著名作家吉姆·崔里斯在《朗读手册》一书中提到:你或许拥有无限的财富,一箱箱珠宝与一柜柜的黄金,但你永远不会比我富有,我有一位读书给我听的妈妈。由此可见,亲子阅读是引领儿童喜欢阅读,有效阅读的重要方式。随着我国幼儿教育改革的深入发展,专家们从终生发展的高度出发,提出培养儿童阅读能力,开展亲子阅读活动,不仅增加了亲子沟通,同时对其孩子将来即时获取经验,更对其终身学习获取信息,在事业上有所成就具有重要的意义。下面,是一位家长通过与孩子一起读书,培养孩子的阅读兴趣的亲身经历。

儿子一生下来,对我写的书法字很感兴趣,每次抱着他,他总爱仰着头看着墙上的黑字。儿子没讲话之前,我们常唱儿歌给儿子听,儿子除了笑,不会跟我们发一个字音。儿子两岁半了,妻子买回一叠无图的生字卡,教儿子读。儿子不出声,只是睁大眼睛认真地看,感觉他也在竖着耳朵听。教了两三遍,妻子把字撒在地上,让他"拣"回指定的字,儿子可以全部"拣"对;让他把指定的字送给谁,他也绝对不会"选"错字,也绝对不会送错人!

这点发现,给了我们很大的信心。我们乐极了,常常陪儿子玩各种花样的识字游戏。儿子学得很带劲,很轻松。不久,儿子终于开"金口"了,更是可爱,带他去大街上,只要看到有字,他就会停下来认字,读字,不会的字就问。这样,儿子认的字多了。当孩子认识的字到 800 个常用字了,这个时候的父母就可以陪孩子一起读一些简单的书了。

接着,我们就开始正式地和儿子一起读故事书。慢慢地,越读越多。儿子认识的字也多,到了四、五岁时,我经常从书店买回许多图文并茂,字很大的那种小人书。像《武松打虎》、《哪吒闹海》、《狼和小羊》、《小红帽》……，最好是一个故事一本书的那种，这些书籍很适合儿子看，每天我和妻子总要抽出一段时间和孩子一起读书，或者把书中的故事绘声绘色地讲给孩子听。读完和看完一本，就告诉孩子，我们又读完一本书喽，孩子感到很自豪！然后又从故事中抽出三五个字，又玩识字游戏。有时，因为识了一些字，儿子也会捧着书，一个人读一读。

后来，慢慢过渡到读故事。很多时候，我会抱着儿子坐在腿上，用手指着书上的字慢慢读给儿子听。读的故事多了，儿子无意中认识的字也多了。于是我们又用"随文识字"的方式教儿子认字。

随着儿子的识字量慢慢的增大，可以自己读一些简单的儿童故事了，但我们并没有放弃和儿子一起读书的乐趣。很多时候，我会和儿子坐在一起，我伸出一只手，儿子伸出一只手，共同拿起一本书。我读一段，儿子读一段，我读一段，儿子读两段。同时，我又从音像店买来很多的故事磁带给儿子听。我记得我买的各种故事磁带有几十本，比如：《康拉德》《多立德医生历险记》《奇妙的绿宝石城》《宝莲灯》……都是那种只有声音的，没有图像的，这主要是让孩子集中注意力把握语言美！而且故意把声音开小一点，让孩子尖起耳朵听。所以我孩子从小专注力很好，因为他想听清楚，所以必须集中注意力听，听完后，我再从书店里找到有一样故事的书籍给儿子看，儿子很喜欢这种方式。

从上面的故事我们可以看出，孩子的阅读兴趣是可以从小一点一滴培养起来的，当然这其中凝聚了家长的付出与智慧。对于留守儿童，在留守期间不能与父母生活在一起，他们要么是单亲抚养，要么是隔辈或亲朋抚养，代理监护人由于各种原因，不能很好地与孩子一起亲子阅读，但仍要抽出一定的时间陪孩子读书，哪怕是听听孩子读书后的体会，鼓励一下孩子，都能激发孩子继续阅读的兴趣与欲望。

教子有方

我国当代著名教育家朱永新说过：一个多读书的人，其视野必然开阔，其志向必然高远，其追求必然执著。也就是说，多读书，不仅能使人变得视野开阔，知识丰富，而且还能使人具有远大的理想，执著的追求。留守儿童如果养成爱读书的习惯，那就会终身受益。一个人养成了爱读书的习惯，他才会一生都不感到寂寞，他才会完成终身学习的任务，他还会是一个不断提升自己，不断成长的人。那么家长在指导留守儿童有效阅读时，应该注意哪些问题呢？

(1)考考你，你擅长指导孩子读书吗？

下面10道选择题，家长可以试着做一做，看看你在指导孩子阅读时，存在哪些误区？

①给婴儿读书是浪费时间。 (对 错)

②阅读时一目数行，对一般孩子来说是不可能的。 (对 错)

③读书可不是轻松的事情，必须吃苦，不要企图享受。 (对 错)

④孩子因为不想读书，所以才不会读书。 (对 错)

⑤孩子读书的兴趣变来变去，这非常不好。 (对 错)

⑥孩子放假了，对孩子要求：这个暑假，必须读完三十本课外书。 (对 错)

⑦教育成绩好才是孩子成才，有个好前途的关键，课外阅读只是补充而已。 (对 错)

⑧孩子读课外书可以，但必须是作文书、名著或者是父母指定的书。 (对 错)

⑨为了使孩子全面发展，要尽量满足他买课外书的要求，多多益善。 (对 错)

⑩经常参与孩子的课外阅读是有必要的。 (对 错)

(答案：1～9题答错，第10题答对。)对照答案，您可以看看你在指导孩子阅读时，存在着哪些误区。

(2)不同年龄段的孩子适合读哪些书?

因为不同的年龄有不同的心理特点,认知水平不一样,所以专家认为:

小学一二年级,因为识字不多,拼音不熟练,学生读的书可以以图为主,字大一点,书簿一点,最好选的书是拼音版本的。童话与神话故事书是这个年龄段孩子的最爱,还有笑话书、卡通书等。

因为孩子小,不会选书,所以家长要帮着孩子参谋着选书。许多家长给孩子买了书,发现孩子不爱看,就以为孩子不喜欢看课外书,殊不知有时原因不在孩子身上,而在家长自己身上。有可能是家长选的书不适合孩子看,二是选的书难度高于孩子的阅读水平。

低年级家长,尤其是一年级家长替孩子选书时要注意三点:

·最好是图文并茂的,图多对开发孩子右脑有好处。可以丰富孩子头脑中的表象,对孩子今后创造力的发展有好处。

·书尽量选簿一点的,最好是一本书里只有一两个故事的,这样孩子很快能读完一本,内心就能产生一种成就感和愉悦感。下次就还会想读。如果家长为了省钱,给孩子买那种少图的、故事多的、很厚的书,孩子就会丧失读书的兴趣。(举例我的孩子读一年级时,读《安徒生童话》,很厚,结果孩子不想读了。)

·最好先帮孩子扫除书里生字的障碍。要么是买拼音版本的,一本书里不认识的字最好控制在20%以内,这样孩子读起来才不会磕磕巴巴,才会乐意读下去。否则的话,就建议父母与孩子一起读,最好是识字与读书同步进行。

小学三四年级,可以读一些深刻的童话书,像科学童话与故事,知识类图书《十万个为什么》《自然科学》《宇宙之谜》《动物知识》等伟人故事与历史类的书,还有儿童报刊等。

小学五六年级可以读一些漫画书、寓言、儿童小说、儿童报告文学、科幻小说、探险故事、人生智慧、为人处世、少儿百科全书等。

初中时期最适合读的书是名人传记、谈人生以及人生智慧方面的书。因为初中时代是一个人立志的时代,有特别强烈的模仿倾向,特别崇拜心中的偶像，如果孩子在初中时代没有机会接触这些名人传记方面的书，他就会去追明星、歌星。另外，还可以看一些科普的、青春期知识方面的、大众流行读物等。

(3)重视对孩子阅读兴趣的培养

“兴趣是最好的老师”，兴趣是孩子主动积极阅读的基础。根据留守儿童的特点和孩子的天性，激发他们的阅读兴趣。比如，留守儿童爱看电视，根据这一特点，可鼓励他们在家里看动画故事儿童节目，并告诉他们：这些内容书里都有，只要自己去看书，书中的故事无穷无尽，从而把孩子们从看电视引向爱看课外书。可以通过给孩子讲一些有趣的故事，讲一些名人名家爱读书的故事，鼓励他们热爱书籍，从书籍中汲取无穷无尽的语言营养，精神食粮。

多与孩子交流阅读体会，肯定孩子的阅读成果，满足他们的成功欲，激发阅读兴趣。

(4)教给孩子一些阅读方法，培养良好的阅读习惯

要扩大阅读量，指导阅读方法非常重要，在指导的过程中培养孩子良好的阅读习惯，这会让孩子受益终身。

教给孩子一些区别于课堂读书的方法。如粗读、浏览、速度、泛读、品读等。拿到一本书不是马上从正文第一页逐词逐句地读起来，而是先看书的前言、后记、内容简介，以了解这本书是否适合自己读，需要细读时，应认真阅读，碰到不认识或不懂的字词可以借助工具书或请教大人，对于书中深有启发或感触的内容，可以适当批注或写读书笔记，养成良好的阅读习惯。

此外，阅读也可以为留守儿童与在外务工家长的交流服务，既有亲子沟通交流感情，又拓展了留守儿童阅读的资源。人们的交流离不开语言和文字，交流的方式主要有：电话、书信、电子邮箱、QQ 聊天等。但在外务工家长没有意识到亲生父母的只言片语能让孩子感到被关注和需要，天各一方的留守儿童与家长之间的交流，常常由于家长觉得孩子小没什么说的、或家离得远管不到、工作太忙等原因和孩子很少联系。如果父母能够引导鼓励孩子给家长“画信”或口述他人“代写”主动与家长

沟通，孩子们将自己身边有趣的事情、伤心的事情、自己的进步、对父母的想念以图画、文字的形式传递给家长，阅读就能让孩子们变得能言善道、能画会写，阅读会成为许多留守儿童健康成长的伙伴。在外务工的家长即使没有与孩子生活在一起，也能为孩子的成长与发展尽一份力，同时加深了与孩子的交流与感情。

第七章　谱写留守儿童的健康食谱

儿童期是生长发育的关键时期，而营养均衡又是儿童生长发育和身心健康的重要影响因素。由于留守儿童多半是隔辈人或是其他亲属抚养，因此，他们的饮食情况也是抚养人和留守儿童的父母非常关注的话题。然而，由于抚养人对儿童生长规律和营养均衡知识的缺乏，很多人认为只要孩子饿不着就行了，或是认为我们小的时候不也是这么长大的吗？因此，留守儿童在饮食方面可能得不到更多的照顾和满足，这将直接导致留守儿童的营养不足，进而影响留守儿童的生长发育和心理健康。

如何在现有条件下，合理搭配出美味又营养的食谱，怎样纠正孩子的一些不良饮食习惯，让孩子不但吃得饱还吃得健康营养，是每一个留守家庭都应该关注的问题。

1. 如何给孩子搭配美味营养食谱

寻根寻源

我国儿童营养状况城乡差异明显，农村地区特别是贫困地区儿童营养不良问题突出，其中以留守儿童尤为严重。随着社会经济的发展，广大农村的生活、经济条件有很大改善，在某种程度上为儿童的生长提供了必要的保障，但是也有相当数量的儿童营养不良。且营养不良发生率呈随年龄增长而上升的趋势，以 4～6 岁更为明显，分析原因主要是：3 岁以后儿童活动能力增强、智力发育进一步加快，需要更加充足的营养，而父母或抚养人对儿童的这一发育特点认识不足，并且农村食物单一，儿童生长所需要的奶类、蛋类、鱼肉类等摄入不足，导致营养不良发生。

中国疾病预防控制中心数据显示，我国农村地区儿童身高比城市儿

童身高平均低4～5厘米，体重轻3.5～4.5公斤。与此同时，农村儿童维生素A缺乏是城市儿童的4.5倍。调查还发现，学龄前儿童既存在营养不良，也存在超重和肥胖，呈现"两极分化"的现象。一些条件不错的家庭会千方百计给儿童增加营养，尤其是有些在外打工的父母，觉得亏欠孩子，所以会叮嘱抚养人一定要给孩子吃好的，这样就造成一部分留守儿童营养过剩。

留守儿童的膳食结构反映出的主要问题是：

(1)食物种类单一

在很多留守儿童的饭桌上，一日三餐基本上是以馒头和米饭为主的主食，虽然这些食物也能基本满足一天的活动所需能量，但是由于缺少动物性食品和蔬菜类的饮食结构，直接导致孩子的营养不良。

一般来讲，膳食中添加适量肉类食品的儿童，体重和身高发育良好，主要原因是动物性食品营养价值较高，为生长发育提供了重要保障。乳类食品也有利于身高发育，因为这类食品中既含有生长发育所需要的蛋白质、脂肪、碳水化合物等营养物质，还含有丰富的钙质，有助于促进骨骼的发育。蔬菜含有丰富的维生素、矿物质、果胶、有机酸、膳食纤维、生物活性物质等营养素，能刺激胃肠蠕动和消化液的分泌，可以促进幼儿食欲，防止便秘，还可以促进骨骼、生殖、视觉发育，对于贫血、食欲不振、免疫功能低下有极大帮助。

因此，对于留守儿童的膳食结构，在条件许可的范围内，需要尽量增加一些肉类、蛋类、奶类及蔬菜，最大程度地保证留守儿童生长发育所需的营养。

(2)微量元素摄入不足

由于留守儿童的膳食比较单一，一些生长发育所必需的微量元素就无法通过饮食摄取，例如，由于体内缺乏造血所必需的铁、维生素B12、叶酸等物质，会导致营养性贫血。而贫血会影响儿童的大脑发育和认知能力，这意味着他们无法和同龄人一样有效地学习。动物的肝脏富含各种营养素，是预防营养性贫血的首选食品。牛肉、动物肝脏、蛋黄、黑木耳、猪血和鸡鸭血等都含有较高的铁，新鲜蔬菜和水果富含叶酸。此外，还应多吃豆类、菌类、粗粮以及海带、紫菜等食品。

(3)抚养人缺乏基本的营养知识

中国学生营养与健康促进会的调查发现,目前在农村地区,很多学生家长缺乏营养意识,往往将家中的鸡蛋拿到集市上出售后,换回一些软饮料和方便面等营养价值相对较低的食物给孩子吃;有的农户养羊,家长却认为羊奶没有营养,不给孩子喝,将羊奶倒去喂猪。大部分学生不知道不吃早餐对生长发育、学习成绩、营养摄入、身体耐力有坏处;2/3的学生不知道钙的良好来源是什么,也不知道吃盐过多与高血压有关;86.8%的学生不知道如何用食物搭配的方式预防缺铁性贫血。

其实,在农村有很多富有营养的食材,用这些材料可以做成很多美味又营养的食物,以供给孩子生长发育所必需的营养。如果留守儿童的抚养人能够了解一些最基本的营养知识,会在很大程度上改变留守儿童营养不良的现象。

前车之鉴

根据农村食材的特点,在现有条件下,如何才能制作出美味又营养的食物?其实,留守儿童的家长完全可以自己动手,根据下面的建议给孩子搭配饮食。

(1)食物应多样性

根据中国居民的膳食特点,每日摄入的食物应包括五大类:第一类为谷类和薯类;第二类为动物性食品;第三类为豆类及其制品;第四类为蔬菜水果类;第五类为纯能量食物。

第一类为谷类、薯类,干豆类,主要提供碳水化合物、蛋白质、B族维生素,也是我国膳食的主要能量来源。

第二类为动物食物,包括肉、禽、蛋、鱼、奶等,主要是提供蛋白质、脂肪、矿物质、A和B族维生素。

第三类为大豆及其制品,主要提供蛋白质、脂肪、膳食纤维、矿物质和B族维生素。

第四类为蔬菜、水果，主要提供膳食纤维、矿物质、维生素C和胡萝卜素。

第五类为纯能量食物，包括动植物油脂，各种食用糖和酒类，主要提供能量。

这五大类食物均应按需适量摄取，不宜食用过多的动物性食物和纯能量食物，以保持植物食物为主，动物性食物为辅，能量来源以粮食为主的基本特点，同时要注意在各类食物中，尽可能地选择不同食物品种，以达到食物多样化和营养元素供给平衡的目的。

此外，食物在三餐间的合理分配也是合理膳食的一个重要内容，把一天所食用的食物按重量分配，一般主张早、晚餐各占30%，午餐占40%。

(2)同类的食物可相互替换

南北方以及东部沿海或是西部地区的饮食习惯、烹饪习惯和菜品供应都会有很大差异，在给孩子准备食物时，可按当地习惯对同类食物进行替换，如肉类食物可以用猪肉、牛肉、鱼肉等相互替换。如果由于条件限制肉类食品摄入量相对不足的，可以增加大豆类、鸡蛋等的摄入，从而保证孩子生长发育所需的优质蛋白质。

此外，由于各地时令蔬菜、水果等食物供应也有很大差异，家长可以根据当地供应的当季菜品和果类进行适当替换。如青椒、西红柿、油菜、柑橘等果蔬都富含青少年成长所需要的维生素C。营养专家指出，无论什么季节吃蔬菜都应以新鲜为主。因为，所有蔬菜中都含有维生素C，它的含量多少与蔬菜的新鲜程度密切相关。一般来讲，蔬菜存放得时间越长，维生素C就会丢失得越多。所以，蔬菜一定要吃新鲜的才能摄取到更多的营养。

(3)不同年龄阶段的儿童所需要的营养不同

处于不同生长发育阶段的孩子，对营养的需求也有所不同，我们要根据孩子在某一年龄阶段的需求合理地搭配饮食。

婴儿期(指出生到1岁以内的宝宝)的孩子除母乳喂养外，4个月后应逐渐添加一些辅食，如面糊、米汤、菜汤、蛋、瘦肉、豆浆、饼干等。添加食物应遵循下列原则：由稀到稠、由少到多、由细到粗、由一种到多种，并在宝宝身体健康，消化功能正常时添加。

幼儿期。是指1～3岁的孩子，这个时期，孩子体格发育速度放慢，大脑的发育加快，因此饮食中应注意优质蛋白质的供给，此时孩子的牙已逐渐出齐，但咀嚼功能还比较差，食物应该细、软、烂、碎。注意肉、蛋、鱼、豆制品、蔬菜、水果的供给。这个时期的孩子开始接触各种饮料，小食品，但小食品吃多了会导致孩子厌食，所以，应控制孩子吃零食。

学龄前期。是指4～7岁的孩子，这个时期的孩子，膳食已接近成人水平，主食可用普通米饭、面食、菜肴同成人，但仍要避免过于坚硬、油腻或酸辣的食物。饮食要多样化、荤素搭配，粗细粮交替，保证供给平衡膳食，饭后仍需添加水果，但是饮料与小食品同样尽量少用。

学龄儿童与少年。这个时期的孩子在饮食上和成人基本相同，但膳食安排要营养充足，饭菜合宜，

教子有方

微量元素哪里找？

我们的身体除了要很多营养物质之外，我们对于微量元素的补充也是很重要的，不同的微量元素的来源也是不同的，所以我们要从不同的食物中摄取不同的微量元素，下面我们就给大家说说常见的微量元素的来源。

铁：动物性食物中，如肝脏、动物血、肉类和鱼类所含的铁为血红素铁，血红素铁也称亚铁，能直接被肠道吸收。植物性食品中的谷类、水果、蔬菜、豆类及动物性食品中的牛奶、鸡蛋所含的铁为非血红素铁，这种铁也叫高铁，以络合物形式存在，络合物的有机部分为蛋白质、氨基酸或有机酸，此种铁须先在胃酸作用下与有机酸部分分开，成为亚铁离子，才能被肠道吸收。所以，动物性食品中的铁比植物性食品中的铁容易吸收。为预防铁缺乏，应该首选动物性食品。

锌：动物性食品中的牛肉、猪肉、羊肉、鱼类、牡蛎含锌量高。植物性

食品中的蔬菜、面粉含锌量少，且难吸收。

铜：含铜最多的食品是肝脏，大多数的海产食品，如虾、蟹含铜较多，豆类、果类、乳类含铜较少。

碘：因海水含碘丰富，所以海产品都含有碘，特别是海带、紫菜含碘最多。

硒：谷物、肉类、海产品含量高，除缺硒地区外，一般膳食不缺硒。

因各种食品含微量元素多少不同，为预防微量元素缺乏，应吃多种食物做成的混合食物，不能偏食、挑食。

2. 合理安排孩子的早餐

寻根寻源

尽管早餐的重要性已经被越来越多的人所认可，但是，不恰当的早餐饮食习惯，同样会损害孩子的健康。早餐不仅要吃，而且还要吃好，吃得有营养。

下面是一些早餐的错误吃法，我们在给孩子准备早餐时要尽量避免。

(1)早餐吃剩饭

很多家庭都有这样的习惯，在做晚饭时多做一些，第二天早上给孩子和家人把剩下的饭菜热一下，这样的早餐制作方便，省时省力。然而，营养专家认为，剩饭菜隔夜后，蔬菜可能产生亚硝酸(一种致癌物质)，吃进去会对人体健康产生危害。而含淀粉的食品则容易被葡萄球菌污染，这类食品又最适合葡萄球菌生长、繁殖。因此，吃剩饭易引起食物中毒，轻者出现恶心、呕吐、腹痛、腹泻；重者会剧烈腹泻、脱水。另外，经热加工过的食物通常都有部分维生素流失，而且加热的温度越高，次数越多，维生素流失也就越多。因此，长期吃剩饭剩菜容易造成营养不良。

那么，如果家里有了剩饭该如何处理呢？应该把剩饭松散开，放在通风、阴凉的地方，剩饭的保存时间以不隔餐为宜，早剩午吃，午剩晚吃，尽量将时间缩短在5至6小时以内。

下面介绍两种处理剩饭的方法，最大限度保证食物的营养不流失。

加其他配料煮成粥：粗粮和豆类都是营养丰富的原料，先把它们煮软，然后加入剩饭一起继续煮成粥，就是美味营养的豆粥或粗粮粥了。还可以添加一些含保健因子较多的原料，如红薯、黑芝麻、银耳等，既合理使用了剩米饭，还能起到保健的作用。

做成拌饭：在米饭中加入生的蘑菇、嫩豌豆、胡萝卜等一起加热蒸熟，或直接放入熟的菜肴，搅拌后稍加热即可，不需要放很多的油。比如，加入炒胡萝卜丝、青椒丝和香菇丝，拌入一些烫熟的绿叶菜段，再加上一个鸡蛋，膳食纤维和维生素都非常丰富，还有不少钾和钙。

(2)油条加豆浆

这是中国的"传统早餐"，很多家庭都习惯于早餐的时候选择油条或油饼加一杯豆浆。油条是高温油炸食品，跟烧饼、煎饺等一样都有油脂偏高的问题。食物经过高温油炸之后，营养素会被破坏，还会产生致癌物质；而且油条的热量也比较高，油脂也难消化，再加上豆浆也属于中脂性食品，这种早餐组合的油脂量明显超标，不宜长期使用。

(3)用零食代替早餐

有些留守儿童的抚养人由于平时很忙，无暇照顾孩子的早餐，所以，有些家长就用零食给孩子充当早餐，如雪饼、饼干、糖果或是其他小吃等。这些零食，如果平时肚子饿了吃点充饥是可以的，但是用零食充当每天三餐中最重要的早餐，那就是非常不科学的了。零食多数属于干食，对于早晨处于半脱水状态的人体来说，是不利于消化吸收的。而且饼干等零食主要原料是谷物，虽然能在短时间内提供能量，但很快会再次感到饥饿，临近中午时血糖水平会明显下降。早餐吃零食容易导致营养不足、体质下降，容易引起各种疾病入侵。因此，不应该用零食代替早餐，并注意早餐食物中应该含有足够的水分。

(4)边走路边吃早餐

这种情形多发生在早晨上学的路上，因为早上的时间比较紧张，所以有很多孩子会一边走路一边吃早餐，既不耽误事情，又不耽误吃饭，即手拿食物边走边吃。这种方法效率虽高，但对身体不利。因为手拿食物在室外边走边吃，很容易将空气中的尘埃、微生物以及有害气体吃到肚子里，这对健康非常有害，也极不卫生。道路上尘土飞扬，细菌、病毒、虫卵、花粉等都会落到食物上。在其他公共场合，接触的工具，都沾有很多细菌，若不洗手就拿食物，细菌和病毒会沾染到食物上。

虽然我们在任何环境下都可以咀嚼、吞咽食物，但在身体忙于应付耗费较大的肌肉活动时，血液供应会从胃肠等消化系统转移到肌肉处，容易引起消化不良。

另外，边走边吃的食物只是干食，缺乏必要的汤水滋润，对口腔、咽喉和消化道都会产生不利影响，如果经常采取这种方式吃饭，势必诱发这些部位的疾病。

(5)缺少主食的早餐

有一些家长很关心孩子的早餐，并且也注意饮食的营养搭配，比如早餐中有水果、牛奶或是肉类、蛋类等，唯独缺少了米、面等以碳水化合物为主要成分的主食，表面上看这样的早餐很有“营养”，但是殊不知长期没有主食的早餐会造成孩子的营养不良。早餐所供给的热量占全天的30%，这主要是靠主食来提供的。早餐时进食一些淀粉类食物，吸收后能很快分解成葡萄糖，纠正睡眠后的低血糖现象。但谷类食品消化快，2—3小时之后就会有饥饿感，因此，还要适量摄入一些富含蛋白质和脂肪的食品，如鸡蛋、肉松、豆制品等食物。另外，早餐中不建议添加李子、杏、梨等口味上呈酸性的水果，因为这些水果中含有大量的有机酸，空腹食用会对胃黏膜造成不良刺激，从而导致腹胀、反酸，甚至加重胃炎和胃溃疡。因此，这些水果不宜空腹食用。

前车之鉴

营养学家认为，早餐是非常重要的一餐，对人的健康十分重要，因为它提供了一天所需的能量。然而一项调查发现，很多中小学生不吃早餐，每天吃早餐的人数只有57%，早餐质量较差的人数却高达77%。有的父母还认为自己从来都不吃早餐，身体不是挺好吗，其实，不吃早餐的危害极大，主要有三点：

(1)早饭与头天晚上的吃饭时间相隔约有10个小时以上，如果不及时进早餐，大脑便处于饥饿状态。以这样的状态去上课，会精神不振，学习能力下降。研究表明，不吃早饭的孩子上第二节课的时候就开始出现注意力不集中、有小动作等现象，他们往往脑功能降低，学习效率下降，被误认为是多动症。而且早饭若没吃，中午就会大量进食，这样会使胃壁一下子处于紧张状态，时间久了易生胃病。

(2)长期不吃早餐易使人发胖。早饭与午饭相隔时间过长，大脑不断受到饥饿信号的刺激，会使人产生空腹感。这样，中午吃进的食物特别容易被肠胃吸收，更容易形成皮下脂肪。而且，由于吃得过多，食物消化后多余的糖分大量进入血液，容易形成脂肪。

(3)空腹的时候，人体内胆囊中的胆固醇饱和度比较高，容易形成胆结石。长期下去，人体内的平衡系统遭到破坏，容易导致贫血和营养不良。因此，父母一定不要轻视早餐。

不论是学龄期还是青春期的孩子，安排好他们的早餐很重要。及时进餐，才能使血糖维持在一定的水平。人的心脏和大脑活动所需的能量是直接由血中的葡萄糖供给的，如果不吃早餐或吃得很少，人体会出现饥饿感，除了上课会精力不集中、学习效率差等，严重者还会有头晕、乏力、出虚汗等低血糖反应。有专家对1000名3～6年级小学生考试成绩的研究指出：吃早餐的学生比不吃早餐的学生成绩好，而且早餐的量和所吃的东西也和学习成绩有关。因此，强调留守儿童早餐的重要性，这不仅仅关系到孩子的身体发育，还关系到他们的智力发育。早餐既要吃饱又要吃好，吃饱才能提供充足的热量，吃好才能供给丰富的营养。

教子有方

怎样才算是营养丰富、味道可口的早餐呢？好的早餐应该是：主食为主，副食次之，有干有稀。

(1)首先，合理安排早餐时间。一些人早晨起得早，早餐也吃得早，其实这样并不好。早餐最好在早上7点后吃。医学专家指出，人在睡眠时，绝大部分器官都得到了充分休息，而消化器官却仍在消化吸收晚餐存留在胃肠道中的食物，到早晨才渐渐进入休息状态。一旦吃早餐太早，势必会干扰胃肠的休息，使消化系统长期处于疲劳应战的状态，扰乱肠胃的蠕动节奏。所以在7点左右吃早餐最合适，因为这时人的食欲最旺盛。另外，早餐与午餐以间隔4至5小时左右为好，也就是说早餐7至8点之间为好，如果早餐过早，那么数量应该相应增加或者将午餐相应提前。

(2)第二，早餐前应先喝点温水。人体在夜晚睡觉的时候从尿、皮肤、呼吸中消耗了大量的水分，早晨起床后人体会处于一种生理性缺水的状态。一个晚上人体流失的水分约有450毫升，晨起喝水可以补充身体代谢失去的水分。另外，清晨起床后饮水还能刺激胃肠的蠕动，湿润肠道，软化大便，促进大便的排泄，防治便秘。晨起后喝水，还可起到冲刷肠胃的作用，早上起床后胃肠已经排空，这时喝水可以洗涤清洁肠胃，冲淡胃酸，减轻胃的刺激，使胃肠保持最佳的状态。因此，早上起来不要急于吃早餐，而应立即饮500～800毫升温开水，既可补充一夜流失的水分，还可以清理肠道，但不要在吃早餐前喝过多的水。

(3)第三，早餐一定要有一些谷类食物。谷类食物可分解成葡萄糖，它是脑组织中的主要供能物质。谷类食物能够持续释放能量，可提供对人体至关重要的10种维生素和矿物质，满足人体上午所需。谷类包括小麦、稻谷、玉米、小米、高粱、白青稞、燕麦等，它是人体最主要、最经济的热能来源。谷类早餐食品也就是用以上原料做成的主食，比如馒头、面包、粥、煎饼、烤饼、饺子、包子、馄饨、面条等，而且要各种谷类食物搭配，粗细搭配。

(4)第四，早餐要有一定量的蛋白质供给。蛋白质是生命存在的形式，也是一切生命的物质基础，一般占人体总重量的18%左右。蛋白质是构成、更新、修补组织和细胞的重要成分，在体内不断地进行合成与分解，参与物质代谢及生理功能的调控，保证机体的生长、发育、繁殖、遗传并供给一定能量。蛋白质的作用极其重要，它制造肌肉、血液、皮肤和各种身体器官，帮助身体更新组织，向细胞输送各种营养素，调节体内水分的平衡，为免疫系统制造对抗细菌和感染的抗体，还能帮助伤口血液凝结及愈合，在体内制造酶，有助将食物转化为能量。蛋、奶、豆类食物都含有丰富的蛋白质。早餐要保证食入250毫升牛奶或豆浆，一个鸡蛋或几片猪、牛、鸡肉，以保证供给孩子生长发育所需的蛋白质。

(5)第五，早餐还要有一定量的蔬菜。早餐吃点蔬菜，对孩子的生长发育大有好处。很多孩子早餐桌上出现最多的不外乎奶制品、鸡蛋、豆浆、稀饭、面包、油炸食品等。这类食品富含碳水化合物、蛋白质和脂肪，属于酸性，而蔬菜不仅仅含有丰富的胡萝卜素和多种水溶性维生素，还含有很多钙、钾、镁，这些都属于碱性，因此，如果在原有的早餐食谱中再加点蔬菜就能做到酸碱平衡。如凉拌莴笋、白菜、黄瓜、萝卜、西红柿等蔬菜，凉拌海带等海产品，以提供其他营养素和矿物质来增加食欲，保证早餐食入量。

下面介绍几种儿童早餐的搭配，家长可以根据实际情况进行改良，本着多样化、营养均衡、适当替换的原则，为孩子准备营养美味的早餐吧。

星期一：牛奶、馒头、豆乳、蒸鸡蛋、拌莴笋条

星期二：豆浆、烧饼、煮花生米、酱牛肉、米粥

星期三：牛奶、面包、炒豆腐丝与胡萝卜丝、煮鸡蛋

星期四：豆浆、花卷、拌海带白菜丝、咸鸭蛋、米粥

星期五：牛奶、小笼包、拌黄瓜

星期六：豆浆、蛋糕、拌豆芽粉丝

星期日：牛奶、鸡蛋煎饼、凉拌海白菜、大米粥

总之，早餐的搭配原则是：主食要吃些含碳水化合物丰富的食物，如馒头、面包、豆沙包等，同时还要进食富含蛋白质的食物，如鸡蛋、牛奶等，并应保证每天进食一定量的蔬菜和水果。

3. 避免儿童不当饮食

寻根寻源

食物为我们提供了营养和能量，以保证我们进行正常的生活和工作，然而，并不是所有的食物都会给我们带来好处。即使能给我们带来营养的某些食品，吃多了同样有害。所以我们倡导“食物多样”、“营养均衡”、“适量有度”。在关注留守儿童的膳食结构时，更应避免不当饮食导致的营养失衡。

留守儿童不当饮食的表现

过早用米粉喂婴儿。留守儿童的父母由于工作的原因，可能在孩子很小的时候就离开家乡，把尚在襁褓中的婴儿交给隔辈人或其他亲属。而农村家庭由于经济条件所限，往往没有能力给孩子买配方奶粉，于是过早地给婴儿喂米粉。可是，米粉缺乏蛋白质，长期食用会导致婴儿贫血、虚胖、机体免疫力降低。

喜欢给孩子吃汤泡饭。留守儿童的抚养人没有太多的时间为孩子准备饭菜，有时候会将菜肴内的汤汁或者勾芡捞起来拌饭给孩子吃，以增加味道，而且这种汤饭孩子吃得也快，但这种做法并不妥当。一方面，用汤泡饭，由于米饭泡软易吞，孩子往往没有咀嚼就快速吞咽，增加胃的消化负担，长期下来将引发胃病。另一方面，菜肴中的汤汁常常过咸而且十分油腻，孩子容易由此摄取过多的盐分、油和电解质，也会增加孩子肾脏的负担。

只把鸡鸭鱼肉当荤菜。其实，所有的豆制品和各种禽蛋也是荤菜，大豆蛋白的营养和动物蛋白的成分大部分是一样的。因此，在经济条件受限的农村，如果没有条件给孩子增加肉类蛋白，可以给孩子吃些豆制品及禽蛋类。大豆蛋白质约占大豆含量的40%，是谷类食物的4～5倍。除了蛋氨酸，在营养价值上与动物蛋白相当。

认为所有的蔬菜营养都一样。其实，蔬菜按颜色可分为三类，颜色越深，蔬菜的营养价值越高。第一类是绿色，如菠菜等青菜，营养价值最高；第二类是黄色，如胡萝卜、西红柿等，营养价值次之；第三类是白色，大白菜、冬瓜等，营养价值最低。但要注意的是：所有的皮，营养价值属于第一类；胡萝卜不能生吃，煮熟了吃才有营养。

牛奶经常与鸡蛋搭配。现在有不少农村家长为了给孩子增加营养，每天用牛奶加鸡蛋做早餐。殊不知，这种搭配是蛋白质+蛋白质，很难被身体吸收，应该搭配适当的谷物，比如稀饭、馒头等，否则长期下去，会造成孩子营养不良，身材矮小。

吃不干净的生食、生菜、瓜果等。生的蔬菜上沾染有很多细菌，生冷拌菜，如拌莴笋、拌黄瓜等，是生菜或半熟的菜，拌上调料制作而成的，在拌制后，往往放置一段时间，这就有利于细菌的生长繁殖，食后容易中毒。因此，尽量给孩子吃经过烹制的菜肴，生吃的凉拌菜等也要注意清洗干净再吃。

大量吃腌菜

在农村，腌菜是家常菜。由于腌菜有开胃解腻等功效，加上食用方便，这些优点使得腌菜成为“下饭菜”，同时也成为留守儿童食谱中最常见到的一道主菜。然而，腌菜由于其制作过程需要加入大量食盐，儿童摄入过量食盐对身体产生的危害也越来越多地被人们所认识。具体地说，大量吃腌菜的危害表现为如下几个方面：

首先，大量吃腌菜，容易引起人体维生素C缺乏和结石。蔬菜在腌制过程中，维生素C被大量破坏；腌制后，维生素C的成分几乎“全军覆没”。大量吃腌菜，人体就会缺乏维生素C。如果长期食用，就容易引起各种疾病。

腌制的酸菜中含有较多的草酸和钙，由于它酸度高，食用后不易在肠道内形成草酸钙被排出体外，而会被大量吸收，草酸钙就会结晶沉积在泌尿系统中,形成结石。

此外,腌制类食品中有较多量的硝酸盐和亚硝酸盐,可与肉中的二级胺合成亚硝酸胺,是导致胃癌的直接原因。

再则,由于食品在腌制过程中,需要放大量的盐,这会导致此类食物钠盐含量超标,造成常常进食腌制类食品者肾脏的负担加重,发生高血压的风险增高,同时也会影响黏膜系统。

因此,腌菜切不可作为留守儿童的"下饭菜",也不能成为食谱中的一道主菜。

饮食结构不当。这往往也会导致产生种种疾病,影响儿童的健康。例如饮食中长期缺乏维生素A,就会形成夜盲症,还可以出现皮肤、黏膜干燥角化,泪腺、唾液腺、汗腺、胃腺等分泌机能下降,从而引起一系列病变。相反,如果长期过量摄入维生素A,由于维生素A为脂溶性,不易泄,容易在体内积累,引起维生素A过多症。主要症状为厌食,情绪过度反应,长骨末端外周部分疼痛,肢端动作受限制,头发稀疏,肝肿大,肌肉僵硬和皮肤瘙痒症。再如维生素D,对骨骼形成很重要,但过量摄入在体内蓄积,也会引起维生素D过多症,出现厌食、恶心、呕吐、腹泻、头痛、思睡、多尿及烦躁等症状。并由于钙大量沉积于心脏、大血管、肺、肾小管以及其他组织,可出现肾功能减退的症状。同时由于体内大量钙从骨中转入其他组织,反而使骨骼脱钙。由此可见,儿童在日常生活中,不仅要吃得饱,吃得好,更重要还是要吃得合理,任何营养素过多或过少都会对人体不利。

饮食方法不合理。由于各个家庭的生活环境不同,各人嗜好习惯不一,或者缺少科学知识的指导,无意之中使用了不合理的饮食方法,时间长了,也会影响健康,产生疾病。常见的不合理的饮食方法有以下几种:

(1)不注意烹调方法。烹调对食物营养成分有很大影响,如有的家庭喜欢淘米时反复搓洗浸泡,结果使大量营养流失。各种面食也因烹调方法不同,造成维生素不同程度的损失。

(2)吃饭时训斥孩子。这样会造成留守儿童吃饭时产生不良情绪,并通过大脑皮层使消化腺体分泌受到影响,也会引起消化功能的障碍。

(3)饭后喝汤。这样会冲淡胃液,延长消化时间,加重胃的负担,影响消化并给健康带来危害。

(4)喜欢吃过烫或过凉的饮食。有人喜欢给孩子喝滚烫的粥或是热腾腾的面条,觉得吃下去很舒服,殊不知过烫的食物会使食道和胃粘膜受损,引起炎症、溃疡。有些人喜欢在炎热的夏天,尤其是劳动或运动之后,给孩子吃冷饮或是喝冰镇的饮料。这样会造成胃肠道血管突然收缩,使血流减慢,血液减少,引起生理功能紊乱,影响人体对食物消化吸收,进而造成腹痛、腹泻等。

前车之鉴

一些留守儿童的家长可能会认为,能给孩子吃饱就不错了,大人每天都有干不完的活,哪有时间去精心地给孩子准备吃的,再说祖祖辈辈都是这么过来的,孩子从小娇生惯养也不是什么好事。我们确实看到留守儿童在饮食方面的条件限制,但是在现有条件下,如何最大限度地关注留守儿童的健康饮食,是我们每一个留守儿童的家长应该关心的话题。那么,孩子饮食不当究竟会带来哪些危害呢?

孩子饮食不当的危害

第一,饮食不当导致性早熟。

目前,导致儿童性早熟的原因很多,而吃出来的性早熟却是儿童性早熟的"罪魁祸首"。一些孩子偏食,喜欢吃油腻肥甘的食物。许多家长不会掌握膳食平衡,孩子喜欢吃的就天天做、天天吃,孩子不喜欢吃的则从不上桌,长期的营养不均衡会导致孩子体内营养代谢紊乱,造成性早熟。我们说,一方面要在儿童食谱中增加肉类蛋白的含量,但是也不能过度。特别是鸡鸭翅、鸡鸭颈以及牛鞭、牛睾丸之类的动物性器官,人参、桂圆干要尽量少吃;油炸类食品,特别是炸鸡、炸薯条和炸薯片更不要由着孩子的性子食用。反季节、色彩形状异常、形状超大的蔬菜和水果,也应避免食用,防止食物中的激素物质进入人体破坏生理平衡,进而造成性早熟。

第二，饮食不当导致近视。

孩子不宜过量地吃甜食。因为过量摄入糖分会导致眼球巩膜组织的弹性降低。在眼内压的影响下，眼壁扩张，使眼球的前后径过长，就很容易引起近视。同时，糖分代谢需要大量维生素B1，如果糖分摄入太多，维生素B1会被大量消耗，而且过多糖分也会降低体内的钙质，同样会使眼球壁弹性降低，助长近视的发展。另外，吃硬质食品过少也是引起儿童近视增加的原因之一。吃食物可以促使面部肌肉运动，包括支配眼球运动的肌肉，进而有效地发挥调节眼睛晶状体的能力。日本研究人员为此调查近300名学生，凡是喜欢吃硬质食品者均正常，常吃软食者多有不同程度的视力下降，故咀嚼被誉为眼的保健操。因此，根据儿童的牙齿发育情况，安排如胡萝卜、土豆、黄豆、水果等耐嚼的硬质食品，增加咀嚼的机会，可预防近视眼的发生。

第三，饮食不当导致缺钙。

钙是构成骨骼和牙齿的重要成分，儿童缺钙，可使骨骼、牙齿发育不正常，严重的可患佝偻病、肌肉痉挛等。如果摄入过多烧烤、熏烧的蛋白质类食物，如烤羊肉串等，会造成体内缺钙。如何通过调整饮食结构补充孩子生长所需的钙质？首先，海产品含钙较多，如鱼、虾皮、虾米、海带、紫菜等均含有丰富的钙质，极易被人体吸收；豆制品为上好的补钙食品，如豆浆、豆粉、豆腐、腐竹等价廉物美，烹调简单，食用方便；奶制品现在也普遍被人们接受，如鲜奶、酸奶、奶酪等含钙丰富；另外蔬菜也是钙质来源之一，如金针菜、胡萝卜、小白菜、小油菜，既含有丰富的维生素，又可给人体提供钙质，在日常生活中应多食；鸡蛋在生活中不可缺少，其含钙量也比较高。

第四，饮食不当导致贫血。

1岁以内的婴幼儿生长发育快，需铁量多，当母乳和牛乳含铁量都不能满足婴儿的生长需要时，若未及时添加含铁的辅食，就会发生缺铁性贫血。轻者表现为皮肤、黏膜苍白或发黄，以口唇、牙床、眼睑、指甲等部位更为明显。严重贫血者头晕、全身乏力、烦躁不安、食欲不振，有的还出现吃土块、煤渣、墙泥等。贫血过久，可导致生长发育障碍。

因此，要想使孩子不发生营养性贫血，必须注意合理的加工和烹调、饭菜多样化，如紫菜、海带等海产品及虾、芝麻、蘑菇、木耳、豆制品、猪肝等都含有丰富的铁质，可以经常调换着吃。特别是要让孩子多吃点绿叶蔬菜，在菜肴烹调时不要煮得过烂，这是因为这种烹调方法导致叶酸的流失而影响造血。叶酸是重要的造血原料，广泛存在于各种食物中，以绿色新鲜蔬菜中含量最为丰富，然而叶酸性能不稳定，容易在加热的过程中被破坏。所以蔬菜在烹调时不宜加水煮得太久，以免叶酸大量流失，进而影响铁的吸收。

第五，食物过咸引发疾病。

百味盐为先，食盐可谓调味品中的老大。在现代膳食中，儿童钠盐摄入量逐渐增加，其中既有家庭一日三餐的盐超量，也有零食中含钠盐增多。据调查，儿童患上高血压的越来越多，而这些儿童在婴儿时期绝大多数经常吃过咸的食物。过咸食物导致血压增高，引起水肿。另外，小儿吃盐过多还是导致上呼吸道感染的诱因。这是因为，高盐饮食使得口腔唾液分泌减少，更利于各种细菌和病毒在上呼吸道的存在。其次，高盐饮食后由于盐的渗透作用，可杀死上呼吸道的正常寄生菌群，造成菌群失调，导致发病。第三，高盐饮食可能抑制黏膜上皮细胞的繁殖，使其丧失抗病能力。这些因素都会使上呼吸道黏膜抵抗疾病侵袭的作用减弱，加上孩子的免疫能力本身又比成人低，又容易受凉，各种细菌、病毒乘虚而入，导致感染上呼吸道疾病。

儿童的口味是跟随家长的，若父母饮食习惯偏咸，小孩子也会爱吃咸的食物。吃得过咸，直接影响儿童体内对锌的吸收，导致孩子缺锌。对于梅干菜、咸鱼和腊肉等含钠量普遍较高的食物，小儿应该尽量避免。除此之外，豆瓣酱、辣酱、榨菜、酸泡菜、酱黄瓜、黄酱（大酱）、腐乳、咸鸭蛋、罐头、腊肠、猪肉松、油条和方便面等也应该尽量避免。

教子有方

怎样给孩子安排膳食才比较合理呢？只要能遵照下面的原则进行调整，就能保证孩子健康成长。

零食分等级

喜欢吃零食是孩子的天性，零食应是合理膳食的组成部分，不要仅从口味和喜好方面选择零食，而是要选择新鲜、易消化的零食，多选用奶类、水果和蔬菜类的食物。零食对孩子的正餐有很大的影响，但并不是所有的零食都不利于孩子的健康。根据零食的特点，可把零食分为“限制级”、“适当食用级”和“经常食用级”。

限制级食物，典型代表：

油条、方便面、膨化食品类、油炸烧烤类食物。这类食物多采用不健康的烹调方式制作，要限制摄入。

适当食用级，典型代表：

饼干、点心类，这类食物可适当食用但不宜多吃。

可经常食用类，典型代表：

酸奶、水果、黄豆、地瓜，这类食品属于可经常食用类，孩子可以多吃一些。

如果把儿童的零食构成假设成一个金字塔，许多受儿童欢迎的零食都是来自食物金字塔的塔尖，如薯片、糖果、曲奇和普通软饮料。也就是说，这些食品含高热量、高脂肪、高糖或高盐，必需的营养素（如钙）的含量却很低，所以必须限制摄入。

根据不同年龄阶段的需求，所选择的零食也要有所不同。

3～5岁，多喝白开水，注意零食的食用安全，避免豆类、果冻类等零食呛入气管。

6～12岁，每天吃零食一般不超过3次；每次吃零食应适量，避免在玩耍时吃。

13～17岁，选择有益健康的零食，每天食用不能太频繁；不喝含酒精饮料;少吃街头食品。

零食对孩子健康产生的影响有目共睹,有些孩子用零食代替了正餐,但许多家长不忍心孩子挨饿和哭闹而让步,殊不知,这反而害了孩子,对孩子的发育成长不利。另外,在孩子吃完零食后要漱漱口,注意口腔清洁,此外,还应少吃街头食品。

正餐要定时定量

早、中、晚餐的能量和营养素供给应分别占总能量和全日推荐供给量的30%、40%、30%为宜。同时,还应遵循“早吃好、午吃饱、晚吃少”的原则。

有规律的进餐,能养成良好的条件反射,到了该进餐的时间就会产生主观食欲。吃饭时间过长或速度过快,食量过多或过少,都会影响食物吸收,引起孩子食欲差或加重胃肠道的负担,造成消化系统功能紊乱。

因此,只要条件与时间允许,就要按时进餐,不要早一顿晚一顿。在孩子无病的情况下,要规定孩子的正常饭量。对孩子不爱吃的要想法让其吃饱,爱吃的也不要让孩子吃太多,这样才能保证孩子肠胃正常而旺盛的功能。

粗细搭配

粗细搭配含有两层意思:一是要让儿童适当多吃一些传统的粗粮,即相对于大米、白面这些细粮以外的谷类及杂豆,包括小米、高粱、玉米、荞麦、燕麦、薏米、红小豆、绿豆、芸豆等。二是针对加工精度高的精米白面,要适当增加一些加工精度低的米面。科学研究表明,不同种类的粮食及其加工品的合理搭配,可以提高其营养价值。粮食在经过加工后,往往会损失一些营养素,特别是膳食纤维、维生素和无机盐,而这些营养素也正是人体所需要或容易缺乏的。以精白粉为例,它的膳食纤维只有标准粉的1/3,而维生素B1只有标准粉的1/50;与红小豆相比二者少得更多。因此,儿童饮食中应注意粗细搭配。我国很多地方的“二米饭”(大米和小米)、“金银卷”(面粉和玉米面)都是典型的粗细搭配的例子,是符合平衡膳食要求的。

营养均衡

要重视食物品种合理搭配，食物品种不但要多样化，而且还要保持各种营养素之间的适当比例，要充分发挥食物中营养素互补作用。我们日常膳食中的主要食物，大致可分为粮食五谷类、蔬菜瓜果类、动物食品类、油脂类和调味品等。各类食品中所含营养素种类、数量与质量有很大不同，因此在安排孩子饮食时，一定要做到主副食、粗细粮以及荤素、干稀的合理搭配。

多活动

农村的孩子很少有厌食的毛病，主要就是活动多的缘故。活动可消耗较多的能量，使孩子感到饥饿，所以就会食欲旺盛，吃饭香。家长应多带孩子到室外游玩，与同龄的小朋友们一块做游戏，这样既锻炼了身体，又可增加食欲。

如果孩子的胃口不好，家长要善于变换饭菜的花样、品种和口味，讲究食品的色、香、味、形。大家都知道多数孩子认为“别人家的饭菜香”，就是因为别人家的饭菜有不同的口味。对于偏食的孩子，家长要多加以引导。讲明不吃饭、不吃饱、不吃蔬菜的危害。只有吃饱、吃好，才能发育成长得快，将来才能实现自己的理想。尽量克服孩子偏食和挑食的不良习惯。

科普知识

几种少儿不宜的食品

果冻：滑溜溜的果冻一不留神就会被误吸到呼吸道，引起窒息。而且，它含有人工色素和香精，对幼儿的健康有害无益。

泡泡糖：和果冻一样危险，泡泡糖容易滑入气道，而且不易咳出。因此，对幼儿来说，它是危险品。

爆米花：爆米花大多是将玉米或大米放在含铅的密封容器里膨化而成，当容器被加热时，熔点很低的铅就以铅烟的形式直接附在爆米花上。因此，吃爆米花会导致铅在体内沉积，引起中毒。

杏仁:含有苦杏仁,可转化为氢氰酸,食后常使孩子出现呕吐、腹痛、腹泻、头昏,甚至死亡。

白果:含有白果酸、氢化白果二酸及白果醇等有毒物质,成人吃生白果一次超过 10 颗,就可能中毒死亡。人们往往认为将白果炒熟吃,这样就可以使白果酸和氢化白果二酸分解为无毒物质,其实不然,多吃仍会中毒。

炒货:幼儿咽喉部肌肉协调能力较差,致使瓜子、豆子之类的炒货容易被误吸,形成呼吸道异物。

普通皮蛋:普通皮蛋在加工过程中加入了一种另密陀僧辅料,它的化学成分是氧化铅。从加式到食用这段时间内,氧化铅逐渐渗透到蛋白,因此,普通皮蛋幼儿不宜吃。

菠菜:菠菜中的植物酸易与儿童体内的锌、钙元素结合成为难溶性的化合物而被排出体外,从而导致儿童钙及锌元素的缺乏。

4. 让孩子养成良好的饮食习惯

寻根寻源

幼儿时期是培养孩子饮食习惯最好的时机,留守儿童由于父母不在自己身边,更要从小养成健康饮食的好习惯,训练孩子吃各个种类的食物,接受多方面的营养。这样不仅可避免孩子养成偏食的坏毛病,也关系到孩子将来的全面发育和健康成长。然而,在生活中,孩子的不良饮食习惯问题却一直困扰着很多家长。

案例一:

小文 3 岁多了,已经能吃各种材质的食物了,可是最近她经常吵着要吃果冻、棉花糖、饼干等零食。奶奶很疼小文,虽然孩子父母寄回的生活费并不多,但是奶奶还是尽量满足小文,看着孩子津津有味地吃着那些“美味”,奶奶的脸上露出欣慰的笑容。尽管日子苦了点,可不能从孩

子嘴里省这点钱啊!

零食是孩子的最爱,可是如果零食影响了正餐,那就得不偿失了。

案例二:

虎子2岁,爸爸和妈妈外出打工时,就由姥姥带着了。姥姥精心地照顾着虎子的饮食起居,生怕因为自己的疏忽使外孙受了委屈。姥姥听人说,饭前喝点水或是汤对身体有好处,所以每次在吃饭时,都先让虎子喝水,时间一久,虎子就养成了饭前必喝水的习惯,但是他的身体却眼见着越来越瘦。

饭前大量饮水是一种不利于健康的生活习惯。

如果在饭前喝水,就会冲淡和稀释消化液,并减弱胃液的活性,从而影响食物的消化吸收,也影响宝贝摄取营养。如果孩子在饭前感到口渴,可以先喝一点儿温开水或热汤,但不要很快就去吃饭,最好待上一会儿,待喝进去的水被胃肠吸收了再进食,以免影响食物的消化吸收。

案例三:

娜娜的爷爷有一个对付孩子偏食的法宝,那就是娜娜不想吃什么或做什么,他就用糖果作为交换条件,比如娜娜吃两口蔬菜就能吃一块草莓口味的糖果,每次爷爷都能大获成功。所以他觉得这个方法很好,还向别人推广自己的经验。

这种做法会使娜娜对糖果的渴望越发强烈,而对被迫吃下的蔬菜或做的某种事情越发讨厌,以后甚至再也不吃或再也不愿意去做。对待孩子偏食,应该多一些智慧,而不是用物质诱导的方法。

前车之鉴

一日三餐是日常生活不可缺少的。家长们常常遇到这样的烦恼:孩子吃饭是个难题,吃饭没规律,总要一边玩、一边吃,别人家的孩子吃饭津津有味,可是自己的孩子到了用餐时间却拖拖拉拉,甚至出现偏食、拒食的现象。孩子饮食习惯的好坏对孩子身体健康发育有至关重要的影响。我们先来了解一下儿童不良饮食习惯表现在哪些方面:

(1)偏食、挑食

偏食是儿童比较常见的行为问题,也是婴幼儿喂养困难、营养素缺乏的主要原因。一般表现为拒吃某种食物、挑吃自己喜欢的饭菜、不愿尝试新的食物和对食物缺乏兴趣等。据调查,挑食、偏食现象一般出现在6个月至6岁各个年龄段的儿童中,比例高达30%。偏食是喜爱的食物吃得多,不喜爱的食物吃得少,甚至不吃。时间久了可导致某些营养成分缺乏,引起一些症状或疾病。如不爱吃蔬菜、水果的小儿容易便秘,患口角炎。爱吃甜食的小儿容易患腹泻,食欲不好。喜吃水泡米饭、汤泡馍馍的小儿,因食物咀嚼得不充分,较多的水汤稀释胃液,影响食物中淀粉和蛋白质的消化,造成小儿营养不足、消瘦、抵抗力差,容易患病。

(2)不爱喝水

水是人类的生存之源,约占人们体重的60%~70%,无论是营养素的消化、吸收、运输和代谢,还是废物的排出,以及体温的调节等等,都离不开水。如果把体内的水看成是一条河,生命的各种新陈代谢活动就在其中航行。如果没有水,新陈代谢活动就不能进行,各种营养素就像散落在干涸河床上的沙砾。

尤其对于正在成长的小孩子,他们的运动量更大,身体的水分更容易缺失,但是有些孩子从小没有养成多喝水的习惯,甚至有些家长让孩子以饮料代替白开水,饮料中含有大量的糖分,尤其是碳酸饮料,会使孩子因糖分吸收过多而肥胖,过度引用还会导致骨质疏松。美国科学家研究发现,煮沸后自然冷却的凉开水最容易透过细胞膜,促进新陈代谢,增进免疫功能,提高机体抗病能力。习惯喝白开水的人,体内脱氧酶活性高,肌肉内乳酸堆积少,不容易产生疲劳。因此,白开水就是孩子最好的饮品。

(3)饭前不洗手

经实践调查发现,一只没有洗过的手,至少含有4~40万个细菌。尤其是在没清洗的指甲缝里,隐藏的细菌多达38亿之多。另外,健康专家通过一些患有急性痢疾病的人做了一个实验,发现患者大便后,即使用了多达5~8层的卫生纸,痢疾杆菌还是能渗透到手上的,而且这些痢疾杆菌可以在手上存活3天。而那些流感病毒,则可以在一个潮湿温暖的手上存活7天之久,真是骇人听闻。可见,我们只有把自己的双手彻底清洗干净,才能确保卫生健康。俗话说“病从口入”,所以我们一定要告诉孩子在吃饭或吃东西之前要洗洗手。此外,饭后漱口也很重要,它不仅是一种良好的卫生习惯,更重要的是可以及时清洗掉吃饭后留在齿缝间的食屑,从而保持口腔的清洁。

(4)边吃饭边看电视

很多孩子喜欢边吃饭边看电视,这种习惯不仅影响食欲,还会影响食物的消化与营养的吸收。边吃饭边看电视,孩子的注意力就会以电视为主,忽视了食物的味道,食欲因受到电视的抑制而降低或消失,久而久之就会出现营养不良现象。另外,人在吃饭时,需要消化液和血液帮助胃肠消化食物。吃饭时看电视,大脑也需要大量的血液。这样,相互争着血液的供应。结果,两方面都不能得到充分的血液,就会吃不好饭,也看不好电视。时间长了,还会发生头晕、眼花等现象。

所以,在家中不要边吃饭边看电视,最好是饭后20～30分钟再看电视。

(5)蹲着吃饭

在许多地方,大人小孩都喜欢蹲着吃饭。其实,这是一种不良的饮食习惯,这不仅会影响胃肠对食物的消化,而且,还容易使食物受到不同程度的污染,造成“病从口入”。

蹲着吃饭,腹部受到挤压,除胃肠不能正常蠕动外,还会使胃肠中气体不能上下畅通,造成上腹部胀满,影响食物的消化吸收。蹲着时间长了,腹部和下肢受压迫,全身血液循环不畅通,下肢酸痛麻木,胃的蠕动量和张力增加,需要大量的血液,而蹲着血液对胃的供应受到影响,就会直接减弱胃的消化功能。如果坐在高凳子上吃饭,腹部肌肉松弛,血液循环不受阻,胃肠功能有规律地正常工作,对消化食物是非常有利的。此外,蹲着吃饭,把碗碟放在地面上,人们走来走去或遇刮风时,都会把尘土扬起来落到饭菜上,尘土上的脏物及其细菌、病毒、寄生虫卵等便会污染食物,极易引起疾病。因此,从卫生保健角度来讲,蹲着吃饭这种不良习惯应该纠正。

(6)吃饭速度过快

目前,在少年儿童中普遍存在着吃饭过快的现象,尤其是早餐和午餐。

调查显示,20.3%的少年儿童在5分钟之内吃完早餐,85.5%的少年儿童在15分钟以内吃完早餐;午餐也是速战速决,18.3%的少年儿童在10分钟之内吃完午餐,72.5%的少年儿童吃午餐所用时间不超过20分钟。只有晚餐可稍微从容一些,但也有近一半的少年儿童在20分钟内吃完晚餐。

研究人员指出,进食过快不利于孩子身心健康。吃得过快,孩子们就不能细细品尝和欣赏食物的味道,使吃饭只起到填饱肚子的作用,既起不到激发和培养饮食乐趣的作用,也不利于营养物质的消化和吸收。吃得过快,食物不能被充分咀嚼,也就不能通过唾液对食物进行初步消化,这样就加重了胃肠的消化负担,从而延长了消化时间,降低了营养被消化吸收的比例。此外,吃得过快,还容易导致饮食过量,吃得过多,从而造成肥胖。

(7)饭后玩耍

很多孩子在吃完饭之后,喜欢和小朋友一同玩耍,追逐打闹,这也是不可取的。因为吃饭后消化器官需要大量的血液供应,进行紧张的"工作",如果在这个时候跑跳,势必使骨骼肌"抢走"许多血液,结果造成消化道缺血,不但胃肠的蠕动减弱,而且消化液的分泌也会显著减少,这将引起消化不良,甚至引起腹痛。

正确的做法是饭后一小时左右再玩耍或是运动,这样才不会使身体受到伤害。

(8)零食影响正餐

作为正餐之间的营养供给,零食深受孩子们的喜爱。目前,市场上零食的种类繁多,从"色"、"香"、"味"、"形"各个方面刺激着孩子们的视觉和味蕾。零食已成为儿童膳食构成中不可忽视的组成部分。家长可以通过给孩子选择适当的零食,作为孩子正餐必要的营养补充。但也有一些家长一味地满足儿童的口味和喜好,使孩子养成乱吃零食、只吃零食、不吃或少吃正餐的饮食习惯。每日不停地吃零食,就会不断地刺激消化器官,不断地分泌胃肠消化液,胃肠就这样不停地无规律地工作,消化液的分泌会逐渐减少,消化功能随之衰退,孩子到了正餐吃饭时也就没有了食欲。这对于孩子的身体健康是极为不利的。

(9)饮食不规律

有些儿童饮食不规律,表现为不能按时进餐,或是遇到自己爱吃的就暴饮暴食。我们提倡儿童进餐要定时、定点、定量。这样可以使胃部的负担均衡和适宜,生活规律;可以建立条件反射,分泌充足的胃液、消化液,帮助食物的消化吸收和保证食欲。有一部分儿童食欲差,主要与没有定量进餐有关。另外,孩子最好有自己固定吃饭的地点和位置,让孩子一坐在那里便知道准备吃饭,长此以往,可建立条件反射。

两餐之间的间隔不宜过长或过短,过长会引起高度的饥饿感觉,过短则影响食欲。儿童两餐之间间隔以 4 小时为宜,儿童每日进食 4 次,即三餐一点。

(10)不懂用餐礼仪

良好的用餐礼仪,要在孩子小的时候培养。因此,在日常生活中,家长可以从以下几个方面教育孩子掌握用餐礼仪:在用餐过程中,必须保持桌面的整洁;细嚼慢咽,餐食在口中时不说话;不能用手玩饭粒、饭团;要把吃不完的东西放回菜盘里;当与许多人一起用餐时,不能把自己喜欢的菜拖到自己面前;吃东西、喝汤要不出声,不要发出啧啧的声响;尽量避免打嗝,实在忍不住时,也应紧闭嘴唇尽量不要发出声音;不翻捡盘中食物,筷子上沾有食物不要夹菜;吃饭时要量力而行,最好是能把碗里的饭吃完,不要剩饭;吃完饭要将残渣收拾在自己的碗里,座椅放正。

教子有方

孩子偏食怎么办

据调查发现,每位妈妈都会遇到宝宝不吃饭、偏食的现象。宝宝在婴幼儿时期经常会出现偏食、挑食的不良习惯。小儿挑食、偏食的不良习惯，会影响他获得全面的营养，影响身体的正常生长发育，父母应该帮助他纠正，这是正确的。但也不能操之过急，如采取哄骗打骂等强制手段，就更会引起孩子的逆反心理，其效果反而不好。其实，只要采取合理的方法，就能有效地纠正孩子偏食的毛病。

首先，当孩子偏食时，千万不要直入主题，逼迫孩子吃饭，而要绕道而行，通过一些比较讲策略的方式来增加吃饭的乐趣，帮助孩子摆脱厌恶吃饭的情绪。比如，给孩子盛上饭，然后跟他说些看起来无关的话："这饭真好看，你猜猜是怎么做出来的？这块胡萝卜像不像一个圆圆的太阳？你想把太阳吃进肚子，把你肚子里的虫子晒跑吗？"如果家长能巧妙地将话题转移到吃饭之外，孩子便会在这种轻松的就餐活动中感受到乐趣，慢慢也就爱上吃饭了。

第二，严格控制孩子吃零食。两餐之间的间隔最好保持在3.5～4小时，使胃肠道有一定的排空时间，这样就容易产生饥饿感。古语说"饥不择食"，饥饿时对过去不太喜欢吃的食物也会觉得味道不错，时间长了，便会慢慢适应。

第三，从不在孩子面前谈论某种食物不好吃，或者有什么特殊味道之类的话。对孩子不太喜欢吃的食物，多讲讲它们有什么营养价值，吃了以后对身体有什么好处，而且父母应在孩子面前做出表率，大口香甜地边吃边称赞那些食物吃起来味道有多好。当孩子表示也想吃一点儿时，要及时表扬孩子。

第四，变换孩子讨厌的食物的做法，常常可以让这些食物很隐蔽地进入孩子的小胃，也是不错的方法。比如，孩子很讨厌吃鸡蛋，妈妈就可以变着花样做鸡蛋，如做成水煮蛋、蒸蛋羹、蛋炒饭、蛋皮鱼卷、西红柿炒鸡蛋……不爱吃蔬菜，可把蔬菜剁碎后包在面食里，因为大多数孩子都喜欢吃带馅的食物。总之，家长要注意食物的色、香、味、形，通过这些来调动孩子对食物的积极性。

科普知识

关注儿童挑食、偏食

中国医师协会营养医师专业委员会日前公布的调查数据显示：我国有40%～60%的儿童存在挑食、偏食问题。挑食、偏食是儿童时期常见的不良饮食行为，对儿童的健康影响很大，因为人的生命活动、发育都要依靠营养物质的摄入，如脂肪、蛋白质、碳水化合物、维生素和矿物质等。如果孩子因偏食而造成某些营养成分的缺少，则会直接影响其正常发育，又容易患各种疾病。缺乏维生素B易表现出厌食、食欲不振、口腔溃疡以及脾气暴躁等，长久偏食会给儿童的健康发育成长带来危害。故孩子挑食、偏食，可考虑适当补点维生素B，加以纠正。

5.营养美味小食谱

寻根寻源

由于条件所限，我们在日常生活中可能无法完全满足留守儿童的饮食需要，那么，如何根据本地的食材特点，为孩子制作营养美味的饮食，是我们更应该探讨的话题。

下面介绍几种适合不同年龄阶段的简单易做又可就地取材的食谱，让孩子轻松爱上吃饭。

(1)美味蛋饼

蛋饼是中国的一道家常菜肴，其因制作简单，材料便宜，味道鲜美，且富含营养而深得百姓喜爱。其主要材料鸡蛋含有丰富的蛋白质、脂肪、维生素和铁、钙、钾等人体所需要的矿物质，其蛋白质是自然界最优良的蛋白质，对肝脏组织损伤有修复作用；同时富含DHA和卵磷脂、卵黄素，对神经系统和身体发育有利，是非常适宜儿童食用的家常营养菜。

在农村，很多家庭都在自家院子里养几只鸡，而鸡蛋是农村自给自足的食材里最适宜给孩子补充蛋白质的原材料。

材料：

①面粉 2 杯、开水半杯、冷水半杯、盐半茶匙、白芝麻 1 大匙。

②蛋 1 个、葱 1 根、盐 1/4 茶匙。

做法：

①将材料①揉成烫面团，盖上湿布饧发 20 分钟。

②将葱洗净、切丁，再加入到打散的蛋液中，并加盐调味、打匀。

③将饧好的面团先搓成长条，再分成 8 等份小块。在桌面上先抹少许油，再放小面团，用擀面棍将其擀成薄饼。

④在平底锅内放 1 大匙油，先将薄饼两面略煎，微上色时即先盛出，然后倒入蛋液，摊开，盖上薄饼煎黄，见蛋液凝固时，翻面使薄饼在下，煎至色泽金黄时，即成蛋饼。将其卷成筒状盛出，斜切小段即可食用。

(2)鲜香小豆腐

豆腐营养丰富，含有铁、钙、磷、镁和其他人体必需的多种微量元素，还含有糖类、植物油和丰富的优质蛋白，素有“植物肉”之美称。豆腐的消化吸收率达 95%以上。两小块豆腐，即可满足一个人一天钙的需求量。

豆腐的烹饪方法有很多，下面介绍一种适合孩子吃的“鲜香小豆腐”。

材料：

①豆渣、虾皮、胡萝卜、煮熟的毛豆。

②葱花、盐、香油。

做法：

①自制豆浆，将豆渣过滤，尽量沥干水分。

②胡萝卜去皮洗净，擦成丝，再粗略切碎. 毛豆去壳。

③在锅中倒入适量油，炒香葱花后，下入胡萝卜碎，翻炒至软，加入毛豆和豆渣，翻炒均匀。

④最后加入虾皮，放适量盐，炒匀后关火，加入适量香油即可。

(3)南瓜饭

南瓜丰富的营养、香甜的味道、亮丽的色彩,也是非常适合儿童的果蔬之一,其烹饪方法更是灵活多样:蒸、炒、炖、煮均可。下面介绍的南瓜饭,营养好吃,非常适合儿童食用。

材料:

①大米130克、南瓜70克、洋葱20克、甜玉米粒30克、葡萄干20克。

②植物油10克、盐少许。

做法:

①将大米淘洗干净,用清水浸泡30分钟。

②将南瓜洗净去皮,切成小丁;洋葱也切成小丁。

③在锅中放油,小火加热。

④倒入洋葱和南瓜丁,翻炒片刻。

⑤倒入沥干水分的大米,翻炒一小会儿。

⑥倒入没过材料的温水,大火煮开后转小火慢慢焖。

⑦待米粒即将熟透,还有少许水分时倒入玉米粒和葡萄干,炒匀。

⑧继续小火焖至米饭全熟,水分收干。最后加入少许盐拌匀即可。

(4)醋熘白菜

白菜的营养成分很丰富,富含胡萝卜素、维生素、膳食纤维以及蛋白质、脂肪和钙、磷、铁等。白菜含有90%以上的纤维素。纤维素被现代营养学家称为“第七营养素”,不但能起到润肠、促进排毒的作用,又有刺激肠胃蠕动、促进大便排泄、帮助消化的功能,对预防肠癌有良好作用。纤维素的另一重要作用,就是能促进人体对动物蛋白质的吸收。白菜广泛种植于我国的大部分地区,是居民最常见的物美价廉食材之一。

材料:

大白菜300克,姜、醋、干红辣椒各适量。

做法:

①将大白菜洗净,从中一分为二,去除外部没有水分的老叶子。

②取白菜下部的菜帮子,用刀切成斜片。生姜洗净切丝。干辣椒洗

净去籽，切段。

③锅中放油，开大火烧热，放入姜丝、干辣椒，爆香。

④放入白菜片，加入适量醋，快速翻炒。

⑤炒上2分钟左右，加入盐和适量味精，再略翻炒一下即可出锅。

（儿童食用时，可酌情减少或不加辣椒）

食用白菜注意事项：

①切白菜时，宜顺丝切，这样白菜易熟。

②烹调时不宜用煮焯、浸烫后挤汁等方法，以避免招牌营养素的大量损失。

③腐烂的白菜含有亚硝酸盐等毒素，食后可使人体严重缺氧甚至有生命危险。

④大白菜在沸水中焯烫的时间不可过长，最佳的时间为20～30秒，否则烫得太软、太烂，就不好吃了。

⑤白菜在腐烂的过程中产生毒素，所产生的亚硝酸盐能使血液中的血红蛋白丧失携氧能力，使人体发生严重缺氧，甚至有生命危险，所以腐烂的大白菜一定不能食用。

(5)炒胡萝卜土豆丝

胡萝卜营养丰富，有治疗夜盲症、保护呼吸道和促进儿童生长等功能。

土豆，学名叫马铃薯，也叫洋芋，是现今人类社会的四大粮食作物之一，仅次于水稻、玉米和小麦，它含有丰富的维生素B1、B2、B6和泛酸等B群维生素及大量的优质纤维素，还含有微量元素、氨基酸、蛋白质、脂肪和优质淀粉等营养元素。除此以外，马铃薯块茎还含有禾谷类粮食所没有的胡萝卜素和抗坏血酸。人只靠马铃薯和全脂牛奶就足以维持生命和健康。

材料：

①胡萝卜200克、土豆100克。

②油50克、大葱10克、料酒10克、盐2克、味精1克、白砂糖10克。

做法：

①将胡萝卜洗净，切成丝；土豆洗净，去皮切成丝；葱白洗净，剖开，斜切成丝。

②将炒锅置大火上烧热，放入油烧热，烧热后倒入胡萝卜丝煸炒片刻后，倒上土豆丝，炒到断生时放入葱丝炒透，加精盐、料酒、白糖和少许水炒匀，加入味精后盛入盘中即可。

(6)鲜蘑菇烩萝卜条

蘑菇和白萝卜都是农村很常见的食材。蘑菇营养丰富，高蛋白，低脂肪，富含人体必需的氨基酸、矿物质、维生素和多糖等营养成分。经常食用蘑菇能很好地促进人体对其他食物营养的吸收。白萝卜是一种常见的蔬菜，生食、熟食均可，其味略带辛辣味。现代研究认为，白萝卜含芥子油、淀粉酶和粗纤维，具有促进消化、增强食欲、加快胃肠蠕动和止咳化痰的作用。中医理论也认为该品味辛甘，性凉，入肺胃经，为食疗佳品，可以治疗或辅助治疗多种疾病，本草纲目称之为"蔬中最有利者"。

材料：

①鲜蘑菇 100 克，白萝卜 1 千克，味精、精盐、姜、料酒、水淀粉各少许。

②鲜汤 250 克，豆油 50 克。

做法：

①将鲜蘑菇洗净，去除杂质，切成薄片。

②白萝卜切成适当大小的条，放入沸水中煮熟捞出。

③把炒勺放在火上，倒入油，烧至五成热时. 将沥过水的萝卜条下勺煎炒几分钟，下蘑菇片，再翻炒几下，即放入鲜汤、精盐、料酒、白糖、姜末搅拌。

④烧开后，改用小火煨几分钟，待味道已渗入萝卜条中，放味精，用水淀粉勾芡，再翻转两次，淋上一些香油，出锅装盘即成。

6. 让孩子拥有良好睡眠

寻根寻源

均衡的饮食、充足的睡眠和适当的运动，是国际社会公认的三项健康标准。睡眠是生命中的一个重要生理过程，有助于保护大脑、恢复体力、提高机体免疫力。对于儿童来说，睡眠更有着促进生长发育的特殊意义，睡眠质量的好坏直接关系到儿童身体和智力的发育以及心理的健康。

无论在城市还是农村，中小学生睡眠时间不达标的现象很严重，而且呈现出随着年龄增加睡眠时间逐渐减少的趋势。

上海交通大学医学院附属新华医院一项历时 12 年，涉及全国 2 万名 0～18 岁儿童及青少年睡眠的研究发现，中国超过 70%的中小学生存在睡眠不足问题，与欧美同龄人相比平均每天少睡 40～45 分钟；到了高中阶段，少睡时间更增加到 1 小时。此项研究是国内首个儿童及青少年睡眠领域的系统研究。

睡眠不足除了影响儿童生长发育以外，还会影响儿童认知功能，引起疲倦、注意力不集中、易激惹、冲动等症状，睡眠不足还会影响机体免疫功能。虽然睡眠是人体的一个生理过程，但对于睡眠的卫生知识，许多父母还很欠缺，不能正确区分正常睡眠和异常睡眠，使得孩子养成不良睡眠习惯。不良的睡眠习惯及不良的家庭环境往往会破坏正常睡眠节律，导致睡眠模式的紊乱。而对于低年龄儿童来说，完善的睡眠结构更是对中枢神经系统的发育和成熟有着非常重要的作用。

国家卫生部和教育部发布的有关文件明确规定，应保证小学生每天 10 小时、初中生每天 9 小时、高中生每天 8 小时的睡眠时间。然而现实情况并不让人乐观。

镜头一：

小凯是镇中心小学三年级的学生，早上天刚亮就要起床，走半个小时的路上学；中午在学校把从家里带来的一盒饭当做午餐，吃完后，他会和小伙伴在午休时间玩耍；下午放学后，通常会在晚上6点开始写作业，等奶奶把晚饭做好后，和家人一起吃过晚饭，再继续写作业，通常要晚上10点才能写完，等上床睡觉时，差不多快到11点了。爷爷说，小凯每天的睡眠时间大概在7个半小时左右。而班上大部分同学的作息时间和小凯差不多。

镜头二：

丹丹五年级了，父母都到韩国作为劳务输出人员在外打工，丹丹一直跟着大伯一家生活。大伯是做废品回收生意的，每天很晚才会回家，然后把收来的一堆东西倒在屋子里进行分类处理。在整理这些东西时，会发出叮叮当当的噪音，丹丹写作业的桌子就在这些废品的旁边，大伯觉得这孩子可怜，也不用她帮忙做什么。每晚睡觉时，丹丹就在这叮叮当当的噪音伴奏下进入梦乡……

镜头三：

小宇的学习成绩一直排在班级里前三名，可是到了初三，她的学习成绩下降了很多，她暗下决心，一定要刻苦学习再考进前三名，于是，每天几乎把所有的时间都用在了学习上，甚至晚上都不睡觉。起初，她妈妈非常高兴，夸孩子知道刻苦学习了。可是一个月过后，她的学习成绩不但没有提高，反而越来越下降了……

前车之鉴

睡眠不足对孩子的危害

(1)睡眠不足影响孩子身体发育

自古以来民间就有“能睡的娃娃长个儿”的说法，这是有一定科学道理的。因为人体的生长激素分泌高峰是在夜里熟睡时，其分泌量是白天的3倍。通常在青少年儿童入睡后，生长激素分泌开始逐渐增加，到夜里12时左右达到高峰，早晨5时以后逐渐下降。如果睡眠不足，势必直接影响生长激素分泌，进而影响身高。孩子睡眠时间越短，体内生长激素含量就越低，生长素是腺垂体细胞分泌的蛋白质，能促进骨骼及软骨的生长，从而使身体增高。如果儿童缺少睡眠，天长日久必然会严重影响其生长发育，导致孩子矮小瘦弱。科学研究还显示睡眠能有效地提高机体免疫力，增强白细胞的吞噬功能。另外，睡眠少还会引起青少年肥胖。因此，青少年要发育好、长得高，睡眠必须充足。

(2)睡眠不足影响孩子智力

很多人认为处于紧张学习阶段的学生们，把睡眠的时间用于学习，多看书，多做习题，在课业上收获会更大，然而事实远非我们想象的那么简单。法国南锡市的一所防治研究中心十分关注孩子们的睡眠，并作过多年的调查研究。研究报告指出：儿童的睡眠与智力发展紧密相关，7～8岁小学生的学习成绩明显与他们睡觉时间长短有关。那些每夜睡觉少于8小时的学生，61％的人跟不上功课，39％的人勉强达到平均分数线。他们之中没有一个是名列前茅的。而另一些每晚睡觉在10小时左右的孩子，只有13％的人跟不上功课，76％的学生成绩中等，11％的学生则功课优良。该研究报告还指出缺少睡眠的孩子常伴有语言障碍，如口吃等。若与正常儿童相比，还显得呆笨。

科学实验证实，睡眠对促进大脑的发育和增进大脑的思维能力，具有十分重要的作用。因为人体卧位能有效地改变脑的血流量，大大增强其血液循环。卧位时，大脑的血流量通常是站立位的7倍。从而使脑细胞获得极其充足的营养。那些长期睡眠不足的学生，由于脑细胞缺乏足够的营养并得不到充分的休息，故往往显得精神萎靡、脾气暴躁、食欲降低、身体状况和学习效率不佳。

(3)睡眠不足影响孩子免疫力

睡眠不足还会导致青少年的免疫力下降，从而导致其他疾病的发生，经常的睡眠不足，会导致人的心情焦躁，免疫力下降，会导致人感冒、胃肠道疾病等。睡眠不足还会引起血液中胆固醇含量的增加，增加了心脏病的发病率几率，人体的细胞分裂大多是在夜间睡眠中进行，睡眠不足会影响细胞的正常分裂，由此就会产生癌细胞突变，导致癌症的发生。严重的还会发生心脑血管疾病、高血压、糖尿病等。

(4)睡眠不足影响孩子情绪

如果睡得好，人就会觉得精力充沛，心情愉悦，相反，就会无精打采，心情烦躁，甚至可能导致抑郁的症状。对于青少年来说，睡眠的影响就更大了。睡眠引起的对人行为影响很大的物质——皮质醇，这是肾上腺在应激反应里产生的一种类激素。压力状态下身体需要皮质醇来维持正常生理机能；如果没有皮质醇，身体将无法对压力作出有效反应。正常情况下，身体能很好地控制皮质醇的分泌和调节血液中皮质醇的含量，但并不总是如此。正常的皮质醇代谢是一个周期为 24 小时的循环，一般皮质醇水平最高在早晨，最低点在凌晨。如果皮质醇水平长期维持在一个很高的水平上，人就会变得易怒，同时攻击行为会增加。睡眠不足除了使人具有攻击性以外，还会使脾气暴躁、情绪低落。因此，睡眠质量的好坏直接影响孩子的情绪。

学生缺失的睡眠哪去了

既然睡眠不足对孩子的智力及学习效果会产生极大不良影响，甚至对身体健康都有很大的损害，我们不禁要问，孩子的睡眠时间哪儿去了？难道我们的教育工作者和家长都没有发现孩子的睡眠不足吗？到底是什么原因影响着孩子的睡眠？

造成儿童睡眠不足以及睡眠质量不高的原因，归纳起来，有以下几点：

(1)家庭作业过多

在农村，尤其是留守儿童的家庭，能辅导孩子功课的家长不多，加上农村小学生的文化基础较差，只靠学生在校的学习时间难以完成教学任务，因此，老师会布置一些家庭作业，这对于学生巩固知识是一种有益的补充手段。另一方面，由于农村家庭平时农活较多，孩子在学习上基本得到不家长的监督和辅导，老师因此加大作业量，以此让孩子把更多的时间放在学习上，如果不布置作业或布置得太少，也会引起部分家长的不满。这就造成了孩子家庭作业过多,为了完成老师布置的作业,有些孩子甚至要写到晚上十一点以后。有的教师还规定学生在作业中出现错误时,要求罚写或重做。认为做得多才能记得牢,甚至要求学生把做过的练习册和考过的试卷都一字不差地抄几遍。家庭作业过多已经成为中国学龄儿童睡眠问题的最大影响因素。

(2)看电视

电视机已经在广大农村得到普及。许多学生有晚间看电视的习惯。尤其是留守儿童,在没有父母监管的情况下,隔辈人或是其他抚养人放松了对孩子看电视时间的管理,甚至有些家长自己也喜欢长时间看电视,孩子没有独立的学习空间,要么是跟大人一起看电视,要么是一边学习一边看电视,既延长了写作业的时间,也影响了睡眠时间。另外,看电视后,由于大脑皮层处于兴奋状态,也会导致儿童长时间不能入睡。研究人员调查了 5~18 岁间儿童和青少年上床前 90 分钟内看电视和玩游戏的时间,同时调查了他们入睡所需时间。结果发现,孩子看电视或电脑时间越长,就需要更长时间才能入睡。长此以往,就会导致睡眠不足。

(3)缺乏良好学习习惯

有一部分学生因为缺乏良好的学习习惯,不能按时完成作业,从而影响睡眠。有的孩子回家后不愿意马上做作业,吃完饭看一会儿电视或玩一会儿,经家长再三催促才写作业,有的甚至会磨蹭到晚上 10 点多才完成作业。有的孩子写作业的速度很慢,一边写作业,一边东摸摸西玩玩。一会儿要喝水,一会儿要上厕所,哪天老师布置的作业稍多些,能够一直写到很晚。这部分孩子可能因为上课时没有认真听讲导致新学习的内容不熟练,所以拖到很晚才能睡觉。这种由于缺乏良好的学习习惯而影响睡眠的孩子不在少数。

(4)上学路途较远

在农村,有些村镇由于人口少,自然村分布疏散,加之最近几年因生源减少实行了合班并校,孩子上学可能要走很远的路,有时甚至要翻山越岭走十几公里的路才能到达学校,这些孩子为了不迟到,每天早上天不亮就得起床赶路,学习一天后,还要走同样的路回家。这就势必增加了学生往返学校的时间。班主任老师一般都要求值日生提前到校搞卫生,有的老师还要求学生早到校检查家庭作业。由于这些原因,必然会影响睡眠的时间。

(5)睡眠环境差

农村由于居住条件所限,一大家人挤在面积很小的房间里睡觉,孩子没有独立的空间,也有一些离家较远的孩子选择了寄宿在学校的学生宿舍,农村学校住宿条件差,学生居住拥挤,保暖设施不齐全,隔音效果差,很多学生受到外界环境的干扰,加之学业负担重,心理压力大,睡眠环境不好也极易造成孩子睡眠障碍。

教子有方

作为留守儿童的家长,更要提高对孩子睡眠重要性的认识,没有父母在身边照顾留守儿童在生活上更要学会自律,抚养人要督促孩子按时睡觉,培养孩子良好的生活习惯,不给孩子增加不必要的课外负担。

具体说来,有如下建议参考:

(1)转变观念

在我们的传统观念中,苦学成才的观念已深入人心,如书山有路勤为径,学海无涯苦作舟。学校和家长对"苦读"的错误解读,导致很多人认为,牺牲一点玩耍和睡眠的时间不算什么。古代不是有"三更灯火五更鸡,正是男儿读书时"的说法吗?"头悬梁,锥刺骨"自古以来就是告诫学生要刻苦学习的典范做法,那么到底应该怎么个苦法,除了学习条件的苦之外,更多的意义则应在于对时间的充分利用方面,而不是牺牲孩子的健康来换取所谓的高分。

(2)为孩子尽量创造良好的睡眠环境

营造好的睡眠环境是改善睡眠质量的第一步。比如睡眠区光线要暗一些,室内用厚的窗帘来隔绝室外的光线;如果室外的噪音大,睡觉时要注意关上门窗;给孩子选用高度合适的枕头;定期清洗被褥,以保证被褥的整洁;在夏季蚊虫较多的季节,给孩子安装蚊帐等。

(3)培养孩子早睡早起的习惯

孩子的睡眠习惯极易受抚养人的睡眠习惯影响。这与农村留守儿童平时与抚养人一起睡有直接关系。因此,建立孩子良好的作息规律,大人也要以身作则,尤其是农闲季节,很多大人整晚打牌或看电视的行为会直接影响到孩子第二天的上课及学习效果。孩子最好在晚上 9 点到 11 点之间上床睡觉,这段时间被称为最佳睡眠时间。

(4)睡前不要让孩子太兴奋

不要在睡觉前嬉闹和玩耍,因为这样会使孩子过于兴奋而不易入睡。在孩子吃完晚饭后不要参与使孩子兴奋的游戏,不让孩子看刺激性的电视节目。睡觉之前不让孩子做剧烈运动。

学龄期是睡眠习惯形成和建立的关键时期,培养良好的睡眠习惯,可为孩子一生的健康奠定基础。

第八章 启动远程留守儿童的保护系统

不同年龄的留守儿童，面临的主要安全问题是有区别的。青春期的留守儿童生理和心理都在快速发育，他们的性格和生理现象最容易发生变化，困惑很多，也很躁动。这个时期，他们特别需要外界的正确力量加以指导和矫正。缺少指导和矫正的人，心理和生理上很容易出现问题。而此时正需要家长对自己的留守孩子给予更多的关注，关注他们的身心安全。

青春期以下年龄段的留守儿童，大多处于生理和心理迅速发育的准备期。他们对外界大部分事物的认识都是模糊的，与此同时，对外界的危险基本上没有防范能力。这个时期，他们最需要家长的保护。

年幼无知，又缺乏父母的监护，这些孩子往往不能意识到自身行为的危险性，以至于酿成大祸。轻者，可能承受那些完全可以避免的病痛煎熬或皮肉之苦；重者可能导致伤残，最严重的则是失去生命，这种情况常常表现为烧伤、烫伤、摔伤、受伤医治不及时、生病医治不及时、溺水、触电、交通意外等。

生命，属于我们的只有一次。我们要告诉孩子珍视生命，就要学会生存，学会自我保护。

1. 怎样预防孩子近视？

寻根寻源

为什么生活条件越来越好，孩子的视力却越来越差了？那是因为生活中眺望的机会越来越少了。想一想，我们哪些时候需要看到 5 米以外的地方？在学校里面对的是书本，回家看的是电视。

没有了父母的陪伴，留守孩子玩的机会越来越少。在这样的环境下,孩子一样面临的都是近距离用眼,眼睛的远视功能不可避免地越来越弱,特别是处于生长发育中的孩子,受环境的影响更大。

近视从何而得?

如果把我们的眼睛比成照相机的话,晶状体就像照相机的镜头，眼球就像暗箱。角膜的弯曲度在孩子3岁前就定型了，不能瞬时改变。也就是说,只有镜头也就是晶状体是可以瞬时改变的。为了看得清楚,晶状体会不断地自我调整,看远的地方,它就变扁;看近的地方,它就变凸。这种生理功能叫“调节”。

眼睛的调节功能与晶状体的柔韧性很有关系,孩子的晶状体柔韧性非常好,调节能力很强。所以,为了看得很清楚,孩子可以凑得很近地去看,这时他的晶状体会变得很凸;当看远处的东西时,他的晶状体又会变得很扁。所以,当你发现孩子有时凑得很近地去看东西时,并非一定说明他近视了,而是他的晶状体太能干了,在自我调节。年龄越大,晶状体柔韧性就越差,到了四五十岁,柔韧性就很差了,距离变近,晶状体却不能变凸,看近处不清楚,所以需要花镜来帮助调节。到了六七十岁,晶状体就没有柔韧性了。

正因为孩子的晶状体太能干了,所以它会根据需要不断进行自我调节。如果孩子持续地、长时间地近距离用眼,眼睛的睫状肌就会紧张,晶状体一直处于凸起的状态。这时,孩子就会出现一些近视的征兆,比如看远处不清楚,这就是假性近视。如果晶状体长期恢复不了扁平的状态,一部分孩子就成近视眼了。

近视是孩子适应现代生活的必然结果。

实际上,近视眼是一种生活方式关联性疾病,是人类为了适应现代生活方式采取的一种适者生存的进化。为了应付近距离工作,必须要有很好的近距离阅读能力,这是眼睛适应环境的结果。爱斯基摩人就是一个典型的例子,以前他们都是远距离用眼,根本没有近视的。当现代文明进入北极圈以后,爱斯基摩人也出现近视眼了。

可见,生活在现代社会,自然而然地,我们的身体就会本能地做出调节,去适应这种生活。轻度近视对多数人的生活影响还不大,一旦发展到中高度近视，引起眼轴变长，视网膜、脉络膜发生变性的时候，就进入了病理性近视，有可能带来视网膜脱离、眼底出血、玻璃体液化后脱离等后果，甚至失明。所以，我们要注意的是避免孩子的眼睛过早近视，近视太严重，会给身体和生活带来麻烦。

现在，就让我们来总结一下，除了遗传因素之外，哪些生活方式、哪些不良习惯在影响我们孩子的视力？

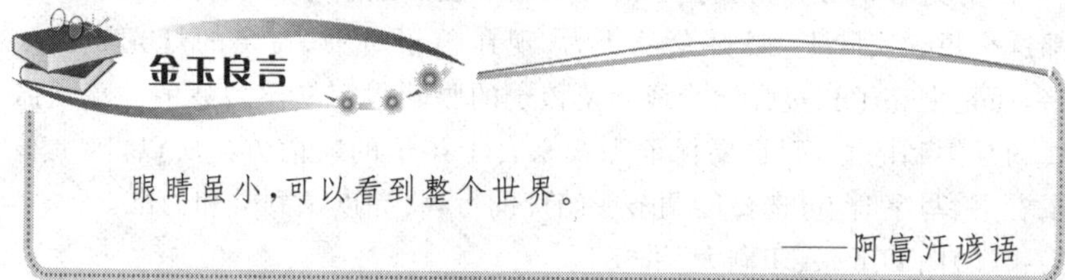

眼睛虽小，可以看到整个世界。

——阿富汗谚语

七大原因让眼睛越看越近视：

(1)看近处的时候太多

在学校里，儿童的视线大部分时间都在 5 米以内，你根本无法跟孩子解释什么是地平线，因为根本就看不见。正是因为教室里视野不开阔，缺少可以提供给孩子极目远眺的环境，不需要用远视，所以，他的远视功能就会越来越弱。

(2)户外活动时间太少

现在的生活空间太狭小，孩子大多数时间都在室内活动，近距离用眼的时间很多，而孩子的眼睛适应性是很强的，它会自己调节去适应这个近距离。而且，在屋里的时间多了，看电视、玩电脑的机会也就增多了，如果再不注意距离、姿势，很容易让眼睛过度疲劳。

在户外，物体再怎么近，也要比屋里远。有研究证明，常在户外运动的孩子比不常出门的孩子更少患近视。

(3)以室内游戏为主

以前我们玩些什么游戏？打陀螺，扔沙包，捉迷藏，滚铁环……总之，大多数都是户外的集体活动。户外活动时，眼睛会自动调节去看不同距离的东西，远近交替地用眼，使眼睛的睫状肌得到调节，不会感到疲劳。

而现在，家长出于安全、方便等原因，多数情况下是让孩子在家里玩。即使约了小朋友一起玩，不是去他家就是在你家，还是以室内游戏为主。这样，孩子都在近距离用眼，眼睛的负担很重。

(4)灯光强弱不当

“灯光够不够亮？我担心灯光太暗了会影响孩子的视力。”我们一般都这么想。实际上，眼科专家认为，现在孩子看书、写字的灯光不是太暗，而是太亮了！过强的光线会使孩子的眼睛很容易感到疲劳。孩子需要的是柔和的光，而且要保证光线来自于孩子的左前方。所以，晚上孩子看书、写字时，可选择能调节明暗度的灯，将亮度调到柔和为准。

(5)图书纸张、印刷太“讲究”

越来越精美的印刷、越来越讲究的纸张，使童书越来越具观赏性了。不过，这些精美的图书也有可能伤害到孩子的眼睛呢。铜版纸反光太强，晚上感觉尤其明显，直晃眼睛。这种晃眼在光医学上叫眩光，它使得你要看的东西更不清楚，眼睛更容易疲劳。

孩子出生后，视力发育还没有成熟，要一直发育到5岁才接近成人水平。所以幼小的孩子不能看太细小、不清晰的东西。字大一些，画面简单一些，对比明显一些，对孩子来说才是适合的，这样孩子的眼睛不容易疲劳。如果经常看细小或者颜色对比不清晰的东西，睫状肌、晶状体工作量就会加大。晶状体是受睫状肌支配的，睫状肌有张有弛，它的功能才能保持正常。如果长期处于紧张状态，松弛不下来，它就会痉挛，形成假性近视。

(6)配眼镜太随意

给睫状肌散瞳验光是让孩子眼睛的睫状肌处于完全放松的状态，这样才能查出孩子视力不好的原因，到底是真性近视还是假性近视，是远视还是散光。常规的散瞳验光需要一周时间才能恢复自由阅读。性急的家长往往会选择快速散瞳剂。但快速散瞳时，孩子的睫状肌只是处于不充分麻痹状态，并不是完全放松，这时候得出的检查结果并不准确，有可能会给孩子配了比实际度数要高的近视眼镜。这样，孩子的近视就会向更深的度数发展。

眼科专家曾用雏鸡做过实验。在雏鸡刚孵化出来时，就将它的一只眼"戴"上 1000 度的近视镜。过了一段时间，这只眼睛就真成了高度近视。因为雏鸡眼球的球壁很软，眼睛要适应通过眼镜进入眼睛的光线，眼球就得随之改变，越变越长，真成近视了。

成长中的孩子的眼睛也一样。有的孩子本来是假性近视，进行功能训练就可以恢复正常，但家长却不经过散瞳就直接去眼镜店给他配副眼镜戴上，这样一来，他的眼睛就要做自我调整，去适应通过眼镜进入眼球的光线。在长期的适应过程中眼球慢慢发生变化，就会变成真性近视，或使近视进展加速。

(7)近视眼镜度数太高

你希望孩子配眼镜后视力能达到多少？1.5 还是 1.2？很多家长和孩子都这么要求。是啊，配完眼镜才看到 0.8、1.0，那怎么行？不过，有经验的大夫还真不会给你的孩子这么配。他会先问问孩子上课坐在什么位置，如果坐在第一、二排，矫正视力达到 0.8 左右就行。即使坐在后排，配上眼镜后能看到 1.0 就行了，绝对不给配 1.2 以上的。

这样，他的近视程度不会增高，或者增高得很慢。反之，如果一配眼镜就要能看远到 1.2、1.5，并且用这副眼镜看书写字，他明年的眼镜度数肯定要明显增高。

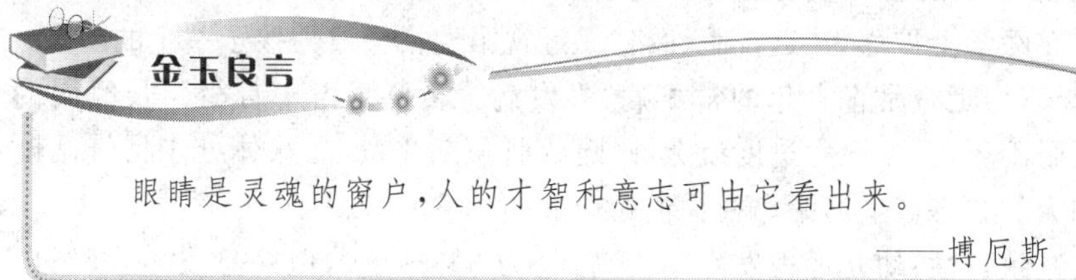

眼睛是灵魂的窗户，人的才智和意志可由它看出来。

——博厄斯

前车之鉴

(1)儿童近视具有遗传性,据统计,如果父母一方为中高度近视,那么子女患近视的可能性是50%;如果父母双方都是中高度近视,那么子女患近视的概率就更高,可以达到80%!近视能影响几代人。儿童患近视,对升学、就业、参军以及今后他们的生活都产生极大的影响。

儿童近视高考受限。高考的许多热门专业,对视力都有严格要求。儿童近视,耽误孩子的前途,甚至影响到今后的工作、择偶和生活。儿童近视易使部分学生形成内向和逃避体力活动的倾向,不仅有可能导致体质虚弱,而且不利于形成竞争进取的积极心态,这成为对学生素质培养的根本缺陷。此外,某些视力障碍,如色盲、视觉拥挤、立体视觉不完善等也都直接妨碍审美能力和认知能力的提高,特别是由近视造成工作效率低下及升学、就业受限制等。

(2)儿童近视可致学习效率降低。近视最直接的表现即容易产生视疲劳,出现视物模糊、眼睛干涩酸痛、精神难以集中、情绪烦躁、头晕等现象,造成记忆力降低和学习兴趣减退等不良后果。如果对视疲劳不能采取有效防范措施,还可能引起多种不良症状,如诱发眼睛炎症、植物神经紊乱、神经衰弱、失眠以及视力继续减退或形成其他视觉障碍,这些症状都可使学习效率明显降低。

儿童近视可使近视眼性格形成。正处在青春期的孩子心理是异常敏感和脆弱的。近视导致的一切行为异常最终都可能影响到心理的正常发展,会让孩子变得寡言少语、缺乏自信、心理承受力脆弱、自卑等,这些在医学上被称为“近视眼性格”。近视眼性格会成为孩子一生的阴影。

(3)近视是青少年的常见病、多发病。主要是由于青少年长时间的用眼不当,导致视力过度疲劳,眼睫状肌长期痉挛,晶状体处于持续凸度加大的状态产生远距离视物模糊造成的。

致盲性:幼儿近视发生率不高,仅为3%~5%,但一旦发生,95%以上都会变成高度近视。早期可引起弱视,以后多表现为终生发展。到了上高中时,大多可达800度以上,如不治疗,不少病例很可能导致眼底出血、视网膜脱离等症状,进而引发失明。

终生发展性,有两个因素引起近视发展:A.眼球随年龄增加而变大、变长,每长1 mm,近视约等于增加300度。B.幼儿调节力强,长时间近距离看书、看电视、玩游戏机等,可引起眼内晶状体不可逆变凸,使近视加深。

“保护视力,预防近视,眼保健操现在开始……”国家教委早在1972年就规定:学生每天做2次眼保健操。实践表明,眼保健操能够有效保护视力、缓解眼疲劳。但是,大部分学生点的穴位不准确,即便个别孩子点对了,力度也不够,眼睛没有酸胀感,护眼效果不明显。

儿童近视以后,家长不能只配副眼镜就放任不管。青少年正处于生长发育期,眼球组织具有很强的可塑性,儿童近视后,及早进行眼保健能够终止近视发展,提高孩子的视力。尤其是具有以下情况的孩子,更应急需进行眼保健。

近视会对孩子造成一定影响,产生一定危害。

危害一:眼球运动的控制能力

这种危害表现为:阅读时,语气停顿不好,严重的跳行或跳字,不爱阅读或不阅读。写字时,字写到行间或跑出行间,空格里的字与空格线不协调,听课时不能跟进老师的讲解,打球时接球率十分差。

危害二:视觉聚焦功能差

这种危害表现为:写作业时间比正常视力的孩子花费的时间长,抄写时易犯错误,抄写错误较多。家长以为孩子粗心,实为双眼聚焦功能差所引起。

危害三:视觉辨别能力不佳

这种危害表现为:阅读时对文字理解能力不够;考试时对试卷阅读不理解;对相似数字、字母易搞混;对相似几何图形题较易做错;可以按顺序朗读英文字母,但单独拿出某个字母就不会读了。

危害四:视觉形态和时序记忆能力差

这种危害多表现为:弱视和高度近视的孩子,在做几何题中十分困难，同一个问题一错再错，画画时比例关系表现得很差。

危害五：视觉轮廓及空间关系能力差。

这种危害表现为：不会整理书桌，找不到自己的作业和课本，忘记写作业或忘记带已做的作业，听课时易开小差，阅读理解能力太差。这种危害在矫正视力和功能训练的同时可以得到改善。

危害六：视觉记忆力不好

这种危害表现为：对各种公式记识不清，对多步求解题目总是出错，学习花的时间长，但记忆后易忘记。

危害七：手眼协调能力差

这种危害表现为：写字不工整，作业试卷空间感差，写字发倒笔，多位数计算能力差。

危害八：视觉局部感知能力差

这种危害表现为：综合分析能力差，作文扣分多，对事物推理感到困难。

危害九：视觉方向及空间定位能力差

这种危害表现为：方向感不强，左右不分，对陌生环境易迷失方向。体育课时各项运动表现不佳，在学校长时间不清楚某某班级在学校什么方位。

危害十：双眼协调能力差

儿童近视，危害极大。用中医叩刺渗透疗法治疗，从脏腑调理入手，标本兼治，不失为治疗儿童近视的首选。

教子有方

随着生活节奏的加快，竞争越来越激烈，无论是学生还是工作者，都免不了会变成近视，那么怎样才能有效防止孩子近视呢？

看书或看电脑都不要一直盯着不放，眼球应该多转动、多运动，就像我们的身体一样要多锻炼。

附近有绿色植物的话，可以时不时看看绿色植物，或者眺望下远方，看看蓝天碧水，这样可以放松眼肌。

每过一段时间就做做眼保健操，按摩下眼部穴位。

眼睛累了可以试试不停地眨眼，或者眼睛左右斜视，翻翻白眼。

睡觉前用冰袋敷眼，不但可以消肿，对缓解眼部疲劳也很有帮助哦！

不要躲在暗处看书，不要关了灯看电脑，更加不要背光或在太阳下看书。

多吃紫色的水果和蔬菜以及鱼类（清肝明目类的花草茶也是佳选），对视力有很大的帮助，近视患者普遍缺乏铬和锌。

如果孩子近视，家长需细心指导儿童缓解和治疗。

首先，家长应带孩子在正规的医疗配镜机构验光配镜，听从医师、验光师和制镜师的建议配镜后 6～12 个月定期检查一次，度数变化及时更换眼镜。同时，家长应培养孩子养成良好的用眼姿势和戴镜习惯，教导孩子双手匀力摘戴，避免眼镜变形，定时清洗眼镜，眼镜若变形损坏应及时到配镜处修理调整；家长应尽量使用白炽灯、经鉴定合格的护眼灯等，来给孩子的学习提供良好的光线，照明亮度以柔和为宜。

另外，家长要监督孩子，①要养成看书写字的正确姿势，眼与书本之间应保持 30 厘米左右的距离。②看书与写字时，光线应适度，不宜过强或过暗，光线应从左前方射来，以免手的阴影妨碍视线。③看书时间不宜过长，每 40～50 分钟，应休息 10～15 分钟，闭眼或向远处眺望数分钟或做眼保健操，防止眼睛过度疲劳。④不要看字迹太小或模糊的书报，写字不要写得太小。⑤改正不合理的用眼习惯，如趴在桌上、歪头看书或写字，躺在床上看书，吃饭时看书，在强光下或暗淡的路灯、月光下看书，以及在开动的车上及走路时看书等，这些不良习惯都会使眼睛过度疲劳，降低视力的敏锐度。

最后，注意孩子的营养，保证孩子的饮食多样化，并让孩子多吃果蔬、杂粮等，少吃高脂肪、高碳水化合物的食品。加强身体锻炼、增强体质，可以减轻、减慢近视眼的发生，尤其是室外体育运动更有效。让孩子在空气新鲜、视野开阔的郊外进行远眺，极目欣赏祖国的山河大地，也是眼睛最好的保健方法之一。

少年智则国智，少年强则国强。

——梁启超

那么，少年明则国明，让我们共同努力，还孩子一双晶亮的双眼。

2. 感冒发烧了怎么办？

寻根寻源

一般来说，孩子时常感冒的原因有三：

一是孩子的身体状况差，如患有慢性上呼吸道炎症，营养不良或佝偻病等，对疾病的抵抗力下降，容易感冒。平时缺乏锻炼，很少到室外活动的孩子，身体素质差，也容易感冒。

二是孩子的居室和生活环境影响。调查表明，室温过低或室内外卫生条件过差的家庭，孩子更容易感冒。

三是孩子的父母或其他亲人的传染。父母或其他亲人感冒以后，还经常接触孩子，就会对孩子构成威胁，使孩子容易患感冒。

感冒分类：

感冒主要有病毒性感冒和细菌性感冒两种。

一般来讲，如果舌头颜色是深粉红色、白细胞下降的话多是病毒性感冒，舌头颜色是淡粉红色、白细胞上升的话多是细菌性感冒。因为病毒性感冒可以导致心肌炎、引发肺炎和风湿类疾病，所以感冒后到私人门诊打点滴了事，可能会误将病毒性感冒当成细菌性感冒，从而延误治疗使病情加重。患者需要先判别好感冒类型后再用药，滥用抗生素不但治不好感冒，还会导致体内菌群失调，出现呕吐、恶心等症状，加剧病情。病毒性感冒即上呼吸道感染又简称上感，是由多种病毒引起的常见呼吸道传染病。诱因有受寒、淋雨、过度疲劳、营养不良等。患者的鼻涕、唾液、痰液含有病毒，通过打喷嚏、咳嗽、说话将病毒散播到空气中，感染他人。健康人也可由于接触患者的毛巾、脸盆或餐具等感染病毒而得病。感冒主要表现为打喷嚏、鼻塞、流鼻涕、咽干、咽痛、咳嗽、声音嘶哑等症状。全身表现有头痛、浑身酸痛、疲乏无力、食欲不振，或不发热，或低热，或高热、畏寒等症状。病程一般为 3～7 天。感冒发热患者需卧床休息，注意保暖，减少活动。住处要经常通风，保持一定温度和湿度。多饮开水，吃清淡和稀软的食物。发热较高时可用冷水擦身或温水擦身，水温以 32～34 ℃为宜，或用 30％～50％的酒精擦拭颈部、胸部、腋部、腋窝、腹股沟等处，或头枕冰袋。

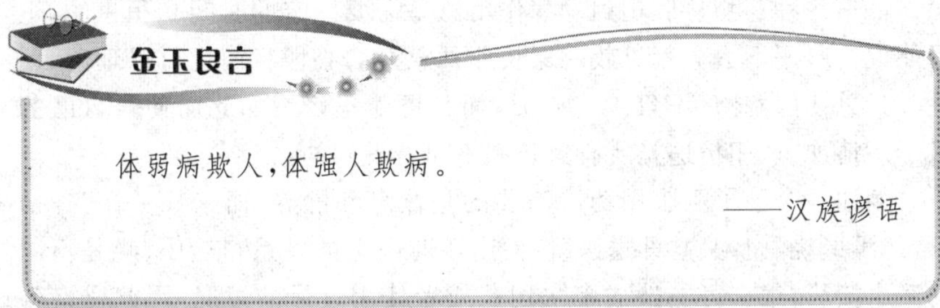

体弱病欺人，体强人欺病。

——汉族谚语

前车之鉴

由于儿童感冒是一种常见疾病，而且多属于病毒感染，医学上称之为上呼吸道感染。上呼吸道感染的症状，一般在受到感染后 1～3 天便会出现鼻塞、打喷嚏、流鼻涕、咽部不适、轻咳、发热等，热度高低不一，重者畏寒、高热、头疼、胃口不佳、全身乏力等。

普通感冒一般症状比较轻，是可以自愈的。当然这也是要根据儿童自身的个体差异而言，如果体质不好，并且在感冒后期继发感染的话，可能会引起各种并发症，例如肺炎，中耳炎等；如果因感冒发烧 38.5 ℃以上可能会出现脑电波异常、高热抽搐的情况，当出现高烧不退的情况各位家长就需要多注意，及时送医院进行救治。

(1)普通感冒和流行性感冒的区别

普通感冒和流行性感冒最大的差别在于，前者不具有传染性，而后者具有很强的传染性。普通感冒的症状轻，一般而言虽然全身都会有不适感，但是症状主要集中在鼻部，比如流鼻涕、鼻塞等。如果家长无法确认或者十分担心的话，建议还是到医院接受检查和治疗。

(2)90％立即送医院

从接触过的病例来看，90％的家长在得知或者觉得自己的孩子感冒发烧了就会立即送医院。其实在这里也想和广大的家长说明，很多的家长一旦知道自己的孩子病了就是急得不得了，一天3次甚至是更多次地跑医院，上午才刚来过，医生给开的药服用后还没过2小时，中午又看来了，然后下午、晚上接着来，总是希望医生能够有灵丹妙药，立即药到病除。任何一种药物从服用到发挥作用总是需要一定的时间和积累的，不可能说一服用下去立刻见效。家长那种急切的心情我们也可以理解，但是一天总往医院跑，不仅没有必要，而且可能正以为如此而使得自己的孩子病情加重，相信这是所有家长都不愿意看到的。

例如一个孩子刚服用药后需要的是休息和静养，而家长一探头，糟了，还没退烧啊！又立即送医院，而由于时间上的关系，早、中、晚是不同的医生接诊，很有可能造成多次用药或者使用过量的情况，因此建议各位家长，如果孩子发烧在38.5℃以下的，最好是使用物理降温的方法，而不是使用药物降温。

在物理降温上，家长可以采用温水擦浴，用温毛巾擦四肢及背部的皮肤至潮红(胸腹及颈部皮肤敏感，容易受刺激而出现寒战，不擦)，每20分钟左右一次，可以有效降温。甚至可以用温水给孩子泡澡，只要注意不要让孩子再次着凉就行。还有要保证孩子足够的睡眠和补充营养，平时建议饮一些营养品来提高免疫力例如防感宝贝等。

(3)不建议家长擅自买药给儿童服用

由于现在很多药在药店都能够买到，因此也有部分家长自己去买一些感冒或者退烧药给孩子服用，这种方法是非常不可取的。很多感冒或者退烧药的成分不适合儿童，或者几种药不适合一起服用，这些都有可能会对儿童造成一些意外的伤害。

(4)抗生素尽量少用

在使用药品时，一般的感冒只是单纯的病毒感染，不需要使用抗生素，除非确定有细菌感染。

(5)能否使用免疫球蛋白预防感冒

有些妈妈认为注射免疫球蛋白能够预防感冒，这个观点很要不得。免疫球蛋白属于血清制品，使用免疫球蛋白存在感染其他疾病和过敏等不良反应的危险，不主张使用。市面上有一种叫防感宝贝的口服免疫球蛋白，提高免疫力效果跟口服免疫球蛋白是一样的，但是却避免了感染的危险，家长可以让孩子吃。

温馨提醒

俗话说，是药三分毒。在此提醒留守儿童的监护人要谨慎给留守儿童用药！

教子有方

感冒发烧的发生与外界天气条件的变化和人的体质强弱有关。秋冬季节是孩子感冒发烧的高发季节，对感冒发烧“以预防为主”尤为重要。

(1)自我防护：一般病多从口入，而感冒多是病从鼻入。因此，要坚持用冷水洗脸，增强鼻黏膜对空气的适应能力。及时掌握天气变化，根据天气添衣御寒。同时，加强体育锻炼，增强适应环境的能力和身体的免疫力。另外，在感冒流行期间，尽量少去人口稠密的地方，经常洗手。当身体稍感不适、轻度口干、鼻塞时，就立即吃药，多喝水，注意保暖和休息，使病情及时好转。

(2)家庭预防：要注意室内空气新鲜，早晨开窗换气不少于 15 分钟；

家中如发现流感患者应及时熏醋进行空气消毒，另外在健康人鼻孔涂抹大蒜液或口服几瓣大蒜也可减少传染。

(3)合理饮食：大蒜、大葱、姜、食醋等，都是预防感冒的常用食品。如周身酸痛、咳嗽，可服调和营卫之方(梨、枣、姜、冰糖共煮水冲鸡蛋)，早、晚各一次，服后休息。或服葱白、姜汤以发汗驱散风寒，一般表症即可解除。如症状较重，要早用药控制病情发展。

(4)药物预防：科学研究表明，服用预防药物后，一般可使感冒的发病率降低50%左右。另外，流感疫苗已经在我国北京、上海、广州等地进行临床试用，疫苗安全、效果较好，体质较弱的人也可以提前注射疫苗来预防感冒。

在日常生活中，家长应该告诉留守儿童多吃哪些东西，少吃哪些东西能够有效预防感冒和发烧。

蒸馏水或果菜汁，它们都是很好的液体补充剂，果菜汁还能为你补充必需的维生素和矿物质，尤其是维生素C。

●饮食宜清淡

所谓饮食清淡，是指低盐、低脂、低糖、低胆固醇和低刺激等“五低”饮食而言。

低盐即少食钠盐。因为钠盐过多会诱发高血压病，据世界流行病学调查表明，食盐较多地区的居民高血压发病率明显高于其他地区。我国医学认为“味过咸伤肌”，营养学家主张日食盐量不超过6克。

低脂即少食油脂。因为科学研究发现，过量的脂肪是导致肥胖、高血脂、冠心病和某些癌症的元凶。专家认为每天摄脂总量不超过膳食总热量的30%。

低糖即少食游离糖。因为它不含基本营养素，食糖过量也会影响人体健康。

低胆固醇即少食含胆固醇高的动物食品。因为胆固醇过高会导致动脉硬化和心脑血管病等多种疾病。专家认为日食肉类食品不能超过300克。

低刺激即少食辛辣食品。

总之,饮食要“五低”,同时也要荤素结合、酸碱平衡,达到营养的最佳状态。如此清淡养生,才会有利健康。

如果单纯多食用蔬菜水果,而不适当地补充蛋白质和高热量的食物,容易导致体质下降。一般来说,每天食用一次鱼或肉比较适当,最好选择午餐时食用,最好不超过60克。食肉时最好将肉皮及油脂去掉,以减少脂肪含量。

●喝鸡汤

喝热鸡汤,例如乌鸡或火鸡汤。热鸡汤是感冒病人的良药,它不仅能补充必需的蛋白质和营养物质,它还易于消化吸收,并能促进肌体的免疫力,加快康复。

●服用维生素C

维生素C是体内的清道夫,能清除包括病毒在内的各种毒素。它还可缩短感冒时间。维生素C也可减少咳嗽、打喷嚏及其他症状。感冒患者若服用500毫克维生素C,每天四次,其症状比未服用维生素C少一半。

补充维生素C最简便的方法就是喝果汁。柳橙汁、葡萄柚汁及小红莓汁,均是维生素C的来源。

●补充锌

服用锌含片能缩短感冒时间四天左右,还能大幅地减轻症状,例如喉咙干痒。注意,勿超过医师建议的用量。高剂量的锌可能有毒。

●补充营养素

① 维生素A及β—胡萝卜素

每天15000 IU,帮助发炎的黏膜恢复正常,强化免疫系统。

② 维生素C

每天5000～10000毫克,分成数次,抗感冒病毒。给孩子选用缓冲过的维生素C或抗坏血酸钙。

③葡萄糖酸锌含片

前3天,每隔3小时使用1粒,以后的一周内,降为每4小时1粒。小孩也是如此使用。在感冒初期时使用,一直用到痊愈。

④蒜头精胶囊

每天 3 次，各 2 粒。天然的抗生素及免疫增强剂。用量依照产品标示。单一氨基酸，能较快被身体吸收。

⑥综合矿物质或海带

每天 5～10 锭。海带是各种必需矿物质的丰富来源。

⑦蛋白质分解酵素

两餐之间，2～4 粒。抗发炎。

⑧维生素 B 群

每天 3 次，50～100 毫克。用于复原及增强免疫力，减少感冒的机会。

●天然药草

菊花植物、姜、保哥果、滑榆树皮、西洋蓍草茶，金印草均有帮助。治发烧则使用猫薄荷茶灌肠剂及 1/4～1/2 茶匙的山梗菜酊剂，每 3～4 小时使用一次，直到烧退。此剂量也适合小孩。

菊花植物及金印草制的酊剂最适合小孩。在液体中滴入 8～10 滴，每 3 小时使用一次，直到所有症状消失。

用滑榆树皮加一份沸水及一份蜂蜜对咳嗽及喉痛很好。配制好后，存入瓶罐中，每 3～4 小时使用 1 茶匙。尤加利油也有帮助，滴 5 滴于热水浴盆中，或 2 滴于一杯沸水中，将热气吸入。

金印草促进肝功能，以清除感染。它也强化鼻、嘴及喉咙里的黏膜。服用 1～2 粒胶囊，一天两次，服用两周。

蒜头有抗生素作用，它能杀菌，并加速清除感冒症状。服用 2～3 粒蒜头精胶囊，一天 3 次。

甘草根茶有麻醉作用，能缓解喉咙不适及减轻咳嗽。每天喝一杯。若想睡个好觉，可泡一杯蛇麻草茶或撷草茶，它们皆有天然的镇定作用。加 1 茶匙蜂蜜，效果更好。

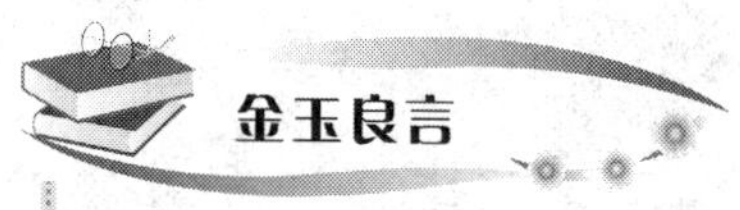

孩子处在生长发育期，营养很重要哦！

如果留守儿童感冒发烧，家长不要着急，可以告诉孩子安全用药的方法。

安全用药：

1. 珠珀猴枣散（保和堂），主治感冒、消化不良、受惊
2. 王氏保赤丸，主治轻微感冒、消化不良、舌苔厚
3. 小儿七星茶，清热、助消化、通便、定惊

感冒初期一：

1. 喝葱白汤（葱白 3～4 段，生姜 2～3 片），可加点小儿专用蜂蜜
2. 用姜末炒干，睡前包在脚心，可通鼻塞
3. 健儿清解液（如有腹泻就停喝）
4. 泰瑞宁牛磺酸颗粒

感冒初期二：

1. 健儿清解液、泰瑞宁牛磺酸颗粒
2. 小宝宝鼻塞：最好用 KARVOL 清鼻塞药水。它不是滴鼻剂，是滴在枕头或手帕上让宝宝闻着通气的，对于风热感冒或流行性感冒非常好用
3. 小儿金丹片（中药）
4. 王氏保赤丸
5. 樋屋奇应丸（日本）
6. 小儿感冒解毒灵颗粒
7. 小儿感冒颗粒（同仁堂）
8. 小儿速效感冒冲剂
9. 板蓝根

10. 库克美敏伪麻溶液(注意用量)

风寒感冒:

1. 保婴丹(香港余仁生)
2. 小儿感冒茶
3. 小柴胡
4. 清宣止咳颗粒,主治轻微感冒、打喷嚏、流清鼻涕
5. 珠珀猴枣散(保和堂)
6. 牛磺酸感冒颗粒、小儿金丹片(中药)
7. 板蓝根、小儿宝泰康、馥感啉
8. 小儿清热解毒口服液
9. 宝婴丹,主治风寒引起的感冒
10. 小儿感冒颗粒(同仁堂)
11. 臣功再欣、好娃娃、羚羊感冒口服液、护彤

感冒好后流鼻涕:

1. 香菊颗粒博宁冲剂

(如果老是流鼻涕不好,吃药并没有太大作用,很多时候都是因为穿得太多或者睡觉盖得太厚。平时不能让他出汗,穿得越多流得越多。刚感冒时,将姜末炒干,包在孩子脚心上,晚上睡觉时,孩子鼻子易通气,好得快)

感冒带打喷嚏:

1. 小儿新感冒颗粒
2. 小儿宝泰康、馥感啉口服液,主治轻微感冒、打喷嚏、流清涕
3. 小儿金丹片

重症或病毒性感冒:

1. 小儿感冒颗粒(鸿泰牌,中成药)
2. 双黄连口服液
3. 艾畅滴剂(强生)

咳嗽:

1. 双黄连十川贝煮梨(喝水吃梨),适用于肺热咳嗽

2. 罗汉果泡开水(喝汁)
3. 小儿清肺口服液(同仁堂)
4. 小儿化痰止咳颗粒(同仁堂)
5. 小儿肺热咳喘口服液
6. 小儿咳喘宁糖浆(纯中药),适用于肺热咳嗽
7. 小儿羚贝止咳糖浆,适用于肺热咳嗽
8. 克咳小儿止咳糖浆,适用于肺热咳嗽
9. 通宣理肺,适用于肺寒咳嗽
10. 清宣止咳颗粒,适用于肺寒咳嗽
11. 肺力露,针对干咳不止
12. 沐舒坦,能有效祛痰

感冒伴咳嗽:

1. 小儿清肺口服液(同仁堂)
2. 库克双黄连、川贝煮梨(喝水吃梨)
3. 沐舒坦、安奇七厘散、小儿止咳糖浆
4. 清宣止咳颗粒
5. 小儿消积止咳口服液、枇杷糖浆(苏州)
6. 沐舒坦、小儿百部止咳糖浆
7. 小儿羚贝止咳糖浆
8. 小儿喧肺止咳颗粒

重度咳嗽:

小儿平喘止咳露(医院自配的)、中药猴枣散

轻度咳嗽:

1. 罗汉果泡开水,喝汁
2. 克咳小儿止咳糖浆、甘草合剂

发烧:

小儿热速清(糖浆,中药)

发热初期:

小儿退热宁(糖浆,中药)

感冒发烧：

1.羚羊角粉(退烧)

2.抗病毒口服液

3.小柴胡退热贴

4.贝贝降温贴(物理降温)

5.小儿泰诺林(38.5 ℃以上)

6.小儿新功臣再欣(38.5 ℃以下)

7.注射鱼腥草(39～40 ℃)

8.安瑞克、先锋5号

9.双黄连、鱼腥草、病毒唑、双黄连口服液(1岁以下的宝宝1/3支，一天3次;1岁以上的可以1/2支，一天3次;3岁以上的就可以1支，一天3支。最主要还是多喝水！发烧38 ℃以下，如果小孩精神好，建议不吃退烧药，其他药也可以不吃，只需多喝水，补充点维生素C含量多的水果，注意保暖和休息，耐心等两天，自己会好的。物理退烧，用解热贴敷额头，温水擦身一贴凉)

重度感冒：

小儿感冒颗粒(鸿泰牌，可能中药店要好买些)

(宝宝感冒较重、睡不好时用此药效果显著。医生一般给配希刻劳、新博林，如炎症较重，用西力欣静注)

金玉良言

一个人的身体，绝不是个人的，要把它看作是社会的宝贵财富。凡是有志为社会出力，为国家成大事的青年，一定要十分珍视自己的身体健康。

——徐特立

3. 路上遇到骗子怎么办?

寻根寻源

家庭是孩子的第一课堂,家长与子女是最亲近的,家长对未成年子女负有重要的监护责任,维护子女安全是本分,是必要的职责。为保证子女的安全,家长应注意做到:

1. 充分了解子女的性格、爱好、熟知子女的上下学时间和路途,要按时接送。

2. 熟记子女经常涉足的游戏、读书、购物地点,尽可能了解子女经常联络的人及电话号码。

3. 善于与子女沟通、交流。对子女在校情况、交友情况以及每日心情等要有所了解。

4. 帮助子女养成外出办事、游玩告知家长去向、时间的习惯,不轻易允许孩子在外留宿。

5. 经常与学校老师保持联系,了解子女在校表现。

6. 教育子女不要与陌生人接触和交谈,不接受陌生人送的礼物。

7. 一些儿童特别是10岁以下的小孩单纯幼稚、缺乏辨别能力,很容易上当受骗。所以不要单独将他们留在家中或将家中钥匙交给他们。

8. 不向外人泄露家中的作息习惯、经济状况等。

9. 家中安上防盗门、“猫眼”和设置有金属链的暗锁都是防止盗窃犯强行闯入的一种有效措施。

前车之鉴

下面几个小故事家长们可以读给自己的孩子听,从中学习一下遇到骗子时充满智慧的周旋方法。

事例一：

记得一个星期四的下午，放学后我高高兴兴地往家里走。当我走到居委会时，看到前面在修路，于是我绕道而行，从另外一条小路走回家。走着走着，忽然听见一个声音："小妹妹，你放学啦？"我抬头一看，一位陌生的中年男子出现在我的面前。"嗯，放学了。"我随口回了一句。"我是你爸爸的同事，你不认识我了吗？"陌生人笑眯眯地对我说。我抬头看了看他，心里在回忆那些我见过的爸爸的同事，"我这有几粒好吃的糖给你吃。"说完他拉住我的手，拿出几粒糖给我。我心里在想，这个人我没见过呀，他是认错人了，还是……我灵机一动问道："你也是开卡车的吗？我爸爸今天开车去哪了？""对！对！你爸爸开车出去了，叫我来接你。"说完陌生人剥了一粒糖，想往我嘴里塞。"是坏人，我爸爸根本不是开车的。"我心里一下子紧张起来，怎么办？平时在电视中和报纸杂志上看到过不少坏人骗小孩的案件，今天被我遇见了，怎么办？他手里的糖肯定有问题，我决不能吃。"我是不吃糖的，难道我爸爸没和你说过吗？"我急中生智地说。"噢，我忘了。"陌生人无奈地把糖放进袋里，"我带你去见你爸爸。"他拉着我的手说道。我慢吞吞地走着，大脑却在高速运转着，平时爸爸妈妈教过我很多自救的方法，书上也有好多这方面的文章。对了，我有办法了。"每次去爸爸那里，我都会帮爸爸买包烟的，我们去小店买包烟就去爸爸那儿。"我笑嘻嘻地对陌生人说。"那好吧，要快点，你爸爸在等你。"看着他那自以为是的样子，我不禁暗暗在笑：你上当了。陌生人拉着我的手来到小店，这时，我指着远处迎面而来的男子说道："爸爸，你怎么回来了？"一旁的陌生人脸一下子紧张起来，紧紧拉着我的手也突然松开了。我对陌生人说："爸爸回来了，我们过去吧！""不，不，我有事先走了。"只见他惊慌失措地说道，然后往后面跑去，一眨眼就不见了踪影。

这件事告诉我们一个道理，不要吃陌生人的食物，当遇见坏人时，要保持冷静，正确运用自己的智慧与坏人周旋，以达到自我保护的目的。学会自我保护是一件多么重要的事啊！

事例二：

去年暑假的一天，我独自在家。一个人按响了门铃，我从门眼里一看，是一位我不认识的叔叔。“叔叔你有什么事。”我问。叔叔回答道：“我是你爸爸的大学同学。”我心想：先问问几个简单的问题。我就问：“我爸爸是干什么的，多大年龄?”“你爸爸叫董纪忠，在防疫站工作。”叔叔说，“你爸爸多大年龄我忘了。问题我都回答了，可以开门了吧!”“我再问你，我们家有没有买汽车?”“你别问了，我只知道这么多。”我发现这个人有点像骗子，便说：“我打个电话给我爸爸，问问是不是今天有他的大学同学要来。”“好。”他嘴上这么说，可等我再从门眼里看时，这位叔叔已经溜走了，真的是一位骗子。

事例三：

前年的一天，我一个人乘车回家。在路上，突然出现了一个阿姨，她对我说：“小朋友，你饿了还是渴了?”我对阿姨说：“阿姨我不饿也不渴。”我又说：“阿姨我又不认识你，你为什么要给我吃的和喝的。”“因为我是你姑姑啊!”“你别骗我了，我只有一个姑姑，在高新区。”“我真的是你姑姑，在你爸爸小的时候，你爷爷带我、你姑姑和你爸爸一起出去玩。我走丢了，他们都以为我死了，但是我没有死，被好心人收养了。”“我知道你是骗子，我爸爸从来没有给我讲过。你再拦我，我可要报警了。”“好，好，我走，我马上走。”没想到我一说报警就溜了，这招还真灵。

事例四：

无独有偶，也在前年的一天，我也是自己回家。我刚下45路，一位阿姨跑到我面前，对我说：“我送你回家吧，小妹妹。”我对那位阿姨说：“谢谢，不用了，我自己回家就可以了。”“我送你回家好了，车子上还有很多吃的和喝的。”“阿姨真的不用了，我家就住在前面。”“我送你回家，省得你再走了。”“我又不认识你，为什么要乘你的车。我知道了，你是骗子，我要报警了。”因为有了上一次的经验，我就不怎么怕了。眨眼间，骗子又溜走了。我又成功地逃过一劫。

事例五：

阅读心得：

1. 你的贪念，这种防不胜防，骗子往往会成功。对付绝招：天下没有不劳而获的东西，只有流过汗水后获得的东西才最真实。

2. 你的疏忽和善意，常常也能奏效。对付绝招：害人之心不可有，防人之心不可无。

还有最多的骗术就是广告骗术，明明不能达到广告上说的效果，却花大本钱打广告，让人掏钱时毫不考虑。其实，骗子的骗术并不高超，为什么我们会上当受骗？这应该与我们还存在一丝贪念有关，还有就是自己的不设防心理。遇到这种情况，镇定、细心、警惕、不贪都是可以让我们避免上当的良方。

12 岁儿童报警吓跑骗子

本报枣庄 6 月 9 日讯（见习记者杨霄） 两名青年冒充王老汉孙子的熟人，假借随份子之名，企图骗取老汉现金，识破骗局的竟然是王老汉年仅 12 岁的小孙子，两名骗子最终未能得逞。

6 月 1 日 7 点多，家住滕州市木石镇某村的王老汉正在家中忙活，突然来了两名骑摩托车的青年。两人一进门就喊王老汉“爷爷”，并自称是王老汉孙子王大冬（化名）的“把兄弟”，说某村的另一“把兄弟”尤某近日结婚，王大冬在外打工回不来，让他们两个过来帮忙取份子钱。王老汉当时还略带警惕地询问多少钱，当听到两青年说“和以往一样 200 元”的时候，就信以为真了，便转身到屋里给两个青年取钱。

这时，正在屋内准备背书包去上学的小孙子王小冬（化名）听说两个青年是来替哥哥取份子钱的，就想到近日木石派出所民警曾多次宣传的“警惕有人冒充熟人入家骗钱”的消息。王小冬一边告诉爷爷不要立即把钱给他们，一边用家中座机打电话向木石派出所报警。两个青年见状，急忙发动摩托车逃跑了。

（本文来源：大众网——齐鲁晚报）

教子有方

(1)家长自己要多留心

家长带孩子外出时,要随时注意孩子是否在身旁或在视线范围内。有的父母带孩子外出时,一遇到熟人或感兴趣的事情,就只顾自己聊天或观赏,忘记了孩子,结果孩子意外走失。家长尽量不要带小孩子到人多拥挤的场所,坏人在这些地方容易钻空子拐走孩子。家长有急事时,千万不要让陌生人照看孩子,即便时间很短。同时,家长每天都应留意自己给孩子穿了什么颜色的衣服,身上有什么装饰品等其他显著特征,以便发生事故时能随时说出自己孩子的特征是什么。同时,家长不要把孩子的名字绣在孩子的衣服和写在常带的用具上,谨防陌生人声称熟悉孩子或家长而使孩子上当受骗。

(2)敏感期提高警惕性

寒暑假及平时放学是容易发生诱拐事故的高发期。如果家长忙于工作无暇照顾孩子,孩子单独留守在家时,一定要告诉孩子,如有陌生人敲门不要开,更不能答应陌生人的邀请,即使陌生人说是父母的朋友也是如此。同时,家长最好与学校的老师约定好,除了你和你指定的人外,不要让其他人接送你的孩子,并告诉老师你的联系方法,有情况及时沟通。

(3)教孩子拒绝诱惑

家长要让孩子学会对陌生人给的任何东西都别动心,不能吃、喝陌生人给的食物或饮料,不能跟随陌生人去陌生的地方,尤其是对"我是你爸爸妈妈的好朋友"等说法都别相信;并且明确告诉陌生人,父母就在附近,或用"爸爸马上就要来接我"的话,把陌生人吓走。告诉孩子:假如陌生人还缠着你,就声东击西,趁其不备朝人多的地方跑,大声求救以引起路人的注意。需要提醒的是,父母要嘱咐孩子"遇事不慌",千万不要随"好心人"到人少的地方或他的家中。

(4)有人盯梢怎么办

如果遇到独自一人回家时有人盯梢的场景，父母要告诉孩子，发现有成年人在后面跟着你，一定要想办法“割”掉这个尾巴。最简单的方法是，到一个离你最近的十字路口，向正在执勤的交警叔叔问个路，或者直接说后面有坏人跟着你。遇到危险的时候，让孩子懂得求助是非常有效的。如果坏人胁迫你跟他走，就惊叫着奔向人多的地方；如果知道这时家里没人，千万不要往家里跑。

(5)找不到父母怎么办

父母要教会4岁以上的孩子，记得家庭地址和爸妈的电话。平时要将如何打电话和如何在街上找到公用电话的方法一遍遍地演示给孩子看。如果是5岁以上的孩子，有必要让他学认路和辨别方向，知道距家最近的公交站名。如在游乐场与父母走散，可以让孩子在原地稍等一会儿，然后请工作人员帮忙去广播室求助。此外，要教孩子学会拨打110、119、120。

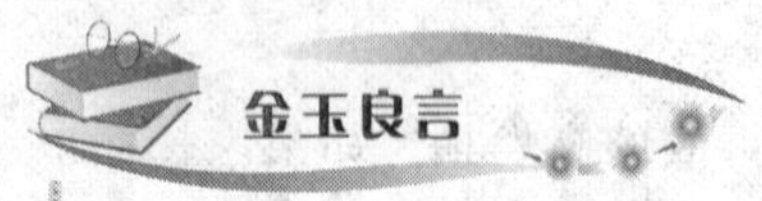

傻子和骗子是一对伙伴，谁也离不开谁。你在傻子的身边准能找到骗子，在骗子的去处准能找到傻子。

——美国作家 马克·吐温

4. 面对轻微火情怎么处理？

寻根寻源

大多数留守儿童家住农村，特别容易接触到火源，如果没有家长的时刻关注与提醒，极容易酿成火灾。那么，什么原因会导致这种轻微火灾的发生呢？

第一，儿童玩火。有些孩子好奇心强，喜欢探知任何对他来说新奇的事物。比如，在床上玩打火机，学大人用煤气做饭，抽烟等等，在没有大人看管的情况下，这些因素就很可能引发火灾。孩子不懂怎么样来扑灭火，在火灾现场也会感到害怕，导致家庭财产损失，甚至导致玩火者受伤。

第二，吸烟。有些家长吸烟不把烟头彻底弄熄，就随手一丢。这样丢到易燃物体旁边，就会产生火灾，更严重的甚至会有爆炸的可能。

第三，用电不规范。现在人们的生活水平提高，各种家用电器日益增多，不少家庭不懂得规范用电，电线布置混乱，乱拉乱接现象严重，导致火灾隐患。

第四，忽视可能存在的火灾隐患。有的人出门，但家里烧着水，考虑到马上就回家，所以不关火。或者有时候在煨汤，却睡着了。这些都有可能会引发火灾。

第五，家用电器起火。

1.电冰箱起火

如果在电冰箱内储存乙醚等低沸点化学危险物品，电源线插头与插座间连接不紧密，接地线的安装不符合要求，或将地线接在煤气管道上，用水冲洗电冰箱，使温控电气开关进水受潮。这些都有可能会引起电冰箱起火，引发火灾。

2.洗衣机起火

如果将刚使用汽油等易燃液体擦洗过的衣服，立即放入洗衣机去洗，或往洗衣机中一次投入衣物过多，或波轮被绳、带发卡等小物件卡住，都会使电机负荷过大，甚至停止转动，进而导致线热，发生短路而起火。

3.空调起火

冬夏两季用空调的人数很多，如果不正确使用空调，也会引发火灾。比如，不要将窗式空调挂在易燃型织品的窗帘旁边；不要在短时间内频繁地切断、接通空调电源。

4.灯具起火

白炽灯泡通电后，其表面温度随时间逐渐升高，如果灯泡紧靠易燃物品，如：蚊帐、窗帘、书报、纸张、自制灯罩等，时间过长，就可能引起火灾。

5. 电炉、电熨斗起火

放在可燃物上或使用中停电而忘记拔掉电源插头，来电后烤着可燃物。

6. 电褥子起火

电褥子的电热材料是外包绝缘材料的金属电阻丝，不能折叠揉搓，以免产生断路或短路故障。长时间通电，可能使铺垫过热引起火灾。所以，人长时间离开时应关掉电源。

7. 电器的爆炸

电视机高压放电，电冰箱内贮酒精等易燃、易爆液体，都有爆炸的可能。

前车之鉴

事例一：

“三周之前，8个多月的五河婴孩因电暖器起火，烧成重伤，这期间，家中无人。一直到外出的老人回家，孩子才被送到医院。在抢救时，我们发现婴儿全身30%大面积重度烧伤，最后医治无效死亡……”市第三人民医院烧伤整形科主任章祥洲向记者讲述着又一起留守儿童意外致死的事例。

事实上，这种意外事件发生在留守儿童的身上绝非一例。大量农村青壮年外出务工，托付给家中老人照看的儿童的安全监护已成为亟待解决的社会问题。

“像五河婴孩一样，因家中无人照顾导致烧伤、烫伤的留守儿童，烧伤科病房里占了一半以上。”章祥洲带着记者看了其中的四个病房，记者发现陪在这些小患者身边的，多为他们的爷爷奶奶或者姥姥姥爷。

家住怀远刚满一岁的乐乐，正安静地躺在恢复保护罩中。在身旁看护的乐乐爷爷告诉记者，当时自己正陪着刚学走路的乐乐玩耍，没想到一转眼的工夫，乐乐就把放在桌上的开水壶给碰洒了，整整一壶滚烫的热水都洒在孩子的胳膊和腿上。“乐乐的父母都出去打工了，孩子就留下来让我照顾着，没想到每天唯一的事情就是看着他，这也能出事。昨天通知了孩子父母，他们马上就从上海赶回来了，都不知道怎么和他们交代！”乐乐爷爷懊恼地说。

在以往接诊过的婴幼儿烧烫伤病例中，因打翻茶杯、菜汤、稀饭等被烫伤的占了大多数，甚至有因烫伤致毁容、致残的情况。

根据第五次人口普查资料，我国14岁以下的少年儿童有2.9亿人，但由于儿童身心各方面的发展还很不成熟，知识经验还非常缺乏，能力还非常有限，不能很好地掌握和控制自己的行为，在体力和神智等方面都还不能完全适应各种复杂情况，自救能力极差，极易造成伤亡事故，成为火灾的高危群体。

儿童是火灾的高危群体

根据全球儿童安全网络2006年5月的统计资料显示，在我国大陆和香港，每年有将近1100名14岁以下的儿童死于火灾，2000年至2004年五年内，北京、上海、广州因烧烫伤接受住院治疗的0～15岁儿童有近900人，平均每年有约180名儿童因烧伤烫伤被接收入院。儿童玩火引发的火灾事故也呈逐年上升趋势，过去5年小孩玩火引发火灾达5.2万多起。

儿童的防火知识相当薄弱

在全球儿童安全网络调查中，有近40%的儿童在日常生活中至少有过一次烫伤经历。此外，超过60%的被访家庭没有制定过火灾紧急撤离方案，而超过30%的儿童在家能轻而易举地拿到火柴和打火机等点火器具。而据2004年国家统计局和公安部消防局联合组织的对29个省（自治区、直辖市）全民消防安全素质调查显示，约40%的中、小学校没有进行过消防安全教育，40%的学生有玩火经历，49%的学生不清楚消防队灭火是否收费，51.8%的学生还未掌握基本的消防灭火常识和火灾自救知识，有33%的学生对火灾危害性缺乏认识。在住校学生中，针对所在寝室的环境，有37.01%的学生没想过火场逃生问题。

儿童玩火引发的火灾事故呈逐年上升趋势

在火灾案例中，我们不难发现，小孩玩火造成的悲剧不胜枚举，而火场又大多是孩子聚集的场所，由于少儿在防火避险方面的天然弱势，少儿在火灾中群死群伤就在所难免。孩子天性好奇顽皮，对于有趣的、未知的事物充满了探究和冒险心理。那曾在寒夜给卖火柴的小女孩带来温暖和光明的火苗肯定会引起孩子们的浓厚兴趣，不曾想这小小的火苗若看管不严，就会像打开的潘多拉盒子，成为火魔肆意的第一帮凶。

近年来，我国每年因儿童玩火引发的火灾事故呈逐年上升趋势。"十五"期间，全国因小孩玩火引发的火灾多达5.2万多起，直接导致583人死亡、343人受伤，分别占同期全国火灾起数的7.7%、死亡人数的4.8%、受伤人数的8.2%。如2006年9月3日上午11时20分左右，广东省龙门县三小孩在出租屋内用打火机点燃纸巾烧蚂蚁，引发火灾，经济损失约5万多元。

逃生自救能力弱，易伤亡

由于少年儿童对玩火或其他容易造成火灾危险的后果缺乏预见性，对用火、玩火缺乏起码的克制，而大火突降时又缺乏起码的逃生自救能力，所以才演绎出一幕幕人间悲剧。如2001年12月2日上午11时，石河子市4号小区64栋刘某家发生火灾，刘某家一个4岁女孩和一个3岁男孩葬身火海。不难发现，由于年龄小，孩子们在灾难陡降、生命受到威胁时，他们的身体和心理都显示出明显的弱势，在惊慌失措的情况下，在缺乏基本的消防常识和基本的自防自救能力的前提下，很容易失去判断力，胡冲乱撞，从而在烟火中颓然倒地。还有一些家长喜欢外出时把孩子锁在屋里无人看护，这时如果发生火灾，后果不堪设想。如2006年安徽省马鞍山市金家庄区某居民家发生大火，六岁的女孩小晨慧因为放在家中无人照料被夺去了稚嫩的生命。

教子有方

一、预防儿童引发火灾的措施

预防儿童引发火灾应重视对儿童进行消防安全知识教育。

1. 教育儿童不要玩火，火柴、打火机不是玩具，不能随便玩。点蜡烛、点蚊香有火灾危险性，使用时应注意远离可燃物。

2. 教育儿童不要摆弄家里的电器、煤气、灶具开关等，家用电器、家用燃气都存在火灾危险性，应当在大人的监护下安全使用。

3. 教育儿童在无监护人或者其他成年人陪同看护时，不得单独燃放烟花爆竹，不得私自碰拿家里存放的易燃易爆危险品。

4. 让儿童知道家里哪些地方容易发生火灾，遇到火灾时怎样报警。知道家庭及住宅楼发生火灾时疏散的途径。

5. 教育儿童在通过烟气弥漫的火场时，要弯着腰、弓着背、低姿势行进或匍匐爬行，不要深呼吸，要用湿毛巾蒙住口鼻。一旦身上着火，不要乱跑，要马上站住，就地躺下打滚，以压灭身上的火。困于火场时，要拨119电话向消防队员求救。

二、掌握火场逃生的方法

火灾发生时，儿童可能会焦虑不安、慌乱或受惊。如果儿童不了解如何应对、逃生，对他们造成的伤害可能会更大。因此，要加强对儿童火场逃生方法的教育。

1. 教会儿童如何呼救以及何时呼救。核对报警电话号码目录，教会儿童拨打急救电话。在屋内的所有电话旁张贴紧急电话号码，并向儿童解释每个号码何时呼救，而且教会儿童如何及时寻求援助。如果孩子还不识字，用图画制作一个紧急电话号码，这能帮助孩子识别正确的呼救号码。

2. 告诉儿童火灾对人类造成的伤害，发生火灾时知道从什么地方逃生。

3. 告诉儿童火灾时会有很多人帮助他们，如警察、消防人员、老师、邻居、医生等。

4. 教会孩子如何辨认火灾信号，确信孩子知道烟雾探测器、火灾警报器以及社区警报系统（警报器、汽笛等）的声音特征。

5. 教会孩子记住他们家长的姓名、家庭住址以及电话号码，以便疏散出来后及时与家人取得联系。

金玉良言

儿童被喻为祖国的花朵、民族的未来。美丽鲜花的盛开需要雨露的滋润和阳光的亲吻，需要人们无微不至的呵护。但愿在社会各界的关爱下，让儿童远离火灾，美丽的鲜花健康地绽放。

5. 如何预防食物中毒？

寻根寻源

留守儿童父母经常不在自己身边，孩子对哪些东西应该吃、哪些东西不应该吃非常不了解，甚至哪些事物不能放在一起吃，有时作为家长也不是很清楚，所以会导致食物中毒现象的发生，下面我们来看看那些有毒不宜孩子吃的食物。

1. 食品本身有害有毒：毒草、莽草、发芽的马铃薯、木薯、苦杏仁、河豚、湟鱼、毒蚌等。

2. 食品被有害有毒物污染，如化学毒物、有害生物污染。

3.用不卫生的设备、容器或用具所做的食物。

4.生熟食品交叉污染。

5.使用了腐败变质的原料。

6.剩余食物未重新加热。

7.误用有毒有害物。

8.没适当地贮存食物。

9.食品加工烹调不当。

10.个人卫生素质差。

吃了有毒的食物会导致食物中毒的现象，那么，食物中毒分为哪几种?

食物中毒分类

微生物性食物中毒

(1)细菌性食物中毒，特点：以胃肠道症状为主，常伴有发热，其潜伏期相对于化学性的较长。

(2)真菌毒素与真菌食品中毒，特点：中毒发生主要通过被真菌污染的食品；用一般的烹调方法加热处理不能破坏食物中的真菌毒素；没有传染性和免疫性，真菌毒素一般都是小分子化学物质，对机体不产生抗体；真菌生长繁殖及产生毒素需要一定的温度和湿度，因此中毒往往有较明确的季节性和地区性。

食物中毒是指人摄入了含有生物性、化学性有毒有害物质后或把有毒有害物质当作食物摄入后所出现的而非传染性的急性或亚急性疾病，属于食源性疾病的范畴。食物中毒既不包括因暴饮暴食而引起的急性胃肠炎、食源性肠道传染病(如伤寒)和寄生虫病(如囊虫病)，也不包括因一次大量或者长期少量摄入某些有毒有害物质而引起的以慢性毒性为主要特征(如致畸、致癌、致突变)的疾病。

树立正确营养理念，养成良好饮食习惯。

前车之鉴

留守儿童在家吃东西更要注意哪些食物相克，千万不能把相克的食物放在一起食用。

常用食物相克表

1. 牛奶煮沸时忌加糖：牛奶中所含的赖氨酸在高温下与果糖结合成果糖基赖氨酸，不易被人体消化。食用后会出现肠胃不适、呕吐、腹泻病症，影响健康。

2. 菠菜忌豆腐：菠菜中所含的草酸，与豆腐中所含的钙产生草酸钙凝结物，阻碍人体对菠菜中的铁质和豆腐中蛋白的吸收。

3. 牛奶忌朱古力：朱古力中含有草酸，与牛奶中所含的蛋白质、钙质结合后产生草酸钙，一些人食用后会发生腹泻现象。

4. 红薯和柿子不宜在短时间内同时食用，如果食量多的情况下，应该至少相隔五个小时以上。如果同时食用，红薯中的糖分在胃内发酵，会使胃酸分泌增多，和柿子中的鞣质、果胶反应发生沉淀凝聚，产生硬块，量多严重时可使肠胃出血或造成胃溃疡。如果感觉胃部不适，一定要去医院做胃镜，看看是否是胃出血或胃溃疡。

5. 土豆烧牛肉：由于土豆和牛肉在被消化时所需的胃酸的浓度不同，就势必延长食物在胃中的滞留时间，从而引起胃肠消化吸收时间的延长，久而久之，必然导致肠胃功能的紊乱。

6. 小葱拌豆腐：豆腐中的钙与葱中的草酸，会结合成白色沉淀物——草酸钙，同样造成人体对钙的吸收困难。

7.豆浆冲鸡蛋:鸡蛋中的黏液性蛋白会与豆浆中的胰蛋白酶结合,从而失去二者应有的营养价值。

8.茶叶煮鸡蛋:茶叶中除生物碱外,还有酸性物质,这些化合物与鸡蛋中的铁元素结合,对胃有刺激作用,且不利于消化吸收。

9.炒鸡蛋放味精:鸡蛋本身含有许多与味精成分相同的谷氨酸,所以炒鸡蛋时放味精,不仅增加不了鲜味,反而会破坏和掩盖鸡蛋的天然鲜味。

10.红白萝卜混吃:白萝卜中的维生素C含量极高,但红萝卜中却含有一种叫抗坏血酸的分解酵素,它会破坏白萝卜中的维生素C。一旦红白萝卜配合,白萝卜中的维生素C就会丧失殆尽。不仅如此,在与含维生素C的蔬菜配合烹调时,红萝卜都充当了破坏者的角色。还有胡瓜、南瓜等也含有类似红萝卜的分解酵素。

11.萝卜水果同吃:近年来科学家们发现,萝卜等十字花科蔬菜进入人体后,经代谢很快就会产生一种抗甲状腺的物质——硫氰酸。该物质产生的多少与摄入量成正比。此时,如果摄入含大量植物色素的水果,如橘子、梨、苹果、葡萄等,这些水果中的类黄酮物质在肠道被细菌分解,转化成羟苯甲酸及阿魏酸,它们可加强硫氰酸抑制甲状腺的作用,从而诱发或导致甲状腺肿。

12.海味与水果同食:海味中的鱼、虾、藻类,含有丰富的蛋白质和钙等营养物质,如果与含有鞣酸的水果同食,不仅会降低蛋白质的营养价值,且易使海味中的钙质与鞣酸结合成一种新的不易消化的物质,这种物质会刺激胃而引起不适,使人出现肚子痛、呕吐、恶心等症状。含鞣酸较多的水果有柿子、葡萄、石榴、山楂、青果等。因此这些水果不宜与海味菜同时食用,以间隔两个小时为宜。

13.牛奶与橘子同食:刚喝完牛奶就吃橘子,牛奶中的蛋白质就会先与橘子中的果酸和维生素C相遇而凝固成块,影响消化吸收,而且还会使人发生腹胀、腹痛、腹泻等症状。

14.酒与胡萝卜同食:最近,美国食品专家告诫人们,酒与胡萝卜同食是很危险的。专家指出,因为胡萝卜中丰富的β-胡萝卜素与酒精一同

进入人体，就会在肝脏中产生毒素，从而引起肝病。特别是在饮用胡萝卜汁后不要马上去饮酒。

15. 吃肉时喝茶：有的人在吃肉食、海味等高蛋白食物后，不久就喝茶，以为能帮助消化。殊不知，茶叶中的大量鞣酸与蛋白质结合，会生成具有收敛性的鞣酸蛋白质，使肠蠕动减慢，从而延长粪便在肠道内滞留的时间。既容易形成便秘，又增加有毒和致癌物质被人体吸收的可能性。

16. 橘子与黄瓜同食：橘子忌与黄瓜同食。黄瓜中的维生素C分解酶会破坏橘子中所含的多种维生素，而使橘子的营养价值降低。橘子也不宜与萝卜同食。据报道，萝卜在体内会代谢产生一种抗甲状腺物质——硫氰酸，若与橘子同食，橘子中的类黄酮物质会转化成羟苯甲酸而加强硫氰酸抑制甲状腺的作用，从而诱发甲状腺肿。

教子有方

如果发现孩子食物中毒，要是想吐的话，应让其吐出，出现脱水症状要送医院。用塑料袋留好呕吐物或大便，带着去医院检查，有助于诊断。不要轻易地给病人服止泻药，以免贻误病情。孩子若出现呕吐、腹泻、舌苔和肢体麻木、运动障碍等食物中毒的典型症状时，要注意：

1. 为防止呕吐物堵塞气道而引起窒息，应让病人侧卧，便于吐出。

2. 在呕吐中，不要让病人喝水或吃食物，但在呕吐停止后马上给补充水分。

3. 留取呕吐物和大便样本，给医生检查。

4. 如腹痛剧烈，可取仰睡姿势并将双膝变曲，有助于缓解腹肌紧张。

5. 腹部盖毯子保暖，这有助于血液循环。

6. 当出现脸色发青、冒冷汗、脉搏虚弱时，要马上送医院，谨防休克症状。

一般来说，进食短时间内即出现症状，往往是重症中毒。小孩和老人敏感性高，要尽快治疗。食物中毒引起中毒性休克，会危及生命。

病人出现抽搐、痉挛时，马上将病人移至周围没危险物品的地方，并取来筷子，用手帕缠好塞入病人口中，以防止咬破舌头。

易引起食物中毒的自然植物：侵木、毛莨、莽草、君影草、泽漆、巨乌头、石蒜、龙爪花、蜂螂花等。此外，水仙、郁金香、八仙花等花也不能食用。

河豚中毒。每年都有人死于河豚中毒。河豚中毒会引起呼吸麻痹，这是因为河豚鱼的肝、肠、卵巢内含有大量的河豚毒素。一般在食用后半小时至4小时内发病，重症者4小时左右呼吸麻痹、死亡。河豚中毒者需立即送医院抢救。到医院应立即说明是食用了河豚所致。

引起中毒的原因及其症状：每逢5月至10月，食物最易变质，容易发生食物中毒。食物中毒的原因，可分为细菌性和非细菌性两种。引起细菌性食物中毒的菌种主要有以下六种：

1. 肠炎弧菌食物中毒。吃了被肠炎弧菌污染的鱼或贝类后，会引起食物中毒。可在食用后5～24小时内发病，在10小时后发病为最多，一般在3天内能治愈。

2. 沙门氏菌属食物中毒。带菌的鸟、猪肉、鸡蛋等，未经煮烧，吃后容易引起食物中毒。吃后10～24小时内发病，一般在1周内能治愈。

3. 致病性大肠杆菌食物中毒。大肠杆菌中约有20来种菌种可以引起食物中毒，一般发病后4～5日内症状可好转。

4. 产气荚膜杆菌食物中毒。受产气荚膜杆菌污染的肉、鱼、贝类等食品，虽经煮烧，但放置数小时后食用的话，也容易引起食物中毒。

5. 葡萄球菌食物中毒。食用了被葡萄球菌污染的牛奶、白脱、奶酪、盒饭后，3小时左右发病。

6. 肉毒杆菌食物中毒。潜伏期平均1～2天，重病者可导致死亡。

含生物性、化学性有害物质引起的食物中毒的食物包括以下几类：致病菌或其毒素污染的食物；已达急性中毒剂量的有毒化学物质污染的食物；外形与食物相似而本身含有毒素的物质，如毒蕈；本身含有有毒物质，而加工、烹调方法不当未能将其除去的食物，如河脉鱼、木薯；由于贮存条件不当，在贮存过程中产生有毒物质的食物，如发芽土豆。

例如：

豆浆中毒

1. 中毒原因：生大豆含有一种有毒的胰蛋白酶抑制物，可抑制体内蛋白酶的正常活性，并对胃肠有刺激作用。

2. 中毒表现：潜伏期数分钟到1小时，出现恶心、呕吐、腹痛、腹胀症状，有的腹泻、头痛，可很快自愈。

3. 预防措施：豆浆必须煮开再喝。

豆角中毒

1. 中毒原因：豆角品种很多，豆角引起中毒的原因一般认为是由于豆角中所含的皂素和血球凝集素引起的。

2. 中毒表现：潜伏期为数十分钟至五小时。主要为胃肠炎症状，恶心、呕吐、腹痛、腹泻。以呕吐为主，并伴有头晕、头痛、出冷汗，有的四肢麻木，胃部有烧灼感，预后良好，病程一般为数小时或1～2天。

3. 预防措施：烧熟煮透。

发芽土豆中毒

1. 中毒原因：土豆中含有一种生物碱，叫龙葵素。正常土豆中龙葵素的含量较少，为2%～10%毫克。当土豆发芽后皮肉变绿，龙葵素含量增高。人一次食用0.2～0.4克可发生中毒。

2. 中毒表现：一般在进食后十分钟至数小时出现症状，胃部灼痛，舌、咽麻，恶心，呕吐，腹痛，腹泻，严重中毒者体温升高，头痛，昏迷，出汗，心悸。儿童常引起抽风、昏迷。

3. 预防措施：(1)土豆应贮存在低温、通风、无直射阳光的地方，防止生芽变绿。(2)生芽过多或皮肉大部分变黑、变绿时不得食用。(3)发芽很少的土豆，应彻底挖去芽和芽眼周围的肉。因龙葵素溶于水，可侵入水中泡半小时左右。

亚硝酸盐中毒

1. 中毒原因：亚硝酸盐可使正常的低铁血红蛋白被氧化成高铁血红蛋白，失去输送氧气的功能。因而出现青紫和组织缺氧现象。

2. 中毒表现：潜伏期30分钟至3小时，口唇、指甲及全身皮肤青紫，呼吸困难，并有头晕、头痛、恶心、呕吐、心跳加快、呼吸急促，有的昏迷、抽搐，终因呼吸衰竭而死亡。

3. 预防措施：(1)不吃腐烂变质蔬菜。(2)加强宣传，不要误食亚硝酸盐。

6. 如何安全用电？

现代家庭中的家居用电系统错综复杂，大宗电器如冰箱、电视、洗衣机，又或小家电如电暖壶、饮水机、电暖气，还有一些5～10岁儿童会触碰到的小型家庭娱乐设备。为了保护孩子安全，一方面家长需要进行适当的家居用电小知识的普及，另外一方面要从源头确保安全。

寻根寻源

近年来，农村大部分青壮年人都外出务工，留守在家的大都是老人、妇女和儿童，他们往往缺乏安全用电常识，因用电不慎而引发火灾、人员伤亡事故时有发生。因此，在农村普及安全用电知识、排查用电安全隐患迫在眉睫。

现在的时代是电器时代，所以人们现在一旦离开电就会寸步难行，但电的知识你懂多少？尤其是家有孩子的，相信大家都知道，电与别的东西不同，它看不到、摸不着，危险性却极大。记得有一位母亲曾问我是如何让孩子使用有安全隐患的东西，比如生活中的剪刀、针、热水器等。

家有孩子的父母都知道，孩子的好奇心特别强，你越怕他摸到的东西他越想摸，比如剪刀、针等，这些还好说，既然他喜欢摸就让他摸，因为这样“光明正大”地摸，比父母不在时偷偷摸摸地摸，安全性会高一些，毕竟父母在面前可以引导一下。电在生活中到处可见，比如插座、电饭锅、电脑、电视等都有危险性，难不成为了孩子将这些东西都不用了，这样未免有点不符合实际。为此，唯一的办法就是让他孩子知道电的危险性，虽然不能让孩子尝试一下电到底有多危险，但可以利用具有教育意义的电视和图书来告诉孩子电到底有多可怕。

前车之鉴

故事一：

我受朋友邀请去一家检查日光灯不亮的原因。去后一看，日光灯确实不亮，墙上安了一个新的拨动开关，问之，那家人说："日光灯不亮，怀疑是开关的原因就换了一个新开关，但还是不亮，没办法才找您的。"

我拆开开关一看，两铜片不接触，就用起子拨了一下，再打开开关，即刻连接开关的两根新的红色花线冒烟变长，我大喊："快关总闸！"我那朋友晕了没反应，我转身一步窜到门边跳起，拉下闸刀，好险没烧起来。我的天，原来是那家人把开关错接到火、零两线上了，当然开关一开不就短路了。改正后一切正常。

不知道那家人为什么把闸刀保险丝换成粗铜丝。

说来迷信，假如那新开关是好的，那房子可能就没了。他不是电工，为什么胆子大到私自拉接电线？

谁能告诉我那新开关恰恰是坏的，恰好我遇到了。事后我也晕了好久，回家没有吃晚饭，吃不下。

当时那情景太吓人了，你不经历不知道，我经历过，真的骇人。

故事二：

这是我在初中二年级时的事。

我喜爱物理，想自己做个交流变压器。先偷偷（这事还是不让大人知道的好）废掉一个洋铁箱，用铁剪把它的马口铁外壳剪出许多同样大小的"口"字形片片，再叠起来，用花线从里面穿绕几圈，另一边也穿绕几圈。断开一灯泡开关，下掉灯头，把这个所谓的变压器接上去。为了安全，我查看了保险丝——不粗；于是，躲在门外用手一拉开关。"啪"地一声，接头处火花一闪，一切归于寂静。

我好半天才反应过来。一查看，结果是保险丝断了。赶忙撤除装置，恢复原状，心里七上八下。但因此得出结论：变压器并不是想象的那么简单。

现在想想，那时自己的胆子真不小。要知道，那时我们家是没有安装漏电保护器的，万一触电那后果可想而知。

电老虎——厉害，不是好玩的，切记呀！尤其是和那时的我一般大的小孩。

家长在阅读这两个小故事以后可以由此告诉孩子一些安全用电小常识：

1. 用电线路及电气设备绝缘必须良好，灯头、插座、开关等的带电部分绝对不能外露，以防触电。

2. 不要乱拉乱接电线，以防触电或发生火灾。

3. 不要站在潮湿的地面上移动带电物体或用潮湿抹布擦拭带电的家用电器，以防触电。

4. 保险丝选用要合理，切忌用铜丝、铝丝或铁丝代替，以防发生火灾。

5. 所使用的家用电器，如电冰箱、电冰柜、洗衣机等，应按产品使用要求，装有接地线的插座。

6. 检修或调换灯头，即使开关断开，也切忌用手直接触及，以防触电。

7. 如遇电器发生火灾，要先切断电源来抢救，切忌直接用水扑灭，以防触电。

8. 发现有人触电，应先设法断开电源（如在高处触电，还要采取防止触电者跌落受伤的措施），然后进行急救。

教子有方

家长们如何教给孩子安全用电的方法?

一、学会看安全用电标志

明确统一的标志是保证用电安全的一项重要措施。统计表明,不少电气事故完全是由于标志不统一而造成的。例如由于导线的颜色不统一,误将相线接设备的机壳,而导致机壳带电,酿成触点伤亡事故。

标志分为颜色标志和图形标志。颜色标志常用来区分各种不同性质、不同用途的导线,或用来表示某处安全程度。图形标志一般用来告诫人们不要去接近有危险的场所。为保证安全用电,必须严格按有关标准使用颜色标志和图形标志。我国安全色标采用的标准,基本上与国际标准草案(ISD)相同。一般采用的安全色有以下几种:

1. 红色:用来标志禁止、停止和消防,如信号灯、信号旗、机器上的紧急停机按钮等都是用红色来表示“禁止”的信息。

2. 黄色:用来标志注意危险,如“当心触电”、“注意安全”等。

3. 绿色:用来标志安全无事,如“在此工作”、“已接地”等。

4. 蓝色:用来标志强制执行,如“必须戴安全帽”等。

5. 黑色:用来标志图像、文字符号和警告标志的几何图形。

按照规定,为便于识别,防止误操作,确保运行和检修人员的安全,采用不同颜色来区别设备特征。如电气母线,A 相为黄色,B 相为绿色,C 相为红色,明敷的接地线涂为黑色。在二次系统中,交流电压回路用黄色,交流电流回路用绿色,信号和警告回路用白色。

二、安全用电的注意事项

随着生活水平的不断提高,生活中用电的地方越来越多了。因此,我们有必要掌握以下最基本的安全用电常识:

1. 认识并了解电源总开关,学会在紧急情况下切断总电源。

2. 不用手或导电物(如铁丝、钉子、别针等金属制品)去接触、探试电源插座内部。

3.不用湿手触摸电器,不用湿布擦拭电器。

4.电器使用完毕后应拔掉电源插头;插拔电源插头时不要用力拉拽电线,以防止电线的绝缘层受损造成触电;电线的绝缘皮剥落,要及时更换新线或者用绝缘胶布包好。

5.发现有人触电要设法及时关断电源,或者用干燥的木棍等将触电者与带电的电器分开,不要用手去直接救人;年龄小的同学遇到这种情况,应呼喊成年人相助,不要自己处理,以防触电。

6.不随意拆卸、安装电源线路、插座、插头等。哪怕安装灯泡等简单的事情,也要先切断电源,并在家长的指导下进行。

三、家庭安全用电常识

1.入户电源线避免过负荷使用,破旧老化的电源线应及时更换,以免发生意外。

2.入户电源总保险与分户保险应配置合理,使之能起到对家用电器的保护作用。

3.接临时电源要用合格的电源线、电源插头,插座要安全可靠。损坏的不能使用,电源线接头要用胶布包好。

4.临时电源线临近高压输电线路时,应与高压输电线路保持足够的安全距离(10 kV 及以下 0.7 米;35 kV,1 米;110 kV,1.5 米;220 kV,3 米;500 kV,5 米)。

5.严禁私自从公用线路上接线。

6.线路接头应确保接触良好,连接可靠。

7.房间装修,隐藏在墙内的电源线要放在专用阻燃护套内,电源线的截面应满足负荷要求。

8.使用电动工具如电钻等,须戴绝缘手套。

9.遇有家用电器着火,应先切断电源再救火。

10.家用电器接线必须确保正确,有疑问应及时询问专业人员。

11.家庭用电应装设带有过电压保护的调试合格的漏电保护器,以保证使用家用电器时的人身安全。

12. 家用电器在使用时，应有良好的外壳接地，室内要设有公用地线。

13. 湿手不能触摸带电的家用电器，不能用湿布擦拭使用中的家用电器，进行家用电器修理必须先停电源。

14. 家用电热设备，暖气设备一定要远离煤气罐、煤气管道，发现煤气漏气时先开窗通风，千万不能拉合电源，并及时请专业人员修理。

15. 使用电熨斗、电烙铁等电热器件，必须远离易燃物品，用完后应切断电源，拔下插销以防意外。